财经法治

ZHONGHUA RENMIN GONGHEGUO
ZHAOBIAO TOUBIAOFA SHISHI TIAOLI

SHIWU ZHINAN
YU
CAOZUO JIQIAO

中华人民共和国
招标投标法实施条例
实务指南与操作技巧

第四版

刘营/著

法律出版社 LAW PRESS·CHINA
北京

图书在版编目（CIP）数据

中华人民共和国招标投标法实施条例实务指南与操作技巧 / 刘营著. -- 4 版. -- 北京：法律出版社，2025.

ISBN 978-7-5197-9649-5

Ⅰ. D922.297.4

中国国家版本馆 CIP 数据核字第 2024MH7364 号

中华人民共和国招标投标法实施条例
实务指南与操作技巧(第四版)
ZHONGHUA RENMIN GONGHEGUO ZHAOBIAO TOUBIAOFA SHISHI
TIAOLI SHIWU ZHINAN YU CAOZUO JIQIAO (DI-SI BAN)

刘 营 著

策划编辑 沈小英
责任编辑 陈 妮 李晶晶
装帧设计 汪奇峰

出版发行 法律出版社
编辑统筹 法治与经济出版分社
责任校对 裴 黎
责任印制 吕亚莉
经 销 新华书店

开本 710 毫米×1000 毫米 1/16
印张 20.25 **字数** 379 千
版本 2025 年 1 月第 1 版
印次 2025 年 1 月第 1 次印刷
印刷 固安华明印业有限公司

地址:北京市丰台区莲花池西里 7 号(100073)
网址:www.lawpress.com.cn
投稿邮箱:info@lawpress.com.cn
举报盗版邮箱:jbwq@lawpress.com.cn

销售电话:010-83938349
客服电话:010-83938350
咨询电话:010-63939796

书号:ISBN 978-7-5197-9649-5
定价:88.00 元

凡购买本社图书,如有印装错误,我社负责退换。电话:010-83938349

第四版序

《中华人民共和国招标投标法实施条例实务指南与操作技巧》(第三版)(以下简称第三版)2018 年出版后,受到招标采购行业和律师界、法律界读者的普遍好评,为工程招标领域从业人员提供了较完整系统的法律法规解读意见,也为招标采购活动的合法合规贡献了微薄的力量。但是,第三版出版至今已 6 年,在这段时间里,第三版解读的《中华人民共和国招标投标法实施条例》(以下简称《招标投标法实施条例》)已于 2019 年完成了修订,尤其是支撑招标投标活动理论基础的《中华人民共和国民法通则》《中华人民共和国民法总则》《中华人民共和国合同法》《中华人民共和国物权法》《中华人民共和国担保法》《中华人民共和国侵权责任法》被 2021 年 1 月 1 日起实施的《中华人民共和国民法典》替代。第三版援引的相应条款无论是条款序号还是具体内容都发生了较大变化。加之主管部门也颁布了多部法律规范性文件,对工程招标的具体规则作了相应调整,作者陆续收到多位读者来信,指出第三版在内容上的歧义表述、文字笔误和排版瑕疵,需要进一步修正和校对。因此,有必要尽快出版第四版,以进行全面修改和完善。

本书作为第四版除了根据规范性文件的最新发布、废止、修订情况对前附图 1"招标投标法律体系关系图"进行相应调整外,还对第三版解读《招标投标法实施条例》的 85 个条款中的 51 个条款进行了修订,其中最主要的修改体现在以下几个方面。

1. 关于《招标投标法实施条例》第三条的解读

第三版出版后,2018 年 6 月 6 日国家发展和改革委员会颁布并施行了《必须招标的基础设施和公用事业项目范围规定》(发改法规规〔2018〕843 号),对依法必须招标项目中的"大型基础设施、公用事业等关系社会公共利益、公众安全的项目"进行了详细界定。与此对应,本书有必要在解读《招标投标法实施条例》第三条时,在依法必须招标项目的四大构成要件之一的"项目范围"部分,引入上述发改法规规〔2018〕843 号部门规范性文件的具体规定,对"大型基础设施、公用事业等关系社会公共利益、公众安全的项目"进行详细的分析和介绍。

2. 关于《招标投标法实施条例》第四条的解读

2019 年 3 月 2 日颁布实施的《国务院关于修改部分行政法规的决定》对 2018 年《招标投标法实施条例》进行了修订,删去 2018 年《招标投标法实施条例》第四条第三款中的“预算执行情况和”的规定。本书进行了相应修订。

3. 关于《招标投标法实施条例》第十三条的解读

《招标投标法实施条例》第十三条是关于招标代理机构的代理权限的规定。根据《中华人民共和国民法典》对代理人连带责任的限定规则,本书将招标代理机构根据原《中华人民共和国民法通则》承担的四种连带责任缩减为目前《中华人民共和国民法典》规定的两种连带责任。

4. 关于《招标投标法实施条例》第六十一条的解读

本书对本条款解读时,在“投诉受理的驳回”部分对于如何认定违法取证的问题,借鉴《最高人民法院关于适用〈中华人民共和国民事诉讼法〉的解释(2022 年修正)》的相关规定,对部分内容进行了修订。

5. 关于 2018 年《招标投标法实施条例》第七十八条

本书删除了 2018 年《招标投标法实施条例》第七十八条及其解读内容。与此对应,后续条款序号也进行了相应调整。并且,本书中凡是援引《招标投标法实施条例》第七十八条及此后条款内容时,所有条款序号都已进行了对应调整。

本书得以顺利出版,最需要感谢的是法律出版社法治与经济分社沈小英社长和陈妮分社长助理、李晶晶编辑,没有她们的辛苦付出,本书不可能以如此高效率、高质量的方式与读者见面。在此,本人对沈小英女士和陈妮女士、李晶晶女士表示衷心感谢!

自本书第一版于 2013 年出版以来,转瞬已近 12 年,而本书之所以能够不断修订完善,推陈出新,得益于广大读者的持续支持和鼓励。作者值此新版推出之际,衷心感谢广大读者的厚爱,并希望广大读者能够一如既往地给予支持,就本书中存在的问题和可供完善改进之处不吝赐教。

对于本书的任何意见和建议,烦请发送邮件至 liuyingbjyk@ yingkelawyer. com。

最后,祝愿各位读者朋友学有所成、工作顺利!

刘　营

2024 年 11 月 10 日

第一版序

这是一本讲授《中华人民共和国招标投标法》以及《中华人民共和国招标投标法实施条例》实务操作技巧的书。

长期以来,我有一个心愿——将多年积累的招标投标法实务操作技巧形成文字,传授给读者。但苦于工作繁忙,时间不允许,加之当时《中华人民共和国招标投标法实施条例》尚未颁布,而部门规章和地方性规范文件多如牛毛,有些知识点的规定相互矛盾,极易造成适用的紊乱,无法在一部书中妥当安排。于是,我一直将这份心愿深埋心中,苦苦等待。

终于,2011 年 12 月 20 日,时任国务院总理温家宝签署第 613 号国务院令,颁布《中华人民共和国招标投标法实施条例》,自 2012 年 2 月 1 日起施行。

于是我推掉了许多律师工作,废寝忘食,潜心研究该条例的内容;经过几个月的不懈努力,形成了本书第一稿。为了检验第一稿的内容,也为更大范围地收集写作素材,我根据书稿编写了课件和教材,应邀在十几次的《中华人民共和国招标投标法实施条例》宣贯和培训班上讲解,受到学员的极大肯定。根据学员的反馈意见和相关信息,我充分完善了第一稿内容,形成了第二稿。此后,为提高书稿的可读性和指引作用,我又对书稿的一些知识点进行了汇总整理,绘制了大量图表文件,包括前附图 3 个、内容图 13 个、内容表 14 个以及附录表 3 个,最终形成第三稿,也就是读者手中拿到的这本书。可以说,我为本书的编写耗费了大量的时间和心血。之所以如此,就是想向读者奉献一本内容翔实可读、结论权威可靠、实务可操作性强、能够指导工作的好书,并且我相信,这本书做到了。

总体而言,本书有以下 3 个突出特点。

1. 实务可操作性强

本书的初衷是为了指导实务工作、传授操作技巧,为更好地实现这一点,本书在解读法律条款的基础上,通过【提示】【问题】【技巧】的形式,循循善诱地指导读者了解每一条款可能隐含的实务问题。本书通过解答这些实务问题,使读者全面掌握每一条款的内涵和外延,提高读者应对和解决实务问题的能力。

2. 语言简练、图表清晰、方便阅读

本书虽然是对法律规定的解释和说明,但是并没有照抄照搬枯燥乏味的法律条文,而是在使用规范的法言法语的基础上,用浅显易懂、简明扼要的文字梳理、汇总、比较、说明复杂的法律关系,尽量将法律关系图表化、符号化。对于问题的分析,本书尽可能言简意赅,不说废话,方便读者阅读、记忆。

3. 热点疑难问题深入分析

虽然用语简练,但是这并不代表本书内容肤浅、流于表象。对于一些热点问题和疑难问题,我也花费了大量时间深入调研、分析和思考,有些甚至独立成文予以发表,然后将成熟的结论写入本书,例如,关于《中华人民共和国政府采购法》与《中华人民共和国招标投标法》的法律适用与衔接问题、招标代理机构代理不当的法律后果、标段划分问题、最高限价问题、招标文件的澄清回复与异议衔接问题、投标保证金问题、总承包招标问题、重新招标问题、招标投标活动无效认定及处理问题、行政监督部门及其职责分工问题等,以使本书的技术含量更加充实。

总之,本书在写作方法上,就是要尊重用户体验(读者体验),使读者熟读本书后,可以明显感觉到实务操作技能的提升,在解决层出不穷、形形色色的实务问题时,能够做到胸有成竹、底气十足。

鉴于笔者水平所限,书中难免有错误之处,敬请读者批评指正。

笔者邮箱 liuyingbjyk@ yingkelawyer. com。

刘 营

于北京寓所

2012 年 9 月 26 日

导　　读

为尊重用户体验(读者体验),提高阅读效率,本书在写作方法和体例安排上作了以下尝试:

首先,在目录方面,本书除了详细列出指引所有主要内容条目的“总目录”外,还为所有的内容图和内容表制作了“图目录”和“表目录”,方便读者查找和阅读。

其次,对于一些统领全文的图表,如“招标投标法律体系关系图(前附图1)”“工程建设项目招标投标流程图(前附图2)”“招标投标时间节点与澄清异议期限图(前附图3)”,本书将其作为前附图,置于导读之后、总目录和正文内容之前,使读者在正式阅读正文内容前,对一些贯通全文的重要内容有一个宏观、整体的认识。

再次,在具体条款的解读方面,本书作了一些符号化的安排。例如,《中华人民共和国招标投标法实施条例》第一条规定:“第一条【立法目的和依据】　为了规范招标投标活动(一),根据《中华人民共和国招标投标法》(以下简称招标投标法),制定本条例(二)。”其中,条款编号后的“【　】”标注了该条款的主要内容,即“【立法目的和依据】”是指第一条是关于本条例立法目的和立法依据的规定,方便读者阅读和记忆。条款中的“(一)”“(二)”将条款原文进行了分割,每一个序号前的条款内容对应正文部分相应序号后的解读内容。也就是说,正文中“(一)立法目的”后的整段内容是对“为了规范招标投标活动(一)”中序号“(一)”前的“为了规范招标投标活动”的详细解读;“(二)立法依据”后的整段内容是对“根据《中华人民共和国招标投标法》(以下简称招标投标法),制定本条例(二)”中序号“(二)”前“根据《中华人民共和国招标投标法》(以下简称招标投标法),制定本条例”的详细解读。读者在阅读条款原文时,如果遇到困惑,可以根据“()”中的序号,对应查找正文内容,非常便捷。另外,本书在解读法律条款的基础上,通过【提示】【问题】【技巧】的形式,循循善诱地指导读者了解每一条款可能隐含的实务问题。其中,【提示】是对一些需要读者关注的问题进行的说明,本书中包含70处【提示】;【问题】是从条款中推导出的实践中极有可能发生的问题及其解答,本书中包含85处【问题】;【技巧】是笔者总结的实务操作窍门和方法,本书中包含49处【技巧】。读者也可以根据“总目录”的指引,快速查找感兴趣的【提示】【问题】【技巧】进行阅读。

最后,本书汇总整理了“《招标投标法》与《招标投标法实施条例》条款对照表

(附录1)”“否决投标的法定情形汇总表(附录2)”“常用规范性文件重新招标情形汇总表(附录3)”,作为附录,置于本书正文之后,供读者参考使用。

对于一些热点问题和疑难问题,本书也进行了深入的分析和研究,这些问题包括:

(1)工程建设项目的认定条件及其范畴,见第2条;

(2)必须招标项目的认定条件和范围,见第3条;

(3)行政监督部门及其职责分工,见第4条;

(4)招标代理机构代理不当的法律后果,见第13条;

(5)资格审查委员会及其成员应当遵守的规定,见第18条;

(6)招标文件的澄清修改问题,见第21条;

(7)招标文件异议的提出、答复及与澄清修改的衔接问题,见第22条;

(8)标段的划分问题,见第24条;

(9)投标保证金的问题,见第26条;

(10)最高投标限价问题,见第27条;

(11)总承包招标问题,见第29条;

(12)两阶段招标问题,见第30条;

(13)联合体投标问题,见第37条;

(14)否决投标的法定情形,见第51条;

(15)重新招标情形的汇总与比较,见第55条;

(16)投标保证金的退还问题,见第57条;

(17)禁止违法分包和转包问题,见第59条;

(18)招标投标活动的法律责任概况,见法律责任概况内容;

(19)招标投标活动无效的认定及处理问题,见第81条;

(20)《中华人民共和国政府采购法》与《中华人民共和国招标投标法》的法律适用与衔接,见第83条。

读者如果对上述问题感兴趣,可以按照指引直接查找相关内容,仔细浏览阅读。

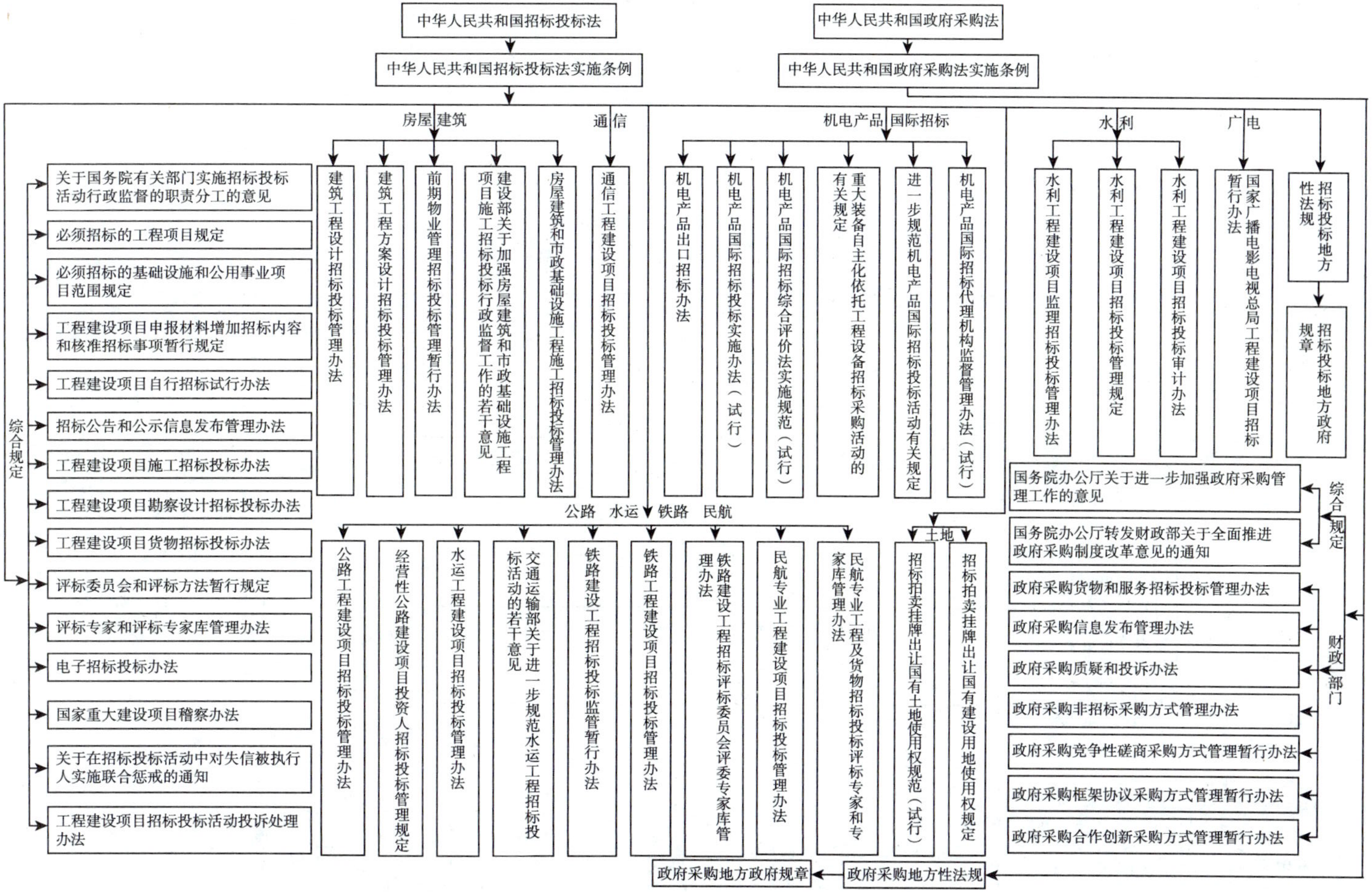

前附图 1　招标投标法律体系关系图

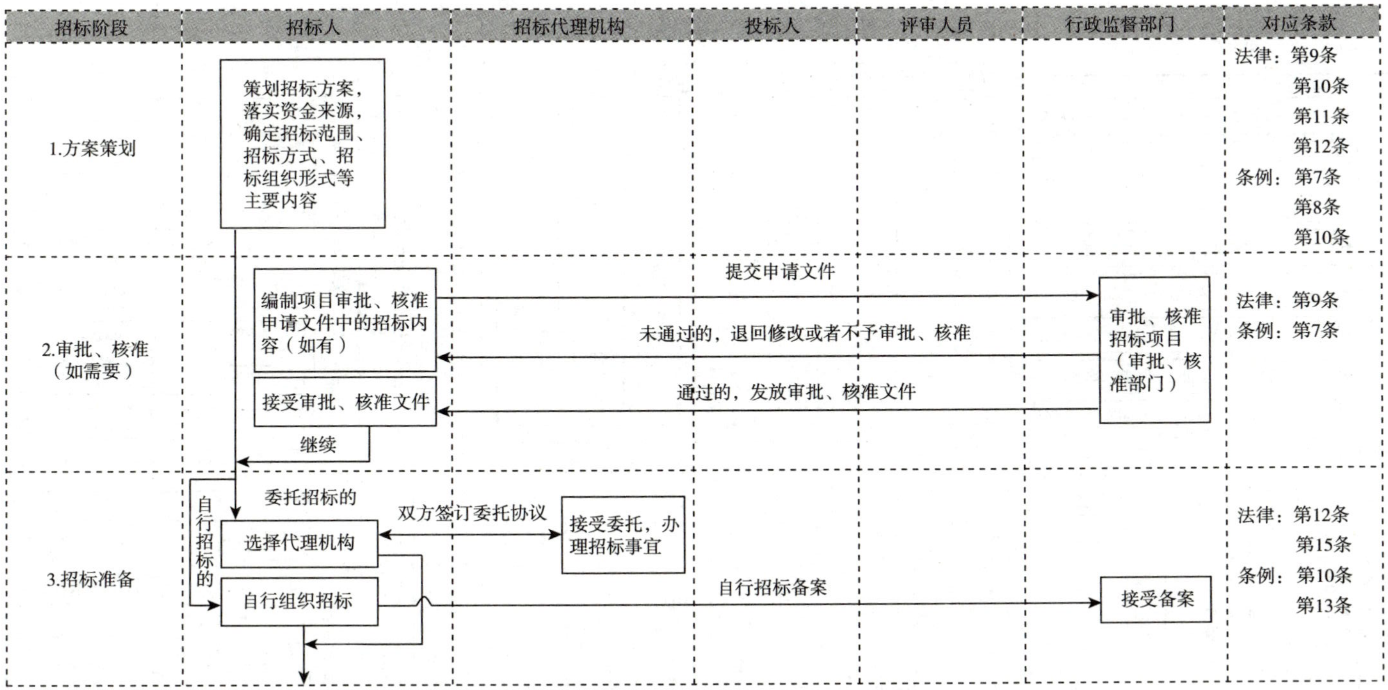

前附图 2　工程建设项目招标投标流程图

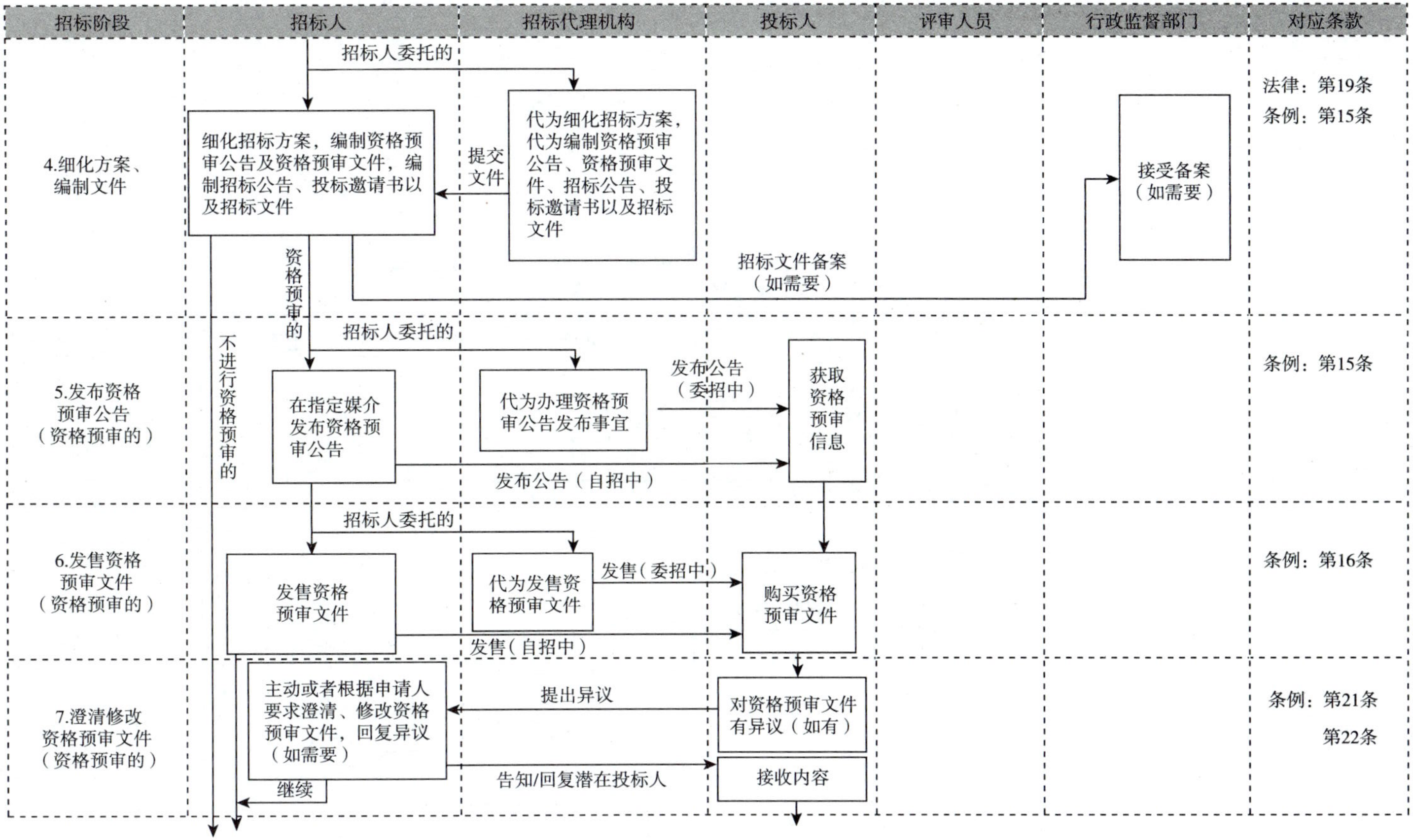
招标阶段
招标人
招标代理机构
投标人
评审人员
行政监督部门
对应条款
4.细化方案、编制文件
招标人委托的
细化招标方案，编制资格预审公告及资格预审文件，编制招标公告、投标邀请书以及招标文件
提交文件
代为细化招标方案，代为编制资格预审公告、资格预审文件、招标公告、投标邀请书以及招标文件
招标文件备案（如需要）
接受备案（如需要）
法律：第19条
条例：第15条
资格预审的
不进行资格预审的
5.发布资格预审公告（资格预审的）
招标人委托的
在指定媒介发布资格预审公告
代为办理资格预审公告发布事宜
发布公告（委招中）
获取资格预审信息
发布公告（自招中）
条例：第15条
6.发售资格预审文件（资格预审的）
招标人委托的
发售资格预审文件
代为发售资格预审文件
发售（委招中）
购买资格预审文件
发售（自招中）
条例：第16条
7.澄清修改资格预审文件（资格预审的）
主动或者根据申请人要求澄清、修改资格预审文件，回复异议（如需要）
提出异议
对资格预审文件有异议（如有）
告知/回复潜在投标人
接收内容
继续
条例：第21条
第22条

前附图2 （续）

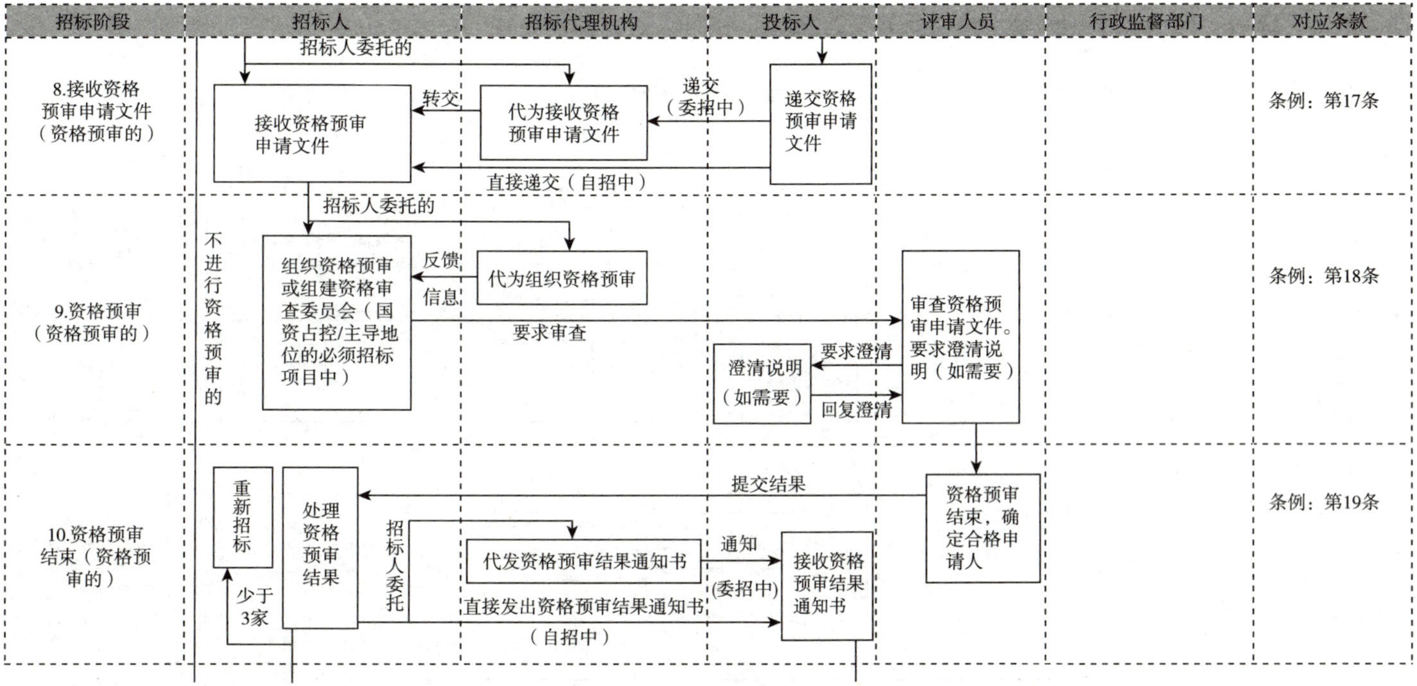
招标阶段
招标人
招标代理机构
投标人
评审人员
行政监督部门
对应条款
8.接收资格预审申请文件（资格预审的）
招标人委托的
接收资格预审申请文件
转交
代为接收资格预审申请文件
递交（委招中）
递交资格预审申请文件
直接递交（自招中）
条例：第17条
9.资格预审（资格预审的）
不进行资格预审的
招标人委托的
组织资格预审或组建资格审查委员会（国资占控/主导地位的必须招标项目中）
反馈信息
代为组织资格预审
要求审查
审查资格预审申请文件。要求澄清说明（如需要）
要求澄清
澄清说明（如需要）
回复澄清
条例：第18条
10.资格预审结束（资格预审的）
重新招标
少于3家
处理资格预审结果
招标人委托
代发资格预审结果通知书
通知
(委招中)
直接发出资格预审结果通知书
（自招中）
接收资格预审结果通知书
提交结果
资格预审结束，确定合格申请人
条例：第19条

前附图 2 （续）

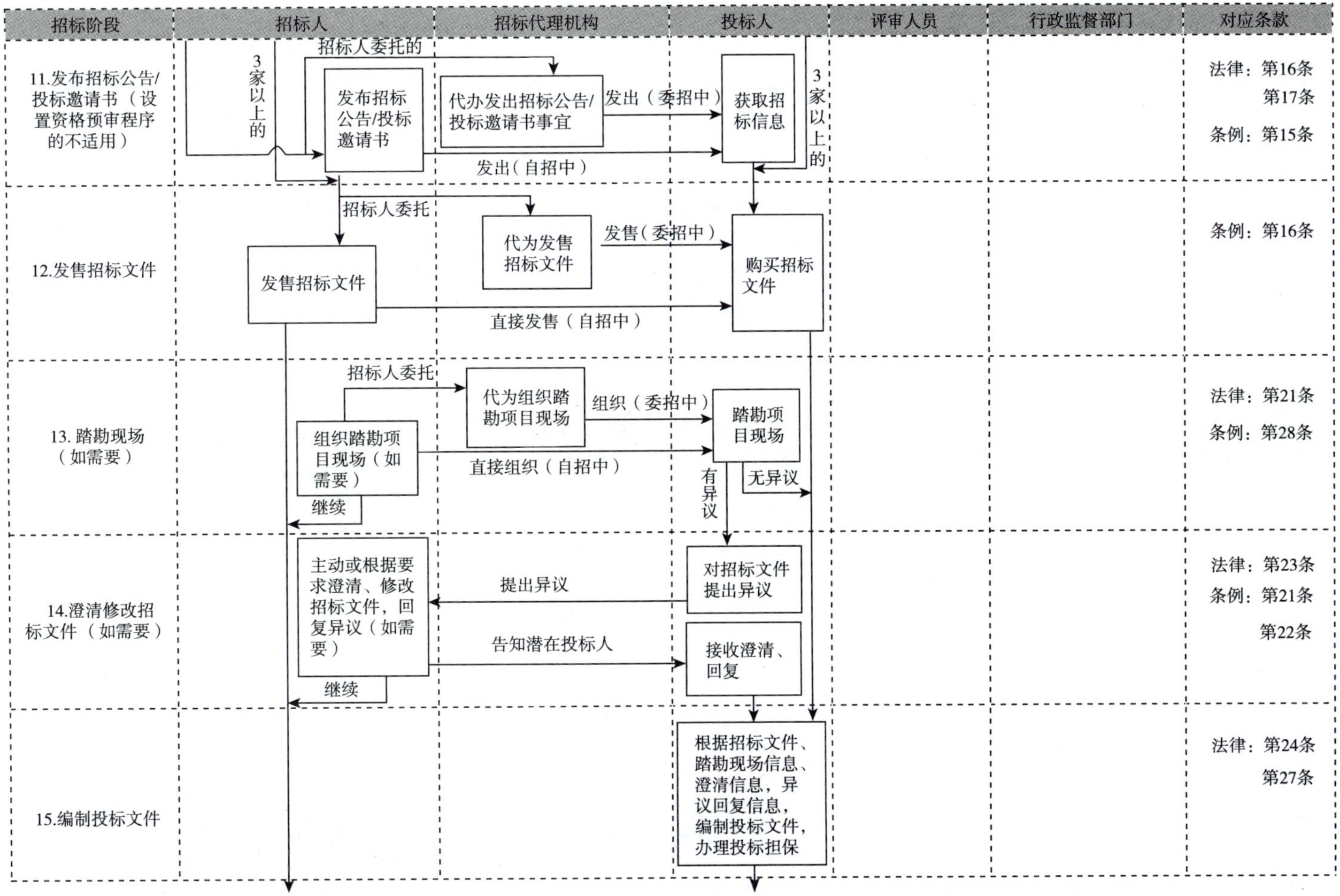
招标阶段
招标人
招标代理机构
投标人
评审人员
行政监督部门
对应条款
11.发布招标公告/投标邀请书（设置资格预审程序的不适用）
3家以上的
招标人委托的
发布招标公告/投标邀请书
代办发出招标公告/投标邀请书事宜
发出（委招中）
获取招标信息
发出（自招中）
法律：第16条
第17条
条例：第15条
12.发售招标文件
招标人委托
代为发售招标文件
发售（委招中）
发售招标文件
购买招标文件
直接发售（自招中）
条例：第16条
13. 踏勘现场（如需要）
招标人委托
代为组织踏勘项目现场
组织（委招中）
组织踏勘项目现场（如需要）
踏勘项目现场
直接组织（自招中）
有异议
无异议
继续
法律：第21条
条例：第28条
14.澄清修改招标文件（如需要）
主动或根据要求澄清、修改招标文件，回复异议（如需要）
提出异议
对招标文件提出异议
告知潜在投标人
接收澄清、回复
继续
法律：第23条
条例：第21条
第22条
15.编制投标文件
根据招标文件、踏勘现场信息、澄清信息，异议回复信息，编制投标文件，办理投标担保
法律：第24条
第27条

前附图 2 （续）

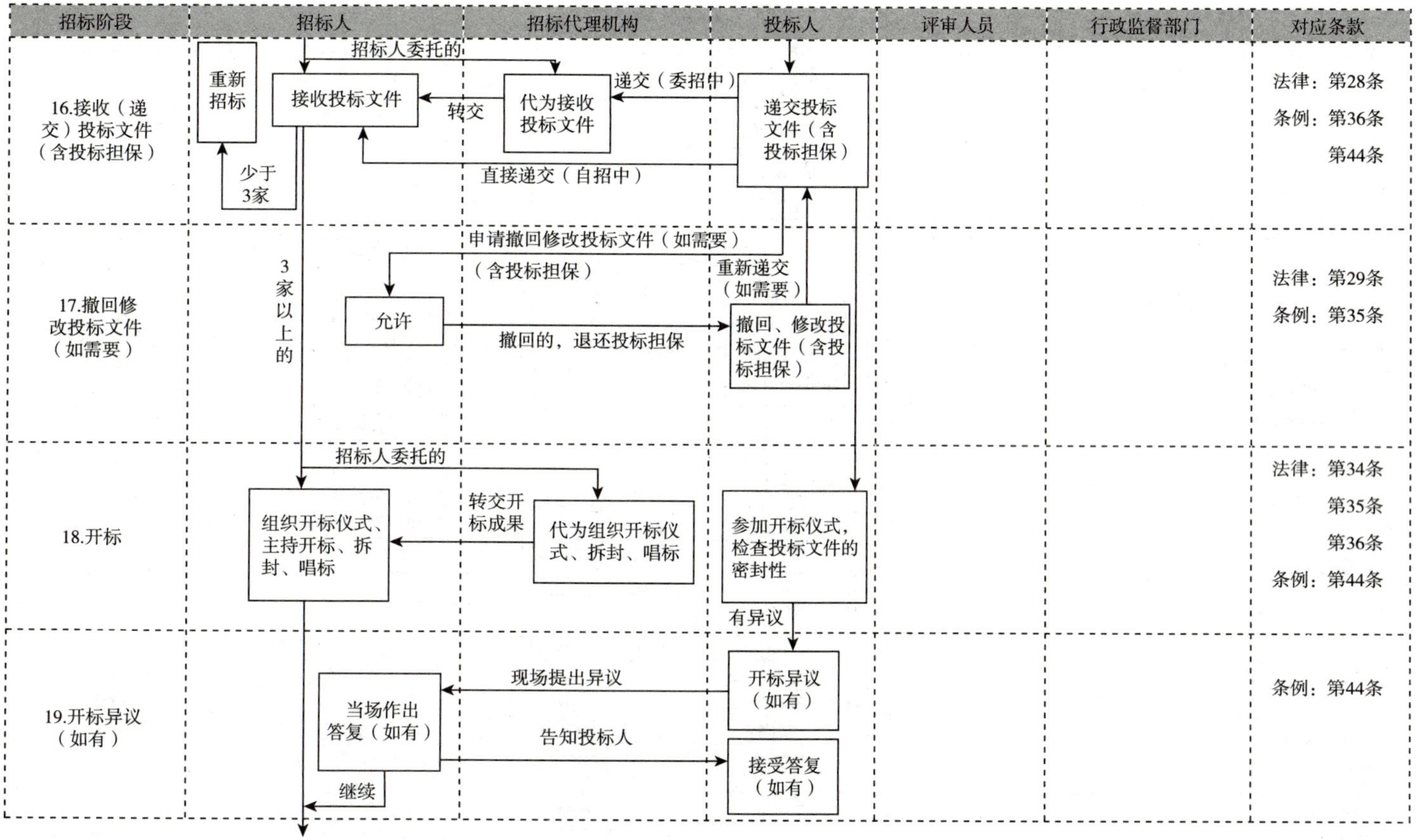
招标阶段
招标人
招标代理机构
投标人
评审人员
行政监督部门
对应条款
16.接收（递交）投标文件（含投标担保）
重新招标
招标人委托的
接收投标文件
转交
代为接收投标文件
递交（委招中）
递交投标文件（含投标担保）
直接递交（自招中）
少于3家
法律：第28条
条例：第36条
第44条
17.撤回修改投标文件（如需要）
3家以上的
申请撤回修改投标文件（如需要）
（含投标担保）
允许
撤回的，退还投标担保
重新递交（如需要）
撤回、修改投标文件（含投标担保）
法律：第29条
条例：第35条
18.开标
招标人委托的
组织开标仪式、主持开标、拆封、唱标
转交开标成果
代为组织开标仪式、拆封、唱标
参加开标仪式，检查投标文件的密封性
有异议
法律：第34条
第35条
第36条
条例：第44条
19.开标异议（如有）
当场作出答复（如有）
现场提出异议
开标异议（如有）
告知投标人
接受答复（如有）
继续
条例：第44条

前附图 2 （续）

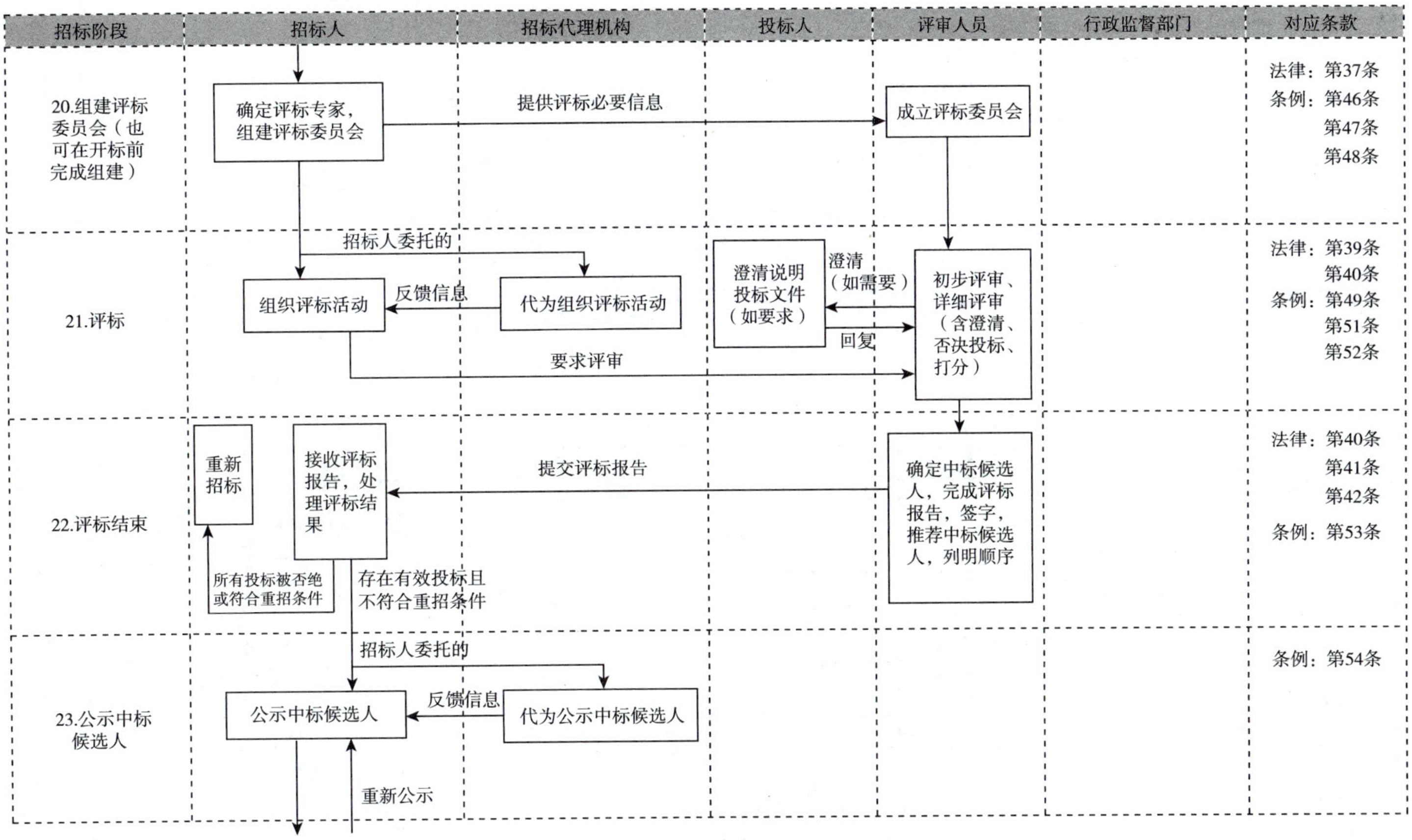

招标阶段
招标人
招标代理机构
投标人
评审人员
行政监督部门
对应条款
20.组建评标委员会（也可在开标前完成组建）
确定评标专家，组建评标委员会
提供评标必要信息
成立评标委员会
法律：第37条
条例：第46条
第47条
第48条
21.评标
招标人委托的
组织评标活动
反馈信息
代为组织评标活动
澄清说明投标文件（如要求）
澄清（如需要）
回复
初步评审、详细评审（含澄清、否决投标、打分）
要求评审
法律：第39条
第40条
条例：第49条
第51条
第52条
22.评标结束
重新招标
接收评标报告，处理评标结果
提交评标报告
确定中标候选人，完成评标报告，签字，推荐中标候选人，列明顺序
所有投标被否绝或符合重招条件
存在有效投标且不符合重招条件
法律：第40条
第41条
第42条
条例：第53条
23.公示中标候选人
招标人委托的
公示中标候选人
反馈信息
代为公示中标候选人
重新公示
条例：第54条

前附图 2 （续）

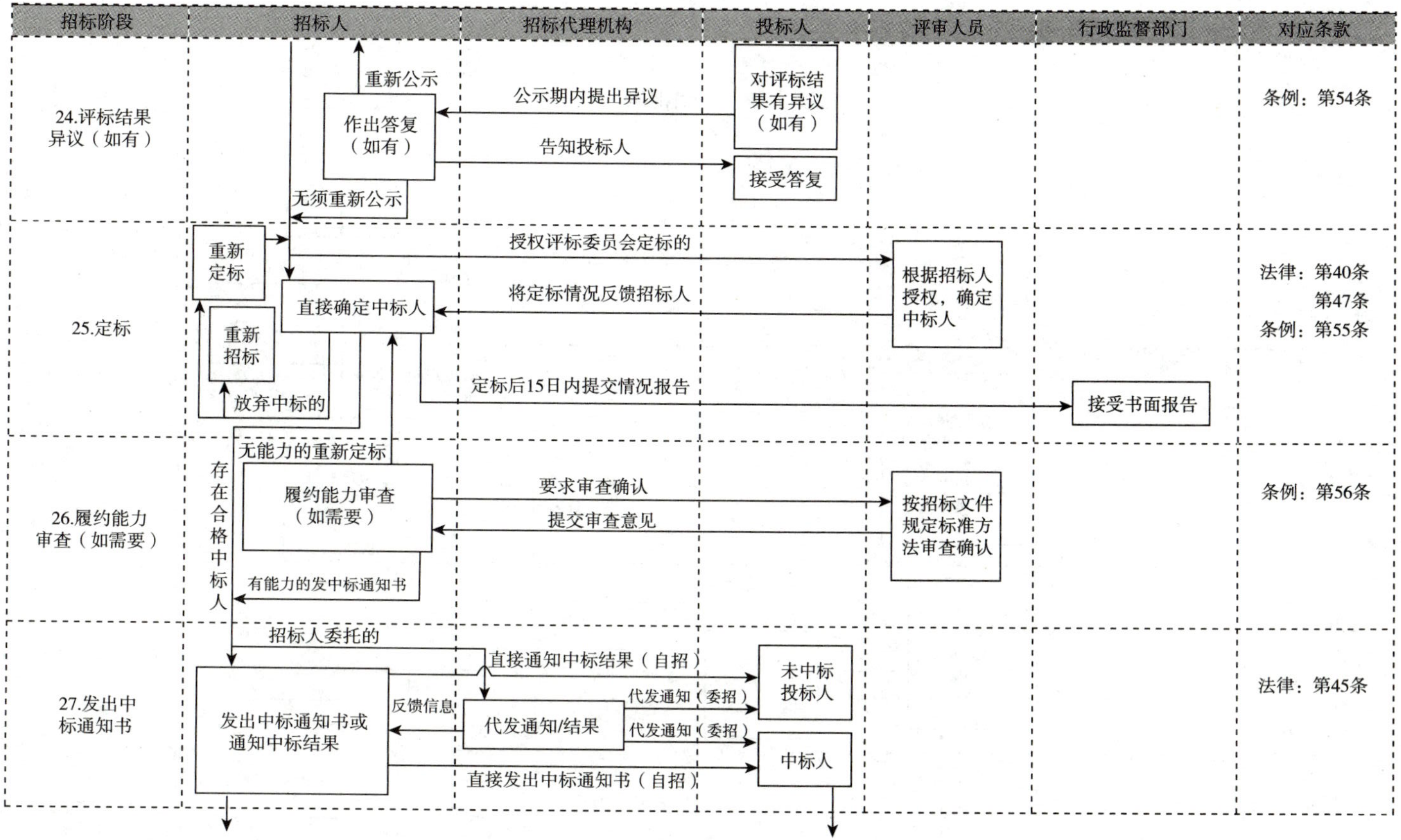
招标阶段
招标人
招标代理机构
投标人
评审人员
行政监督部门
对应条款
24.评标结果异议（如有）
重新公示
作出答复（如有）
公示期内提出异议
对评标结果有异议（如有）
告知投标人
接受答复
无须重新公示
条例：第54条
25.定标
重新定标
授权评标委员会定标的
根据招标人授权，确定中标人
直接确定中标人
将定标情况反馈招标人
重新招标
放弃中标的
定标后15日内提交情况报告
接受书面报告
法律：第40条
第47条
条例：第55条
26.履约能力审查（如需要）
无能力的重新定标
存在合格中标人
履约能力审查（如需要）
要求审查确认
提交审查意见
按招标文件规定标准方法审查确认
有能力的发中标通知书
条例：第56条
27.发出中标通知书
招标人委托的
直接通知中标结果（自招）
未中标投标人
反馈信息
代发通知（委招）
代发通知/结果
代发通知（委招）
发出中标通知书或通知中标结果
中标人
直接发出中标通知书（自招）
法律：第45条

前附图2 （续）

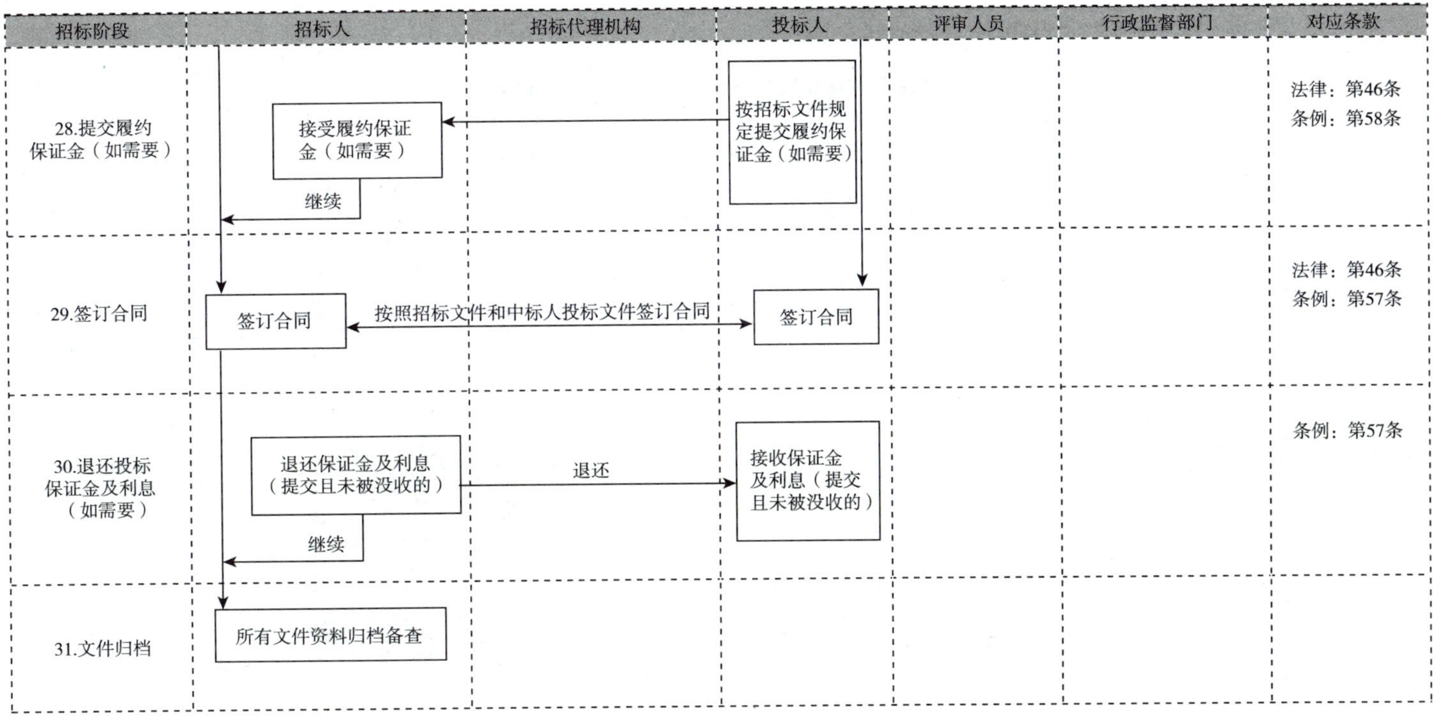
招标阶段
招标人
招标代理机构
投标人
评审人员
行政监督部门
对应条款
28.提交履约保证金（如需要）
接受履约保证金（如需要）
继续
按招标文件规定提交履约保证金（如需要）
法律：第46条
条例：第58条
29.签订合同
签订合同
按照招标文件和中标人投标文件签订合同
签订合同
法律：第46条
条例：第57条
30.退还投标保证金及利息（如需要）
退还保证金及利息（提交且未被没收的）
继续
退还
接收保证金及利息（提交且未被没收的）
条例：第57条
31.文件归档
所有文件资料归档备查

前附图 2 （续）

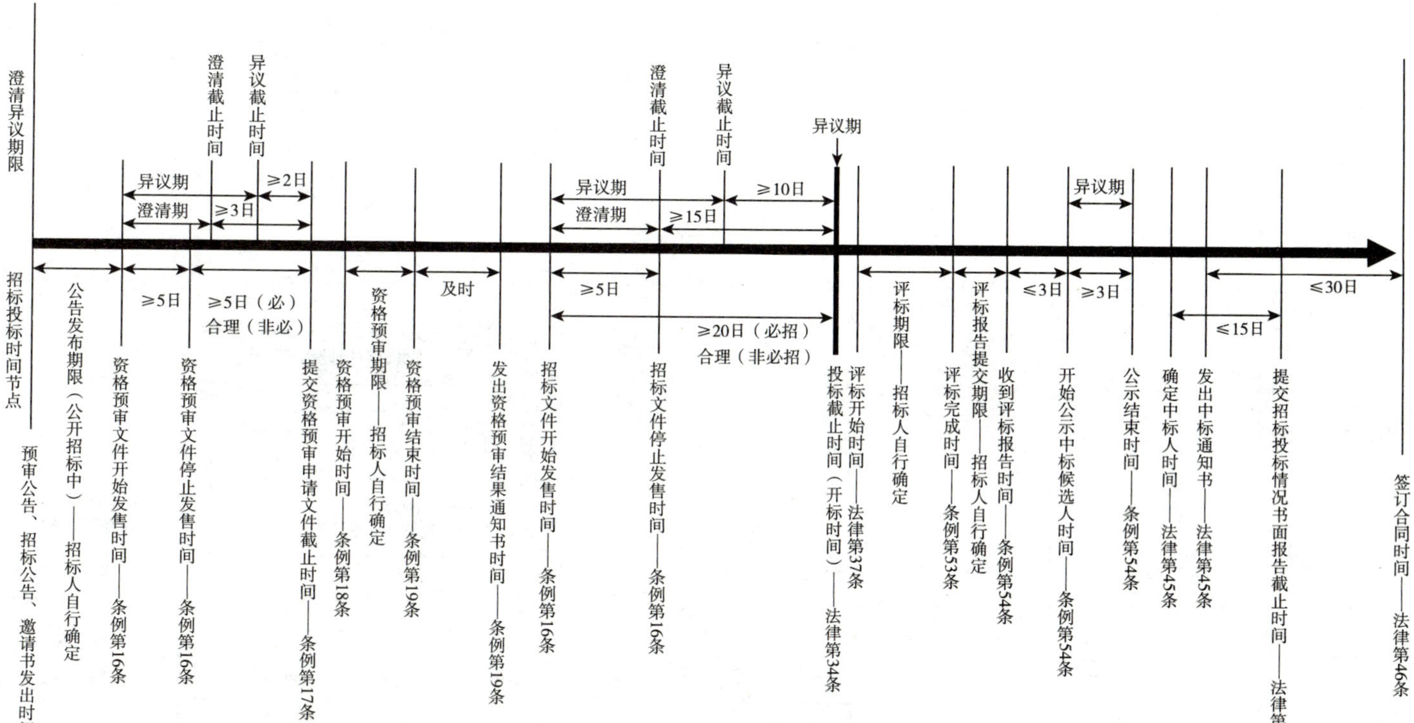

其他时间：

资格预审文件、招标文件、评标结果异议答复时间：自收到异议之日起3日内（条例第22条、第54条）；

开标异议答复时间：开标现场（条例第44条）；投标（保证金）有效期：投标截止日起算（条例第25条、第26条）；

投标保证金退还时间：自收到投标人书面撤回通知之日（或签订合同后）5日内（条例第35条、第57条）。

前附图 3　招标投标时间节点与澄清异议期限图

目　　录

图 目 录

表 目 录

第一章　总　　则

第一条　【立法目的和依据】

为了规范招标投标活动[一]，根据《中华人民共和国招标投标法》（以下简称招标投标法），制定本条例[二]。

（一）立法目的

招标投标是大宗货物买卖、工程建设项目发包与承包、服务项目采购所采用的一种交易方式，是指采购方作为招标人，通过发出招标公告或者投标邀请书，公布采购信息、提出采购条件，邀请有意向的供应商进行响应，经过评标委员会对所有投标人的投标文件进行评审后确定中标人，由招标人与其签订合同的交易方式。招标投标引入了竞争机制，通过投标人之间的相互竞争，使招标人能够最大限度地选择满足采购条件的中标人。

2000年1月1日《中华人民共和国招标投标法》（以下简称《招标投标法》）正式实施，《中华人民共和国招标投标法实施条例》（以下简称《招标投标法实施条例》）公布已经施行13年。在此期间，虽然招标投标在工程建设项目、机电产品进口、机械成套设备、政府采购、利用国际金融组织和外国政府贷款项目以及勘察设计、工程监理、科技研发、证券发行等领域大力推行，在节约资金、预防腐败等方面取得显著成效，但是，招标投标暴露出的问题依然十分严峻。例如，串通投标、非法围标、地方保护和部门封锁、限制或者排斥潜在投标人投标、"明招暗定"的虚假招标、依法必须进行招标的项目（以下简称必须招标项目）中的规避招标、招标投标中的腐败问题等，严重扰乱了招标投标活动的正常秩序，破坏了招标投标中的公平竞争机制。

为了解决招标投标活动中的突出问题，细化《招标投标法》的行为规范，统一交易规则，完善相应的行政监督和法律惩罚措施，为招标投标活动的创新和持久健康发展提供相应的法规依据，2011年11月30日国务院第183次常务会议审议通过《招标投标法实施条例》，2012年2月1日起施行。

（二）立法依据

《招标投标法实施条例》的立法依据是《招标投标法》。

为了准确适用《招标投标法》及其配套规范性文件,正确解决实践中遇到的招标投标实务问题,招标投标从业人员有必要系统学习和了解招标投标法律体系及其效力等级划分。

1. 招标投标法律体系

招标投标法律体系由法律、行政法规、部门规章、地方性法规(包括自治条例、单行条例)、地方政府规章构成。

法律:由全国人大及其常务委员会制定,通常以国家主席令的形式公布,在全国范围内具有普遍约束力。目前,招标投标法律体系中的法律有两部,分别为《招标投标法》和《中华人民共和国政府采购法》(以下简称《政府采购法》)。

行政法规:指由国务院根据法律制定,通常以国务院令的形式公布,在全国范围内具有普遍约束力。招标投标法律体系中的行政法规有两部,分别是《招标投标法实施条例》和《中华人民共和国政府采购法实施条例》(以下简称《政府采购法实施条例》)。

地方性法规(包括自治条例、单行条例):由省、自治区、直辖市和较大市(较大市是指省、自治区人民政府所在地的市,经济特区所在地的市和经国务院批准的较大市)的人民代表大会及其常务委员会根据本行政区域的具体情况和实际需要,在不同法律、行政法规相抵触的前提下(较大市地方性法规还不得同本省、自治区地方性法规相抵触)制定的在本行政区域内实施的规范性文件。如《北京市招标投标条例》《浙江省招标投标条例》等。目前,全国绝大多数省、自治区、直辖市都颁布了招标投标相关的地方性法规。

部门规章:由国务院各部门根据法律和行政法规在本部门权限范围内制定的关于执行法律或者行政法规相关事项的规范性文件,通常由部门首长签署命令公布。例如,《工程建设项目施工招标投标办法》《工程建设项目货物招标投标办法》《评标委员会和评标方法暂行规定》等。招标投标法律体系中的部门规章数量较多,适用条件和适用范围存在较大差异,有时不同的部门规章对同一个问题的规定不一致,适用时应当予以注意。

地方政府规章:由省、自治区、直辖市和较大的市(较大市是指省、自治区人民政府所在地的市,经济特区所在地的市和经国务院批准的较大市)的人民政府,根据法律、行政法规和本省、自治区、直辖市的地方性法规制定的,在本行政区域内实施的规范性文件,通常由省长或自治区主席或市长签署命令予以公布。如《北京市建设工程招标投标监督管理规定》《四川省工程建设项目招标代理办法》等。

【提示1】“招标投标法律体系关系”。

招标投标法律体系中的规范性文件数量庞大、关系复杂,为了理顺关系,指导实务操作，笔者绘制了前附图1招标投标法律体系关系图，供读者参考使用。

2.效力等级

根据《中华人民共和国立法法》(2023年修正)(以下简称《立法法》)的规定，在我国法律体系中，《中华人民共和国宪法》(以下简称《宪法》)具有最高的效力等级，其次为法律、行政法规、地方性法规(包括自治条例、单行条例)及部门规章、地方政府规章。在招标投标法律体系中，《招标投标法》和《政府采购法》是招标投标领域的基本法，具有最高效力等级；《招标投标法实施条例》和《政府采购法实施条例》作为行政法规，效力次之；地方性法规(包括自治条例、单行条例)效力低于《招标投标法实施条例》和《政府采购法实施条例》，在各地方行政区域内施行；国务院各部门颁布的部门规章与地方政府规章具有同等法律效力，在相应权限范围和行政区域内适用，其内容不得违反所有的上位法的规定。

【提示2】下位法与《招标投标法实施条例》的规定不一致的，归于无效。

《招标投标法》颁布后，国务院各主管部门随即颁布了大量部门规章，省级或者较大市的人大常委会和地方政府也颁布了许多地方性法规和地方政府规章。这些规范性文件的部分条款与《招标投标法实施条例》的规定不一致，有些甚至存在严重矛盾，由于位阶低于《招标投标法实施条例》，《招标投标法实施条例》生效后，这些与《招标投标法实施条例》规定不一致的条款将归于无效。

3.效力冲突与法律适用

招标投标法律体系存在政出多门、多头立法现象，各规范性文件立法背景不同，所面临和要解决的问题有别，出现内容不一致甚至严重冲突的情况在所难免。有些冲突适用上述效力等级划分规则难以解决，需要引入解决冲突的特殊规则。

【提示3】同一机关的特别规定优先于一般规定，新规定优先于旧规定。

《立法法》第103条规定："同一机关制定的法律、行政法规、地方性法规、自治条例和单行条例、规章，特别规定与一般规定不一致的，适用特别规定；新的规定与旧的规定不一致的，适用新的规定。"质言之，同一效力等级的规范性文件，由同一机关制定的，特别规定优先于一般规定，新的规定优先于旧的规定。

【问题1】同一机关制定的新的一般规定与旧的特别规定不一致，如何适用？

根据《立法法》第105条、第106条的规定，同一机关制定的新的一般规定与旧的特别规定不一致时，由制定机关裁决，即法律之间对同一事项的新的一般规定与旧的特别规定不一致，不能确定如何适用时，由全国人民代表大会常务委员会裁决;行政法规之间对同一事项的新的一般规定与旧的特别规定不一致,不能确定如何适用时,由国务院裁决;地方性法规、规章之间新的一般规定与旧的特别规定不一致时,由制定机关裁决。

【问题2】不同机关制定的同一位阶的规范性文件不一致,如何适用?

由于法律由全国人大及其常务委员会制定和颁布,行政法规由国务院制定和颁布,这两种规范性文件制定机关都是唯一的,不存在不同机关制定法律或者行政法规的现象,而地方性法规在各自的行政区域内实施,不会发生不同机关制定的地方性法规的适用冲突,因此,不同机关制定的同一位阶的规范性文件不一致的情形,主要发生在部门规章之间以及部门规章与地方政府规章之间。根据《立法法》第106条第1款第3项的规定,部门规章之间、部门规章与地方政府规章之间对同一事项的规定不一致时,由国务院裁决。因此,可以说,不同机关制定的同一位阶的规范性文件不一致时,应当由其共同的上级部门进行裁决。

【问题3】地方性法规与部门规章不一致,如何适用?

地方性法规是省级或者较大市的人大常委会,针对辖区范围内的具体情况所制定的规范性文件。仅在本行政区域内施行,在所有地方性规范文件中具有最强的法律效力。部门规章是国务院各部门在其职权范围内制定的适用于某一特定领域的规范性文件,在全国范围内适用。由于适用范围发生重叠,两者就同一事项的规定不一致时,存在适用冲突的可能。为调整这一矛盾,我国《立法法》第106条第1款第2项设置了相关的裁定程序:地方性法规与部门规章之间对同一事项的规定不一致,不能确定如何适用时,由国务院提出意见,国务院认为应当适用地方性法规的,应当决定在该地方适用地方性法规的规定;认为应当适用部门规章的,应当提请全国人民代表大会常务委员会裁决。

第二条 【工程建设项目】

招标投标法第三条所称工程建设项目,是指工程以及与工程建设有关的货物、服务[一]**。**

前款所称工程,是指建设工程,包括建筑物和构筑物的新建、改建、扩建及其相关的装修、拆除、修缮等[二]**;所称与工程建设有关的货物,是指构成工程不可分割的组成部分,且为实现工程基本功能所必需的设备、材料等**[三]**;所称与工程建设有关的服务,是指为完成工程所需的勘察、设计、监理等服务**[四]**。**

（一）工程建设项目

本条款是关于《招标投标法》第3条“工程建设项目”的规定。由于我国必须招标制度主要适用于“工程建设项目”，因此，对“工程建设项目”的界定实质上关系到对必须招标项目范围的认定，其作用非常重要。必须招标项目范围的规定，见《招标投标法实施条例》第3条。

另外，从立法技术角度上来讲，立法机关通过本条款的规定，衔接和界定了《招标投标法》和《政府采购法》的适用范围，解决了两法的适用问题。正确把握本条款中“工程建设项目”的内涵和外延，有利于在纷繁复杂的招标投标法律体系中，分清法律关系，正确适用法律条款，因此，对于本条款的理解和掌握尤为重要。《招标投标法》与《政府采购法》的衔接，见《招标投标法实施条例》第83条。

根据本条第1款的规定，“工程建设项目”包括3个方面的内容：工程、工程建设相关货物、工程建设相关服务。我们需要对这3项内容分别进行界定，然后将它们组合起来，勾勒出“工程建设项目”的整体范畴。

（二）工程

根据本条款的规定，工程是指建设工程，包括建筑物和构筑物的新建、改建、扩建及其相关的装修、拆除、修缮等。借鉴《建设工程质量管理条例》和《建设工程安全生产管理条例》的规定，此处的“建设工程”是指土木工程、建筑工程、线路管道和设备安装工程及装修工程。

【问题4】“新建、改建、扩建及其相关的装修、拆除、修缮”的适用范围是什么？

本条款中“工程，是指建设工程，包括建筑物和构筑物的新建、改建、扩建及其相关的装修、拆除、修缮等”的规定似乎将“新建、改建、扩建及其相关的装修、拆除、修缮”仅限于“建筑物和构筑物”，建设工程包括土木工程、建筑工程、线路管道和设备安装工程及装修工程等，而不仅限于“建筑物和构筑物”的建设工程。建设工程中“建筑物和构筑物”以外的其他项目的“新建、改建、扩建及其相关的装修、拆除、修缮”是否属于本条款的“建设工程”而应被纳入《招标投标法》第3条的必须招标范围呢？笔者认为，由于本条款关于“工程”的规定直接援引《政府采购法》第2条第6款，其立法目的是将《招标投标法》和《政府采购法》的适用范围更好地衔接。本条款中“包括建筑物和构筑物的新建、改建、扩建及其相关的装修、拆除、修缮”是对前面“建设工程”范围的强调，并非限定“新建、改建、扩建及其相关的装修、拆除、修缮”仅适用于“建筑物和构筑物”，而是应当同样适用于全部建设工程的种类。

总之,工程是指新建、改建、扩建及其相关的装修、拆除、修缮的土木工程、建筑工程、线路管道和设备安装工程及装修工程。

【问题5】如果"拆除、修缮"的项目金额很小,必须依法招标吗?

《招标投标法》《招标投标法实施条例》以及相关的配套规范性文件对于必须招标的"拆除、修缮"活动的金额没有明确规定。笔者认为,鉴于"拆除、修缮"的性质属于施工,借鉴施工项目的必须招标的金额标准(单项合同估算价在400万元人民币以上)来衡量"拆除、修缮"项目是否必须依法招标较为恰当。因此,超过必须招标的施工项目金额标准的"拆除、修缮",应当招标,不足的,可以不招标。

(三)工程建设相关货物

根据本条款规定,工程建设相关货物是指构成工程不可分割的组成部分,且为实现工程基本功能所必需的设备、材料等。引入"工程"概念后,"工程建设相关货物"的范畴非常清晰,是指构成新建、改建、扩建及其相关的装修、拆除、修缮的土木工程、建筑工程、线路管道和设备安装工程及装修工程不可分割的组成部分,且为实现这些工程基本功能所必需的设备、材料等。《招标投标法实施条例》从构造、技术要求以及功能实现等客观方面将设备、材料与工程联系起来,强调这种关系是不可分割的、必需的、非常紧密的。

【提示4】该款可作为《招标投标法》第3条"重要设备材料"的认定标准。

《招标投标法》第3条中规定,"工程建设项目"包括"与工程建设有关的重要设备、材料等的采购"。《招标投标法实施条例》颁布前,对于何为"重要设备材料"没有统一的认定标准,难以判断哪些设备材料属于工程建设项目。《招标投标法实施条例》颁布后,"重要设备材料"有了明确的判断标准,即通过衡量设备、材料与工程建设项目之间是否存在"不可分割并且为实现工程基本功能所必需"的关系,判断设备材料的重要性,认定其是否属于工程建设项目的范围。

(四)工程建设相关服务

根据本条款的规定,工程建设有关的服务是指为完成工程所需的勘察、设计、监理等服务。引入"工程"概念后,"工程建设相关服务"是指为完成新建、改建、扩建及其相关的装修、拆除、修缮的土木工程、建筑工程、线路管道和设备安装工程及装修工程所需的勘察、设计、监理等服务。

综上所述,把"工程""工程建设相关货物""工程建设相关服务"组合起来,将组成"工程建设项目"的整体范畴。"工程建设项目"是指新建、改建、扩建及其相关的装修、拆除、修缮的土木工程、建筑工程、线路管道和设备安装工程及装修工程，以及构成这些工程所不可分割的组成部分，且为实现这些工程基本功能所必需的设备、材料和完成这些工程所需的勘察、设计、监理等。

第三条 【必须招标项目】

依法必须进行招标的工程建设项目的具体范围和规模标准（一），由国务院发展改革部门会同国务院有关部门制订，报国务院批准后公布施行（二）。

（一）必须招标项目

必须招标项目是必须招标制度的体现，也是《招标投标法》的核心内容之一，是指一定范围内的工程、货物和服务，凡是达到法定金额标准的，必须通过招标方式进行采购。由于招标投标活动在程序性、规范性、公正性方面比其他采购方式更加严格，招标人投入的精力、费用和时间往往更多，在缺乏必要的激励机制的情况下，采购人通常不会主动选择招标方式进行采购。为了推广适用招标投标方式，必须建立必须招标制度，规定某些项目必须采用招标方式进行采购。

《招标投标法》第 3 条规定："在中华人民共和国境内进行下列工程建设项目包括项目的勘察、设计、施工、监理以及与工程建设有关的重要设备、材料等的采购，必须进行招标：（一）大型基础设施、公用事业等关系社会公共利益、公众安全的项目；（二）全部或者部分使用国有资金投资或者国家融资的项目；（三）使用国际组织或者外国政府贷款、援助资金的项目。前款所列项目的具体范围和规模标准，由国务院发展计划部门会同国务院有关部门制定，报国务院批准。法律或者国务院对必须进行招标的其他项目的范围有规定的，依照其规定。"

2018 年 6 月 1 日起施行的《必须招标的工程项目规定》（国家发改委第 16 号令）以及 2018 年 6 月 6 日起施行的《必须招标的基础设施和公用事业项目范围规定》（发改法规〔2018〕843 号）对必须招标项目制定了最新的详细规定。

《招标投标法》《必须招标的工程项目规定》《必须招标的基础设施和公用事业项目范围规定》三部规范性文件从项目性质、项目种类、项目范围和规模标准 4 个方面，对必须招标项目的构成要素进行了明确界定。如表 1 所示。

表1 依法必须招标的工程建设项目构成

<table>
<tr><td>项目性质</td><td colspan="2">工程建设项目</td></tr>
<tr><td>项目种类</td><td colspan="2">勘察、设计、施工、监理以及重要设备、材料的采购</td></tr>
<tr><td rowspan="9">项目范围</td><td rowspan="2">(1)全部或者部分使用国有资金投资或者国家融资的项目</td><td>使用预算资金200万元人民币以上,并且该资金占投资额10%以上的项目</td></tr>
<tr><td>使用国有企业事业单位资金,并且该资金占控股或者主导地位的项目</td></tr>
<tr><td rowspan="2">(2)使用国际组织或者外国政府贷款、援助资金的项目</td><td>使用世界银行、亚洲开发银行等国际组织贷款、援助资金的项目</td></tr>
<tr><td>使用外国政府及其机构贷款、援助资金的项目</td></tr>
<tr><td rowspan="5">(3)大型基础设施、公用事业等关系社会公共利益、公众安全的项目(仅包括上述两项范围以外的该类项目)</td><td>煤炭、石油、天然气、电力、新能源等能源基础设施项目</td></tr>
<tr><td>铁路、公路、管道、水运,以及公共航空和A1级通用机场等交通运输基础设施项目</td></tr>
<tr><td>电信枢纽、通信信息网络等通信基础设施项目</td></tr>
<tr><td>防洪、灌溉、排涝、引(供)水等水利基础设施项目</td></tr>
<tr><td>城市轨道交通等城建项目</td></tr>
<tr><td rowspan="3">规模标准</td><td colspan="2">勘察、设计、监理等服务:单项合同估算价在100万元人民币以上</td></tr>
<tr><td colspan="2">施工:单项合同估算价在400万元人民币以上</td></tr>
<tr><td colspan="2">货物:单项合同估算价在200万元人民币以上</td></tr>
</table>

注:项目范围(1)中包括了全部或者部分使用国有资金投资或者国家融资的大型基础设施、公用事业等关系社会公共利益、公众安全的项目;项目范围(2)中包括了使用国际组织或者外国政府贷款、援助资金的大型基础设施、公用事业等关系社会公共利益、公众安全的项目;项目范围(3)仅包括项目范围(1)和(2)以外的大型基础设施、公用事业等关系社会公共利益、公众安全的项目。

根据表1可以看出,工程建设项目中,判断一个项目是否属于必须招标项目,需要从项目性质、项目种类、项目范围和规模标准4个方面逐一界定,同时满足以上4个条件的项目,才属于必须招标项目。

1. 项目性质

就项目性质而言,工程建设项目中的必须招标项目,首先应当属于工程建设项目。根据《招标投标法实施条例》第2条第2款的规定,工程建设项目是指新建、改建、扩建及其相关的装修、拆除、修缮的土木工程、建筑工程、线路管道和设备安装工程及装修工程，以及构成这些工程不可分割的组成部分，且为实现这些工程基本功能所必需的设备、材料和完成这些工程所需的勘察、设计、监理等。

2. 项目种类

必须招标项目的种类，主要限于工程勘察、设计、施工、监理和重要的设备材料。

工程勘察，是指为了给项目选址、设计和施工提供可靠科学依据，对项目所在地的地形、地质、水文等要素进行测绘、测试及综合评定的活动。工程勘察的内容包括工程地质勘察、岩土工程勘察、水文地质勘察、工程测量等。工程勘察的性质分为选址勘察、初步勘察和详细勘察。

工程设计，是指对拟建工程的生产工艺流程、设备选型、建筑物外形和内部空间布置、结构构造、建筑群的组合以及与周围环境的相互联系等方面，按照现行技术标准进行综合性技术经济分析，并提供作为建设依据的设计文件和图纸的活动。工程设计包括方案设计、初步设计和施工图设计，以及在技术复杂而又缺乏经验的项目中所进行的技术设计。

【问题6】方案设计活动必须通过招标方式选择设计单位吗？

方案设计属于工程设计的范畴，符合必须招标项目的种类要求，如果所在项目是工程建设项目，并且满足必须招标范围和规模标准的要求，应当通过招标方式选择设计单位。如果方案设计在项目性质、项目范围、规模标准三个方面缺少一个或者一个以上的必须招标的条件，则不属于必须招标项目，可以不采用招标方式选择设计单位。

工程施工，是指施工组织按照设计的规格和要求建造建筑物和构筑物的活动，是施工组织配置各种施工要素，将工程设计物化为工程产品的过程。工程施工管理包括施工调度、施工安全、文明施工、环境保护等几方面的内容。

工程监理，是指业主聘请具有相应资质的监理单位，对项目的建设活动进行咨询、顾问、监督，并将业主与第三方为实施项目建设所签订的各类合同的履行交与其监督和管理的活动。工程监理的目的是监督承包单位在工程质量、建设工期、安全要求和建设资金使用等方面是否依照法律、行政法规、有关的技术标准、设计文件和承包合同履行其相关的责任和义务，并对承包单位的不当行为及时给予管理和制止。

我国法律、行政法规对设备材料的范围没有作出明确规定，借鉴联合国国际贸易法委员会《货物、工程和服务采购示范法》的规定，通常认为设备材料为各种各样的物品，包括原材料、产品、设备或固态、液态或者气态物体和电力，以及货物供应的附带服务，条件是那些附带服务的价值不超过货物本身的价值。

3. 项目范围

根据《招标投标法》第 3 条的规定,必须招标项目的范围主要限于三类:全部或者部分使用国有资金投资或者国家融资的项目;使用国际组织或者外国政府贷款、援助资金的项目;大型基础设施、公用事业等关系社会公共利益、公众安全的项目。

(1)全部或者部分使用国有资金投资或者国家融资的项目

根据《必须招标的工程项目规定》第 2 条的规定,全部或部分使用国有资金投资或者国家融资的项目包括以下两种情形:一是使用预算资金 200 万元人民币以上,并且该资金占投资额 10% 以上的项目;二是使用国有企业事业单位资金,并且该资金占控股或者主导地位的项目。该项规定把使用国有资金投资或者国家融资分为使用预算资金和使用国有企业事业单位自有资金两种情形,分别设置了不同的认定标准。使用预算资金时,必须同时满足固定金额 200 万元以上和相对比例 10% 以上两个条件,如果其中任何一个条件没有达到,都不属于必须招标项目的范围。使用国有企业事业单位自有资金时,要满足该资金占控股或者主导地位的条件。关于"占控股或者主导地位"可以参照《中华人民共和国公司法(2023 年修订)》[以下简称《公司法(2023 年修订)》]第 265 条关于控股股东和实际控制人的规定理解适用。关于国有资金投资或者国家融资的资金比例,应当按照项目资金来源中所有预算资金之和或者所有国有企业事业单位自有资金之和分别计算。

(2)使用国际组织或者外国政府贷款、援助资金的项目

根据《必须招标的工程项目规定》第 3 条的规定,使用国际组织或者外国政府贷款、援助资金的项目包括以下两种情形:一是使用世界银行、亚洲开发银行等国际组织贷款、援助资金的项目;二是使用外国政府及其机构贷款、援助资金的项目。

(3)大型基础设施、公用事业等关系社会公共利益、公众安全的项目

根据《必须招标的工程项目规定》第 4 条的规定,不属于上述第(1)项、第(2)项规定情形的大型基础设施、公用事业等关系社会公共利益、公众安全的项目,必须招标的具体范围由国务院发展改革部门会同国务院有关部门按照确有必要、严格限定的原则制订,报国务院批准。也就是说,上述第(1)项中包括了一部分"大型基础设施、公用事业等关系社会公共利益、公众安全的项目",即全部或者部分使用国有资金投资或者国家融资的大型基础设施、公用事业等关系社会公共利益、公众安全的项目;上述第(2)项中也包括了一部分"大型基础设施、公用事业等关系社会公共利益、公众安全的项目",即使用国际组织或者外国政府贷款、援助资金的大型基础设施、公用事业等关系社会公共利益、公众安全的项目。对于第(1)项和第(2)项以外的大型基础设施、公用事业等关系社会公共利益、公众安全的项目的必须招标项目范围,将另行制定具体规定。该项规定即 2018 年 6 月 6 日国家发改

委发布的《必须招标的基础设施和公用事业项目范围规定》。

根据《必须招标的基础设施和公用事业项目范围规定》第 2 条的规定，不属于《必须招标的工程项目规定》第 2 条、第 3 条规定情形的大型基础设施、公用事业等关系社会公共利益、公众安全的项目，必须招标的具体范围包括：煤炭、石油、天然气、电力、新能源等能源基础设施项目；铁路、公路、管道、水运，以及公共航空和 A1 级通用机场等交通运输基础设施项目；电信枢纽、通信信息网络等通信基础设施项目；防洪、灌溉、排涝、引(供)水等水利基础设施项目；城市轨道交通等城建项目。该项规定按照行业领域划分，将一些没有使用国有资金投资或者国家融资以及没有使用国际组织或者外国政府贷款、援助资金的项目纳入必须招标的项目范围。

4. 规模标准

根据项目种类的不同，《必须招标的工程项目规定》第 5 条对必须招标项目的规模标准分别作出了规定：勘察、设计、监理等服务项目单项合同估算价 100 万元人民币以上；施工项目单项合同估算价 400 万元人民币以上；货物采购项目单项合同估算价 200 万元人民币以上。同一项目中可以合并进行的勘察、设计、施工、监理以及与工程建设有关的重要设备、材料等的采购，合同估算价合计达到上述规定规模标准的，必须招标。

另外，需要注意的是，根据《招标投标法》第 3 条第 3 款的规定，法律或者国务院对必须进行招标的其他项目的范围有规定的，依照其规定。因此，除上述 4 个构成必须招标项目的条件外，如果法律或者国务院对必须招标的范围另有规定，还应当遵守其规定。

需要说明的是，由于《招标投标法》以及《招标投标法实施条例》提到的必须招标项目，通常是指工程建设项目中的必须招标项目，本书中的必须招标项目，也主要是指工程建设项目中的必须招标项目。

【提示 5】《政府采购法》规定的需要招标的项目也属于必须招标项目。

《招标投标法》第 3 条第 3 款规定，法律或者国务院对必须进行招标的其他项目的范围有规定的，依照其规定。《政府采购法》规定，在我国境内进行的各级国家机关、事业单位和团体组织，使用财政性资金采购依法制定的集中采购目录以内的或者采购限额标准以上的货物、工程和服务的项目属于政府采购的项目，除在采购活动开始前获得设区的市、自治州以上人民政府采购监督管理部门的批准可以采用非招标方式(竞争性谈判、单一来源采购、询价、竞争性磋商、框架协议采购合作创新采购)外，都应当采用公开招标和邀请招标的方式进行采购。因此，在采购活动开始前没有批准采取非招标方式的政府采购项目，同样属于必须招标项目。

根据必须招标制度的安排,《招标投标法》以及《招标投标法实施条例》对必须招标项目和非必须招标项目作了不同规定,某些条款主要适用于必须招标项目(见表2),而对于非必须招标项目不具有强制约束力。因此,辨明必须招标项目的范围,对于正确适用《招标投标法》和《招标投标法实施条例》的规定极为重要。

表2　必须招标项目适用条款汇总

章节	《招标投标法》	《招标投标法实施条例》
第一章　总则	第3条、第4条、第6条	第3条
第二章　招标	第12条、第16条、第24条	第7条、第8条、第15条、第17条、第18条、第23条、第24条、第26条、第29条、第32条
第三章　投标		第33条
第四章　开标、评标、中标	第37条、第42条、第47条	第46条、第54条、第55条
第五章(第六章)　法律责任	第49条、第50条、第52条、第53条、第54条、第55条、第56条、第57条、第60条、第64条	第63条、第67条、第68条、第70条、第71条、第72条、第73条、第74条、第80条、第81条

(二)具体范围和规模标准的制定机关

根据《招标投标法》第3条的授权,必须招标项目的具体范围和规模标准,应当由国务院发展改革部门会同国务院有关部门制定,报国务院批准后公布施行。

《招标投标法》颁布后不久,原国家计委于2000年5月1日颁布了《工程建设项目招标范围和规模标准规定》(原国家计委3号令),对必须招标项目的具体范围和规模标准作出了明确规定。该规定的施行曾发挥了积极作用,但是,由于已经实行了18年,在此期间,我国经济发生了巨大变化,该规定的部分内容已经无法满足现行社会经济的需要。2018年3月27日国家发改委公布《必须招标的工程项目规定》。此后,2018年6月6日发布的《必须招标的基础设施和公用事业项目范围规定》对《必须招标的工程项目规定》进行了补充和完善。两部规范性文件对《工程建设项目招标范围和规模标准规定》进行了全面修改,《必须招标的工程项目规定》于2018年6月1日生效后,《工程建设项目招标范围和规模标准规定》同时废止。需要提示的是,《工程建设项目招标范围和规模标准规定》废止后,该部门规章第10条“省、自治区、直辖市人民政府根据实际情况,可以规定本地区必须进行招标的具体范围和规模标准,但不得缩小本规定确定的必须进行招标的范围”

的规定也归于无效。也就是说,《工程建设项目招标范围和规模标准规定》赋予省级人民政府在不缩小范围的情况下制定各自地区必须招标项目范围的权力已被收回,各级地方人民政府已经无权制定比《必须招标的工程项目规定》和《必须招标的基础设施和公用事业项目范围规定》范围更广的必须招标的项目范围和规模标准。

【提示6】下位法无权改变必须招标项目的项目性质和项目种类。

笔者认为,根据《招标投标法》第3条的规定,必须招标项目的具体范围和规模标准,由国务院发展计划部门会同国务院有关部门制定,报国务院批准。《招标投标法》仅授权国务院相关部门对必须招标项目的项目范围和规模标准作出具体规定,对于项目范围和规模标准以外的另外两个条件,即项目性质(工程建设项目)和项目种类(勘察、设计、施工、监理和重要设备、材料的采购)并未授权更改。相关部门在制定招标投标行政法规、部门规章、地方性法规和地方政府规章时,无权改变和任意扩大必须招标项目的项目性质和项目种类。

第四条 【行政监督部门及其职责分工】

国务院发展改革部门指导和协调全国招标投标工作,对国家重大建设项目的工程招标投标活动实施监督检查[(一)(二)]。国务院工业和信息化、住房城乡建设、交通运输、铁道、水利、商务等部门,按照规定的职责分工对有关招标投标活动实施监督[(三)]。

县级以上地方人民政府发展改革部门指导和协调本行政区域的招标投标工作。县级以上地方人民政府有关部门按照规定的职责分工,对招标投标活动实施监督,依法查处招标投标活动中的违法行为。县级以上地方人民政府对其所属部门有关招标投标活动的监督职责分工另有规定的,从其规定[(六)]。

财政部门依法对实行招标投标的政府采购工程建设项目的政府采购政策执行情况实施监督[(四)]。

监察机关依法对与招标投标活动有关的监察对象实施监察[(五)]。

本条款是关于招标投标行政监督部门及其职责分工的规定。根据本条款并结合《招标投标法》以及《关于国务院有关部门实施招标投标活动行政监督的职责分工的意见》,笔者认为可以将整个招标投标过程中的监督管理部门分为五类:国家发改委、项目审核部门、行业主管部门、监察部门和财政部门,具体职责分工如表3所示。

表3　监管部门职责分工

序号	监督部门	职责分工
1	国家发改委	指导和协调全国招标投标工作 组织稽察特派员对国家重大项目的工程招标投标进行监督检查 拟定《招标投标法》配套法规、综合性政策(会同有关部门) 制定必须招标的项目范围、规模标准(会同有关部门) 制定不宜进行招标的项目(会同有关部门) 确定发布招标公告的报刊、信息网络或其他媒介 编制标准文本(会同有关部门) 制定评标专家专业分类标准和管理办法(会同有关部门)
2	项目审核部门	审核可行性研究报告、资金申请报告、项目核准申请报告时审批 项目的招标范围 项目的招标方式 项目的招标组织形式 审批、核准后向有关主管部门通报审批、核准情况
3	行业主管部门	招标投标过程中泄露保密资料、泄露标底、串通招标、串通投标、歧视排斥投标等的监督执法,按职责分工分别由有关行业主管部门负责 工信、交通、铁道、水利、民航 对各自主管行业范围内招标投标项目监督执法、受理投诉 住建部:对房屋建筑、配套线路管道设备安装项目、市政工程项目监督执法 商务部:对进口机电设备采购项目监督执法
4	财政部门	政府采购工程招标项目:仅对政策执行情况监督管理 政府采购货物、服务招标项目:全过程监督管理
5	监察部门	对招标投标活动中监察对象实施监察

注:县级以上地方政府对其所属部门招标投标活动的监督职责分工另有规定的,从其规定。

(一)国家发改委监管职能

根据《招标投标法》、《招标投标法实施条例》以及《关于国务院有关部门实施招标投标活动行政监督的职责分工的意见》的规定,国家发改委在招标投标活动中的监管职能主要有8项,分别为指导和协调全国招标投标工作;对国家重大建设项目的工程招标投标活动实施监督检查;会同有关部门拟定招标投标法配套法规、综合性政策;会同有关部门拟定必须招标的项目的具体范围和规模标准;会同有关部门拟定不适宜进行招标的项目;确定发布招标公告的报刊、信息网络或其他媒介;会同有关行政监督部门制定标准文本;会同有关部门制定评标专家专业分类标准和管理办法。具体情况如下。

1. 指导和协调全国招标投标工作

我国招标投标领域存在政出多门、多头管理的现状，各行业发展情况不同，对招标投标的政策需求有别，这就需要确定某个具体职能部门指导协调招标投标全局工作。国家发改委作为社会与国民经济发展的重要管理部门，承担规划重大建设项目和生产力布局，负责拟订全社会固定资产投资总规模和投资结构的调控目标、政策及措施，负责安排中央政府投资和重大建设项目的专项规划，因此，由国家发改委作为指导和协调全国招标投标工作的管理部门最合适。

2. 对国家重大建设项目的工程招标投标活动实施监督检查

国家发改委负责组织国家重大建设项目稽察特派员，对国家重大建设项目建设过程中的工程招标投标进行监督检查。国家发改委设立重大项目稽察特派员办公室，负责实施具体的监督检查工作。

3. 会同有关部门拟定招标投标法配套法规、综合性政策

《关于国务院有关部门实施招标投标活动行政监督的职责分工的意见》规定，国家发改委具有会同有关部门拟定招标投标法配套法规、综合性政策的职权。目前，国家发改委已经会同住建部、原铁道部、交通部、工信部、水利部、民航总局、广电总局、商务部，共同颁布了多部招标投标综合性部门规章，其中，最常用的有《工程建设项目施工招标投标办法》《工程建设项目货物招标投标办法》《工程建设项目勘察设计招标投标办法》《评标委员会和评标方法暂行规定》《工程建设项目招标投标活动投诉处理办法》等。

4. 会同有关部门拟定必须招标项目的具体范围和规模标准

《招标投标法》第 3 条规定，必须招标项目的具体范围和规模标准，由国务院发展计划部门会同国务院有关部门制定，报国务院批准。原国家计委《工程建设项目招标范围和规模标准规定》、国家发改委《必须招标的工程项目规定》、国家发改委《必须招标的基础设施和公用事业项目范围规定》三部规范性文件的发布，是国家发改委会同相关部门制定必须招标项目的具体范围和规模标准行政职能的具体表现。

5. 会同有关部门拟定不适宜进行招标的项目

根据《关于国务院有关部门实施招标投标活动行政监督的职责分工的意见》的规定，国家发改委有权会同有关部门拟定不适宜进行招标的项目。目前，关于不适宜进行招标项目的规定散落于一些国家发改委参与制定的综合性部门规章中，尚未出台专门的单行规章。笔者认为，国家发改委实际上已经履行了拟定不适宜进行招标项目的职责，只不过与制定配套法规、综合性政策的职责合并行使而已，在制定综合性部门规章时，根据各个行业和项目种类的不同，将不适宜进行招标项目的条件列入各综合性部门规章中。

6. 确定发布招标公告的报刊、信息网络或其他媒介

《关于国务院有关部门实施招标投标活动行政监督的职责分工的意见》明确规定,国家发改委有权确定发布招标公告的报刊、信息网络或其他媒介。2017 年 11 月 23 日国家发改委颁布《招标公告和公示信息发布管理办法》,规定必须招标项目的招标公告和公示信息应当在“中国招标投标公共服务平台”或者项目所在地省级电子招标投标公共服务平台发布。该办法 2018 年 1 月 1 日起实施。

7. 会同有关行政监督部门制定标准文本

《招标投标法实施条例》第 15 条规定,必须招标项目的资格预审文件和招标文件,应当使用国务院发展改革部门会同有关行政监督部门制定的标准文本,赋予国家发改委会同其他行政监督部门制定标准文本的权力。

8. 会同有关部门制定评标专家专业分类标准和管理办法

为了实现各综合评标专家库的互联互通、资源共享,解决专家库之间的接口问题,《招标投标法实施条例》规定,国家将实行统一的评标专家专业分类标准和管理办法,并赋予国家发改委会同国务院有关部门制定具体标准和办法的职能。

(二)项目审核部门监管职能①

根据《国务院关于投资体制改革的决定》的规定,国家对于投资项目,根据项目的性质、投资主体、资金来源和规模大小,分别由各级政府及有关部门实行审批制、核准制和备案制。《招标投标法实施条例》第 7 条规定,按照国家有关规定需要履行项目审批、核准手续的必须招标项目,其招标范围、招标方式、招标组织形式应当报项目审批、核准部门审批、核准。项目审批、核准部门应当及时将审批、核准确定的招标范围、招标方式、招标组织形式通报有关行政监督部门。《关于国务院有关部门实施招标投标活动行政监督的职责分工的意见》同时规定,项目审批部门在审批必须进行招标的项目可行性研究报告(《国务院关于投资体制改革的决定》新增资金申请报告、项目核准申请报告)时,核准项目的招标方式(委托招标或自行招标)以及国家出资项目的招标范围(发包初步方案)。项目审批后,及时向有关行政主管部门通报所确定的招标方式和范围等情况。由此可以看出,项目审核部门在招标投标活动中具有相应的监管职能。

1. 监管对象

项目审核部门的监管对象为依法必须进行招标的工程建设项目中,应当向审批、核准部门报送项目可行性研究报告(《国务院关于投资体制改革的决定》新增

① 本条款没有规定项目审核部门的监管职能,为了系统介绍全部监管部门的职责分工,笔者将《招标投标法实施条例》第 7 条中关于项目审核部门的监管职能提前至本条款一并介绍。项目审核的其他内容,可参见《招标投标法实施条例》第 7 条的其他规定。

资金申请报告、项目核准申请报告)的项目。

2. 监管环节

项目审核部门在审核可行性研究报告(《国务院关于投资体制改革的决定》新增资金申请报告、项目核准申请报告)时行使监管职责。根据《建设项目可行性研究报告增加招标内容以及核准招标事项暂行规定》,依法必须进行招标的工程建设项目中,凡应报送项目审批部门审批的,必须在报送的项目可行性研究报告(《国务院关于投资体制改革的决定》新增资金申请报告、项目核准申请报告)中增加有关招标的内容。项目审批部门在批准项目可行性研究报告(《国务院关于投资体制改革的决定》新增资金申请报告、项目核准申请报告)时,应依据法律、法规规定的权限,对项目建设单位拟定的招标范围、招标组织形式、招标方式等内容提出核准或者不予核准的意见。

3. 监管内容

监管的内容主要是招标范围、招标方式和招标组织形式。其中,招标范围,是指建设项目的勘察、设计、施工、监理以及重要设备、材料的采购活动全部还是部分采用招标方式。招标方式,是指建设项目的勘察、设计、施工、监理以及重要设备、材料等采购活动拟采用公开招标还是邀请招标,国家发展主管部门确定的国家重点项目和省、自治区、直辖市人民政府确定的地方重点项目,拟采用邀请招标的,应对申请的邀请招标的理由进行审查。招标组织形式,是指建设项目的勘察、设计、施工、监理以及重要设备、材料等采购活动拟委托招标还是自行招标。采用自行招标形式的,还应审查申请人按照《工程建设项目自行招标试行办法》报送的书面材料。

4. 通报要求

为便于其他相关部门开展工作,项目审批、核准后,项目审批、核准部门应当及时将审批、核准确定的招标范围、招标方式、招标组织形式通报有关行政监督部门。

(三)行业主管部门监管职能

1. 行业主管部门

招标投标的行业主管部门包括国务院工业和信息化部、住房和城乡建设部、交通运输部、原铁道部、水利部、商务部、民航总局等,各部门按照规定的职责分工对有关招标投标活动实施监督管理。

2. 主管领域

根据《关于国务院有关部门实施招标投标活动行政监督的职责分工的意见》的规定,各行业主管部门的主管领域分别是水利、交通、铁道、民航、信息产业等行业和产业项目的招投标活动的监督执法,分别由水利部、交通运输部、原铁道部、民航总局、工业和信息化部负责;各类房屋建筑及其附属设施的建造和与其配套的线路,管道、设备的安装项目和市政工程项目的招投标活动的监督执法,由住房和城乡建设部负责;进口机电设备采购项目的招投标活动的监督执法,由商务部负责。

3. 监管职责

根据《关于国务院有关部门实施招标投标活动行政监督的职责分工的意见》的规定,各行业主管部门对招标投标过程(包括招标、投标、开标、评标、定标)中泄露保密资料、泄露标底、串通招标、串通投标、歧视排斥投标等违法活动,在各自职责分工范围内分别负责,并受理投标人和其他利害关系人的投诉。由此可以看出,行业主管部门的监管职责,主要是对发生在各自行业领域招标投标过程中的具体违法违规行为的监督执法。

(四)财政部门监管职能

本条款规定,财政部门依法对实行招标投标的政府采购工程建设项目的政府采购政策执行情况实施监督,将财政部门在政府采购工程建设项目招标投标活动中的监管职能,主要限定在政府采购政策执行情况方面。

【问题7】哪个部门具体负责政府采购工程招标投标过程的监督管理?

笔者认为,应由各行业主管部门按照职责分工进行监督管理。《政府采购法》第4条规定,政府采购工程进行招标投标的,适用《招标投标法》。政府采购的工程招标项目应当按照《招标投标法》及其配套法规、规章确定的职责分工进行监督管理。正如本条款第3项"行业主管部门监管职能"部分所述,政府采购的工程招标项目应由相应的各行业主管部门按照职责分工,对该过程中的具体行为进行监督管理。

【问题8】哪个部门负责政府采购货物服务招标项目的监督管理?

笔者认为,应由财政部门进行监督管理。政府采购项目包括工程、货物和服务,其中,工程项目进行招标投标的,适用《招标投标法》,其他两类项目(货物和服务)进行招标投标的,适用《政府采购法》。《政府采购法》第13条第1款明确规定,各级人民政府财政部门是负责政府采购监督管理的部门,依法履行对政府采购活动的监督管理职责。因此,政府采购的货物和服务项目进行招标投标的,应由财政部门进行监督管理。

《招标投标法》、《政府采购法》以及《招标投标法实施条例》对政府采购的招标投标项目的监督管理部门进行了明确安排:政府采购的工程项目进行招标投标的,其政府采购政策执行情况由财政部门负责监督,招标投标过程中的具体行为,由相应的各行业主管部门按照各自的职责分工进行监督管理;政府采购的货物和服务项目进行招标投标的,其政府采购政策执行情况以及招标投标过程中的具体行为,均由财政部门负责监督管理。

(五)监察部门监管职能

本条款规定,监察机关依法对与招标投标活动有关的监察对象实施监察。

所谓"监察对象",是指所有行使公权力的公职人员,包括公职人员和有关人员。根据《中华人民共和国监察法》(以下简称《监察法》)第15条的规定,监察对象包括以下六类:(1)中国共产党机关、人民代表大会及其常务委员会机关、人民政府、监察委员会、人民法院、人民检察院、中国人民政治协商会议各级委员会机关、民主党派机关和工商业联合会机关的公务员,以及参照《中华人民共和国公务员法》管理的人员;(2)法律、法规授权或者受国家机关依法委托管理公共事务的组织中从事公务的人员;(3)国有企业管理人员;(4)公办的教育、科研、文化、医疗卫生、体育等单位中从事管理的人员;(5)基层群众性自治组织中从事管理的人员;(6)其他依法履行公职的人员。根据《监察法》第11条的规定,监察部门对监察对象依法履行监督、调查、处置职责,具体包括:(1)对公职人员开展廉政教育,对其依法履职、秉公用权、廉洁从政从业以及道德操守情况进行监督检查;(2)对涉嫌贪污贿赂、滥用职权、玩忽职守、权力寻租、利益输送、徇私舞弊以及浪费国家资财等职务违法和职务犯罪进行调查;(3)对违法的公职人员依法作出政务处分决定;对履行职责不力、失职失责的领导人员进行问责;对涉嫌职务犯罪的,将调查结果移送人民检察院依法审查、提起公诉;向监察对象所在单位提出监察建议。

(六)县级以上地方人民政府监管职能

一般情况下,县级以上地方人民政府应当比照国务院各主管部门的职责分工设置监管职能,即县级以上地方人民政府发展改革部门指导和协调本行政区域的招标投标工作;其他有关部门按照规定的职责分工,对招标投标活动实施监督,依法查处招标投标活动中的违法行为。但是,根据本条款的规定,县级以上地方人民政府对其所属部门有关招标投标活动的监督职责分工另有规定的,应当从其规定。

【提示7】县级以上人民政府另有规定的,应当严格按照其规定执行。

《招标投标法实施条例》在维持现有行政监督职责分工模式的同时,积极鼓励县级以上地方人民政府探索建立新的行政监管模式,"县级以上地方人民政府对其所属部门有关招标投标活动的监督职责分工另有规定的,从其规定"的要求,为地方人民政府行政监督体制改革提供了依据,留足了立法空间。招标投标从业人员在处理监督管理问题时,还需核实招标项目所在地的地方人民政府是否对招标投标监督管理职责分工另有规定,如果另有分工,应当严格按照其规定执行。

第五条 【交易场所与电子招标投标】

设区的市级以上地方人民政府可以根据实际需要,建立统一规范的招标投标交易场所,为招标投标活动提供服务。招标投标交易场所不得与行政监督部门存在隶属关系,不得以营利为目的[一]。

国家鼓励利用信息网络进行电子招标投标[二]。

(一)招标投标交易场所

《招标投标法实施条例》实施前,有形建筑市场等交易场所已经大量存在。2009年7月9日中共中央办公厅、国务院办公厅印发《关于开展工程建设领域突出问题专项治理工作的意见》,要求建立统一规范的工程建设有形市场。《招标投标法实施条例》在制定时,充分考虑上述要求,规定了设立招标投标交易场所的相关内容,明确了招标投标交易场所的法律地位,同时也提出了相应要求。

1. 设立主体

招标投标交易场所的设立机关为设区的市级以上地方人民政府,县级政府不具备设立资格。将设立权限限定在设区的市级以上地方人民政府,主要考虑到目前全国交通相对便利、通信手段发达,物理方面的困难已经基本解决,通过相对集中的操作,能够产生更大的规模效应,而且也能够打破地方保护,减轻当事人的负担。

2. 功能定位

作为交易场所和服务平台,招标投标交易场所的主要功能是为招标投标活动提供场地,为交易各方提供服务,为信息发布提供平台,为政府监管提供条件。招标投标交易场所不具备管理职能,在提供服务时,不应代替招标代理机构为招标人编制招标文件和组织招标活动,也不应代替政府行政监督部门行使行政监督职权。

3. 与监管部门关系

为了解决管办不分的问题,本条款规定,招标投标交易场所不得隶属行政监督部门。此处的"行政监督部门"不是指所有的政府机关,而是指直接负责招标投标监督管理的行政监督部门(具体负责的行政监督部门及其职责分工,可参见《招标投标法实施条例》第4条)。招标投标交易场所可以隶属于招标投标行政监督部门之外的其他政府机关。

4. 经营要求

招标投标交易场所不得以营利为目的。此处的"不得以营利为目的"并不是不收取任何费用,而是指可以收取弥补其成本支出的合理费用,但是所收费用不得以追求利润或者利润最大化为目的,即使有结余时也不得用以分配。

【技巧1】招标投标交易场所费用由谁支付?

对于招标投标交易场所的费用支付问题,《招标投标法》《招标投标法实施条例》以及相关配套规范性文件均没有明确规定,还需有关部门颁布规范性文件予以明确。在相关规定颁布前,笔者建议招标投标交易双方通过合同形式约定该项费用的支付主体和支付方式,或者由招标人在招标文件中明确该项费用的支付主体和支付方式。

(二)电子招标投标

《招标投标法实施条例》颁布前,国内已有大批招标代理机构、大型企业、交易市场、行政监督管理部门在招标投标活动中采用电子信息网络技术,建立了形式多样的电子招标系统。经过一段时间的发展,电子招标投标已经展现出明显优势。

1. 超越空间限制,不受物理条件约束

采用电子招标投标后,投标人可以通过互联网购买电子招标文件、递交电子投标文件、参加电子化开标仪式,投标人只要坐在电脑前就可以完成以往必须到招标现场才能够完成的活动。电子招标投标超越空间限制,大大提高了招标投标的便捷性。

2. 节约资源,降耗增效

电子招标投标减少甚至取消了纸质文件的使用,节省了投标人差旅费、食宿费、通信费等不必要的开销,同时,在网络上传递信息可以瞬间完成,电子招标投标将大大提高招标投标的工作效率。

3. 方便信息收集、分析

电子招标投标方便信息收集、筛选和跟踪查找,有利于交易信息的分析监控。另外,通过互联互通方式,电子招标投标还可以共享各种数据库信息资源,有利于信息整合。

4. 公平透明,便于舆论监督

电子招标投标中,电子程序面前人人平等,提高了招标投标活动的公平性。电子招标投标因向更多人实时传递招标投标信息,增加了招标投标活动的透明度,提高了舆论监督的力度。

5. 提高保密性,增加围标、串标难度

电子招标投标中,加密下载投标文件的方式增加了招标投标活动的技术含量,提高了活动的保密性,加大了围标、串标等不法行为的难度,保障了招标投标公平竞争的外部环境。

虽然电子招标投标发展迅猛,但是,在缺乏法律规范的情况下,呈现出模式多种多样、技术手段各不相同、适用范围参差有别的局面,暴露出各种各样的问题。

1. 存在“信息孤岛”现象

由于技术标准不统一,数据接口无法衔接,造成各数据库之间相互孤立、无法互联互通,不能发挥电子招标投标信息共享的优势。

2. 缺乏专业人员行为规则

电子招标投标系统运行和维护所需技术人员更加专业,后台操作更为隐蔽,如果缺乏很好的管理体制,通过技术手段进行违法违规操纵将变得更为容易。

基于以上电子招标投标的优点和缺点,国家还须制定电子招标系统的统一技术规范标准,解决系统之间的数据接口问题。目前,《电子招标投标办法》及《电子招标投标系统技术规范》已于 2013 年 5 月 1 日起施行。这两部规范性文件完善了电子招标体系和实施细则,确定了技术人员的监督管理机制,规范了系统后台操作行为,有效防止针对系统后台违法违规行为的发生。

总之,本条款中“国家鼓励利用信息网络进行电子招标投标”的规定,顺应了时代发展,为电子招标投标活动的开展提供了法律支持和依据。

第六条　【禁止非法干涉招标投标】

禁止国家工作人员以任何方式非法干涉招标投标活动。

招标投标活动中,存在个别国家工作人员以权谋私,收受不法供应商、承包商的好处,利用手中的权力干预招标投标活动的现象。其不法行为主要表现在:要求有关部门对依法应当招标的工程建设项目不招标,或者依法应当公开招标的工程建设项目实行邀请招标;要求将依法必须进行招标的工程建设项目化整为零,或者假借保密工程、抢险救灾等特殊工程的名义规避招标;为招标人指定招标代理机构并办理招标事宜;影响工程建设项目投标人资格的确定或者评标、中标结果等。这些行为违反了公平竞争的原则,严重影响招标投标活动的正常开展,也为腐败行为留下可乘之机。为了防止非法干涉招标投标行为的发生,本条款规定,禁止国家工作人员以任何方式非法干涉招标投标活动。同时,《招标投标法实施条例》第 80 条还相应规定了国家工作人员非法干涉招标投标活动的法律责任,对国家工作人员非法干涉招标投标的行为予以惩戒。

第二章　招　　标

第七条　【招标项目的审核】

按照国家有关规定需要履行项目审批(一)、核准手续(二)的依法必须进行招标的项目,其招标范围、招标方式、招标组织形式应当报项目审批、核准部门审批、核准(三)。项目审批、核准部门应当及时将审批、核准确定的招标范围、招标方式、招标组织形式通报有关行政监督部门(四)。

(一)项目审批

项目审批是行政审批的一种,是指对于使用政府性资金投资建设的项目,经主管部门审核批准后,才可以开工建设。所谓"政府性资金"包括:财政预算投资资金(含国债资金),国际金融组织和外国政府贷款等主权外债资金,纳入预算管理的专项建设资金,法律、法规规定的其他政府性资金。政府性资金的投资方式,按照资金来源、项目性质和宏观调控需要,分为直接投资、资本金注入、投资补助、转贷、贴息等。使用政府性资金的建设项目,无论主体是政府还是企业,都必须采取审批制。政府在项目审批时,更多的是站在资产所有者的角度审查投资项目的市场前景、经济效益、产品技术方案、资金来源等。根据《国务院关于投资体制改革的决定》,对于采用直接投资和资本金注入方式的政府投资项目,审批部门从投资决策角度只审批项目建议书和可行性研究报告,除特殊情况外不再审批开工报告,对于采用投资补助、转贷和贷款贴息方式的政府投资项目,审批部门只审批资金申请报告。

【提示8】"工程建设项目招标投标流程"。

为了明确招标投标活动的各个具体环节,标示出招标投标主体在各环节中的关系以及所从事的具体事宜,笔者绘制了前附图2工程建设项目招标投标流程图,供读者参考使用。

(二)项目核准

项目核准,是指对于企业不使用政府性资金投资建设的重大和限制类固定资产投资项目,按照投资规模大小分别由各级政府及有关部门从维护社会公共利益角度进行审核批准的行政审批制度。

1. 核准项目范围

核准项目主要是企业不使用政府性资金投资建设的重大和限制类固定资产投资项目,包括企业投资项目、外商投资项目和境外投资项目。具体范围可参见《国务院关于发布政府核准的投资项目目录(2016 年本)的通知》和《外商投资产业指导目录(2017 年修订)》。

2. 核准部门

根据《国务院关于发布政府核准的投资项目目录(2016 年本)的通知》规定,企业投资建设本目录内的固定资产投资项目,须按照规定报送有关项目核准机关核准。企业投资建设本目录外的项目,实行备案管理。事业单位、社会团体等投资建设的项目,按照本目录执行。按照规定由国务院核准的项目,经国家发改委审核后报国务院核准。核报国务院及国务院投资主管部门核准的项目,事前须征求国务院行业管理部门的意见。由地方政府核准的项目,各省级政府可以根据本地实际情况,按照下放层级与承接能力相匹配的原则,具体划分地方各级政府管理权限,制定本行政区域内统一的政府核准投资项目目录。基层政府承接能力要作为政府管理权限划分的重要因素,不宜简单地“一放到底”。对于涉及本地区重大规划布局、重要资源开发配置的项目,应充分发挥省级部门在政策把握、技术力量等方面的优势,由省级政府核准,原则上不下放到地市级政府、一律不得下放到县级及以下政府。

3. 核准内容

根据《关于投资体制改革的决定》的规定,企业投资建设实行核准制的项目,按照“谁投资、谁决策、谁收益、谁承担风险”的原则,项目的市场前景、经济效益、资金来源和产品技术方案等均由企业自主决策、自担风险,并依法办理环境保护、土地使用、资源利用、安全生产、城市规划等许可手续和减免税确认手续。核准制的项目仅需向政府提交项目申请报告,不再经过批准项目建议书、可行性研究报告和开工报告的程序。企业在完成项目可行性研究后,根据可行性研究的基本意见和结论,委托有资质的工程咨询机构编制项目申请报告。项目申请报告应当重点阐述项目的外部性、公共性等事项,应当根据政府公共管理的要求,对拟建项目从规划布局、资源利用、征地移民、生态环境、经济和社会影响等方面进行综合论证。政府对企业提交的项目申请报告,主要从维护经济安全、合理开发利用资源、保护生态环境、优化重大布局、保障公共利益、防止出现垄断等方面进行核准。对于外商投资项目,政府还要从市场准入、资本项目管理等方面进行核准。

【问题 9】“路条”属于项目核准程序吗?

“路条”通常是指发展改革部门出具的“关于同意开展某项工程前期工作的

函”，是发展改革部门为了方便项目投资人取得其他主管部门的行政审批意见，表明发展改革部门已经初步同意开展该项工程前期工作的文件。由于缺乏明确的法律依据，“路条”只是实践中约定俗成的做法，不属于法定的项目核准程序。取得“路条”不等于通过项目核准，对于招标前需要履行核准手续的必须招标项目，取得“路条”后还必须通过项目核准，才可以开展招标活动。

（三）审批、核准的招标内容及项目范围

审批、核准是投资项目的行政审批制度，是对投资项目中的重要内容进行的审查和批准，就招标项目而言，审查和批准的内容主要包括招标范围、招标方式和招标组织形式。

1. 招标范围

招标范围是指建设项目的勘察、设计、施工、监理以及重要设备、材料等采购活动全部还是部分进行招标。

2. 招标方式

招标方式分为公开招标和邀请招标：公开招标，是指招标人以招标公告的方式邀请不特定的法人或者其他组织投标；邀请招标，是指招标人以投标邀请书的方式邀请特定的法人或者其他组织投标。招标项目通常采用公开招标方式，对于需要履行项目审批、核准手续的依法必须招标项目（含国务院发展计划部门确定的国家重点项目和省、自治区、直辖市人民政府确定的地方重点项目）不适宜公开招标而需要邀请招标的，必须满足邀请招标的条件，并通过相关部门的审批和核准。

3. 招标组织形式

招标组织形式分为委托招标和自行招标。委托招标，是指招标人委托具备相应资质的招标代理机构代理招标。自行招标，是指招标人依靠自己的能力，依法自行办理和完成招标活动。一般情况下，招标项目都需要委托招标代理机构代理招标。招标人具备编制招标文件和组织评标活动的能力的，可以自行招标。招标人自行办理招标事宜的，对于必须招标项目，应当向有关行政监督部门备案；对于需要审批、核准的必须招标项目，还应当在项目审批、核准时按照《工程建设项目自行招标试行办法》向项目审批、核准部门报送书面材料，通过审批、核准。

4. 项目范围

根据本条款的规定，需要履行项目审批、核准手续的必须招标项目才需要审批、核准招标内容。可以看出，审批、核准招标内容的项目范围，必须同时具备“需要履行项目审批、核准手续”以及“必须招标项目”两个条件。因此，不属于必须招标的项目，即使是需要履行审批、核准手续的项目，也无须审批、核准招标内容；对

于不需要履行审批、核准的项目,即使属于依法必须招标的项目,也无须审批、核准招标内容。具体范围,如图1所示。对于不需要审批、核准招标内容的必须招标项目,由招标人根据《招标投标法》《招标投标法实施条例》以及其他相关配套规范性文件,自行确定招标范围、招标方式和招标组织形式。

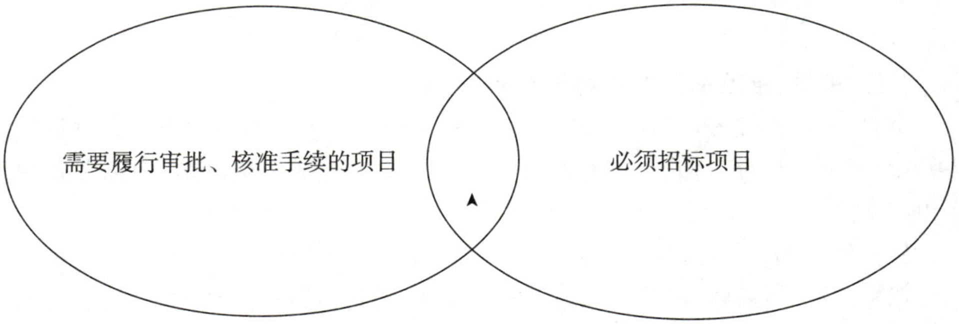

图1　审批、核准招标内容的项目范围示意

(四)通报程序

投资项目经审批、核准后,由于其他相关部门需要根据审批、核准意见开展下一步工作,项目审批、核准部门应当及时将审批、核准的招标范围、招标方式、招标组织形式等情况通报有关行政监督部门。

第八条　【邀请招标】

国有资金占控股或者主导地位的依法必须进行招标的项目,应当公开招标(一);但有下列情形之一的,可以邀请招标:

(一)技术复杂、有特殊要求或者受自然环境限制,只有少量潜在投标人可供选择;

(二)采用公开招标方式的费用占项目合同金额的比例过大(二)。

有前款第二项所列情形,属于《招标投标法实施条例》第七条规定的项目,由项目审批、核准部门在审批、核准项目时作出认定;其他项目由招标人申请有关行政监督部门作出认定(三)。

(一)必须公开招标项目的范围

公开招标,是指招标人以招标公告的方式邀请不特定的法人或者其他组织投标。根据本条款的规定,国有资金占控股或者主导地位的必须招标项目中,除了具备邀请招标或者不招标条件的项目以外,必须公开招标。因此,必须公开招标的项目范围是指具备邀请招标或者不招标条件的项目以外的国有资金占控股或者主导地位的必须招标项目(具体范围见图 2 阴影部分)。此处的"国有资金"是指国家财政性资金(包括预算内资金和预算外资金),纳入财政管理的各种政府性专项建设基金,国家机关、国有企事业单位和社会团体的自有资金及借贷资金。国家通过对内发行政府债券或向外国政府及国际金融机构举借主权外债所筹集的资金也应视为国有资金。此处的"占控股或者主导地位"是指通过掌握一定数量的股份或者资金权益,取得项目的控制地位或者主导权力,其中的"控股"包括绝对控股和相对控股两种形式。具体情况可参见《公司法(2023 年修订)》第 265 条关于控股股东和实际控制人的规定理解适用。此处的"依法必须进行招标的项目",可参见《招标投标法实施条例》第 3 条;"邀请招标"项目范围,可参见本条款第二部分;"不招标"项目范围,可参见《招标投标法实施条例》第 9 条。

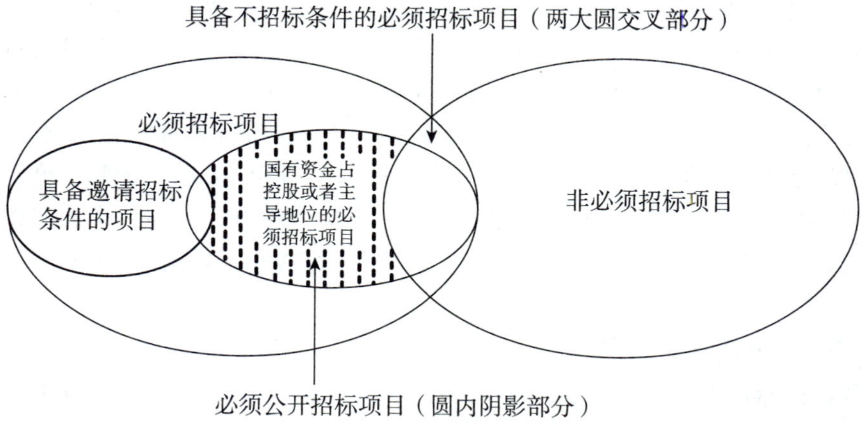

图 2　必须公开招标项目范围示意

(二)邀请招标的条件

1. 技术复杂、有特殊要求或受自然环境限制,只有少量潜在投标人可供选择

该条件强调的是"只有少量潜在投标人可供选择",即出于客观原因(技术复杂、有特殊要求或受自然环境限制),现实中只有少量潜在投标人可供选择,无法形成有效的竞争。其中的"有特殊要求"是指客观原因,而非主观的人为影响。

2. 采用公开招标方式的费用占项目合同金额的比例过大

该种情形是指由于项目规模较小,采用公开招标节省的费用与所支出的费用和时间相比,得不偿失,需要通过限制投标人数量来实现节约与效率的目的。此处的"费用"仅指招标人的费用,不包括投标人为招标项目所支付的费用,而且仅指财务成本,不包括时间成本。此处的"项目合同金额"是指项目合同估算金额,而非最终签订的合同价格,因为该阶段发生在招标前,具体的合同价格尚未确定。关于"比例过大",《招标投标法实施条例》没有明确标准,应由相关部门在审查、核准邀请招标方式时具体认定。

【问题10】与公开招标相比,邀请招标能够节省哪些费用?

与公开招标相比,邀请招标中投标人数量较少,招标组织工作特别是评标工作量相应减少,耗时缩短,因此,所花费的成本较小。能够为招标人节省的费用包括招标公告费、因工作减少相应节省的人员劳务费和资料费、因评标时间缩短所节省的场地费等;投标人方面,还能够节省参加投标的投标人因评标时间缩短所减少的投标保证金费用、未参加投标的潜在投标人所需支出的费用(包括招标文件费、投标差旅费、资料费以及相应人员的劳务费等)。

另外,需要说明的是,《政府采购法》规定的货物、服务邀请招标的适用条件与上述条件有所不同。根据《政府采购法》第29条的规定,政府采购货物或者服务项目邀请招标的,应当符合下列情形之一:(1)具有特殊性,只能从有限范围的供应商处采购的;(2)采用公开招标方式的费用占政府采购项目总价值的比例过大的。政府采购货物或者服务邀请招标的,应当严格适用上述规定。当然,《政府采购法》规定的邀请招标的情形主要适用于政府采购的货物、服务项目,政府采购工程邀请招标的,依然适用《招标投标法》以及《招标投标法实施条例》的规定。

(三)邀请招标的认定

邀请招标是指招标人以投标邀请书的方式邀请特定的法人或者其他组织投标。邀请招标的竞争性比公开招标小,国家通常不鼓励采用邀请招标方式进行采购。邀请招标的,需要满足一定的条件,并且需要通过认定部门的认定。

《招标投标法》第11条规定,国务院发展计划部门确定的国家重点项目和省、自治区、直辖市人民政府确定的地方重点项目不适宜公开招标的,经国务院发展计划部门或者省、自治区、直辖市人民政府批准,可以进行邀请招标。《招标投标法实施条例》同时规定,国有资金占控股或者主导地位的必须招标项目,应当公开招标,但有下列情形之一的,可以邀请招标:(1)技术复杂、有特殊要求或者受自然环境限制,只有少量潜在投标人可供选择;(2)采用公开招标方式的费用占项目合同金额的比例过大。有前款第2项所列情形,属于《招标投标法实施条例》第7条规定的项目,由项目审批、核准部门在审批、核准项目时作出认定;其他项目由招标人申请有关行政监督部门作出认定。《招标投标法实施条例》第7条规定,按照国家有关规定需要履行项目审批、核准手续的必须招标项目,其招标方式应当报项目审批、核准部门审批、核准。

《政府采购法》对于邀请招标的条件以及认定部门也有明确规定：符合下列情形之一的货物或者服务，可以依照本法采用邀请招标方式采购：(1)具有特殊性，只能从有限范围的供应商处采购的；(2)采用公开招标方式的费用占政府采购项目总价值的比例过大的。因特殊情况需要采用公开招标以外的采购方式的，应当在采购活动开始前获得设区的市、自治州以上人民政府采购监督管理部门的批准。

综上所述，邀请招标的认定情形及其认定部门，存在以下几种情况。

1. 国有资金占控股或者主导地位的需要审批、核准的必须招标项目，如果符合“采用公开招标方式的费用占项目合同金额的比例过大”的邀请招标条件(项目范围见图3阴影部分)，邀请招标认定部门为项目审批、核准部门。本条第2款第一部分对此作出明确规定。

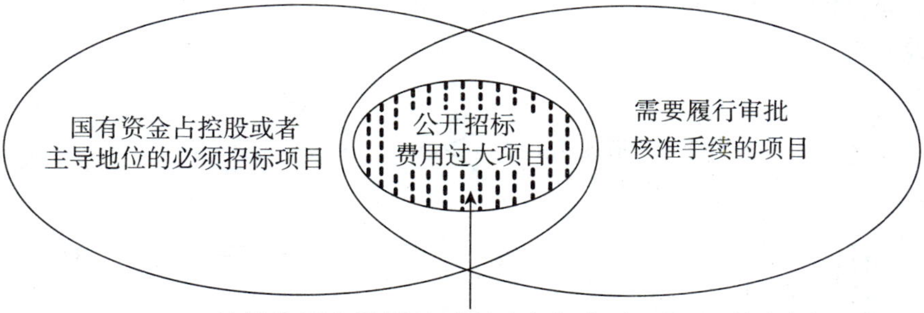

图3 邀请招标项目范围与认定部门示意一

【提示9】对于本条第2款的正确理解。

本条第2款中“有前款第二项所列情形，属于《招标投标法实施条例》第7条规定的项目，由项目审批、核准部门在审批、核准项目时作出认定”是为了明确“公开招标费用占项目合同金额的比例过大”的认定部门，是对认定部门的注解和强调，不能理解为该情形以外的项目邀请招标时，无须项目审批、核准部门进行认定。

2. 国有资金占控股或者主导地位并且需要审批、核准的必须招标项目，如果符合“技术复杂、有特殊要求或者受自然环境限制，只有少量潜在投标人可供选择”的邀请招标条件(项目范围见图4阴影部分)，邀请招标认定部门同样为项目审批、核准部门。这是因为，邀请招标属于招标方式，《招标投标法实施条例》第7条已经明确规定，需要履行项目审批、核准手续的必须招标项目，其招标方式应当报项目审批、核准部门审批、核准。

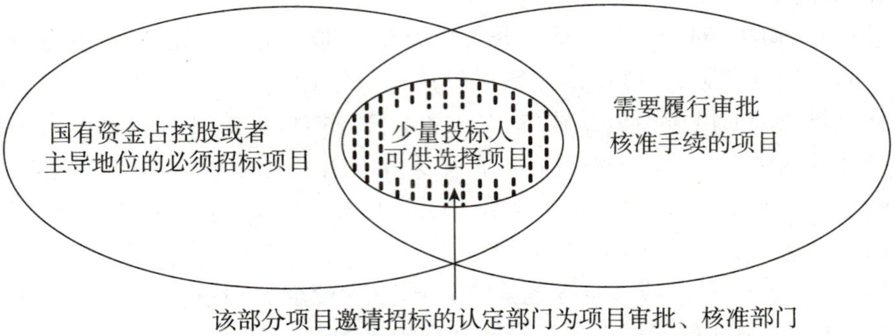

图4　邀请招标项目范围与认定部门示意二

3. 国有资金占控股或者主导地位并且无须审批、核准的必须招标项目，符合邀请招标条件的(项目范围见图5阴影部分)，根据本条第2款的规定，其认定部门为行政监督部门。

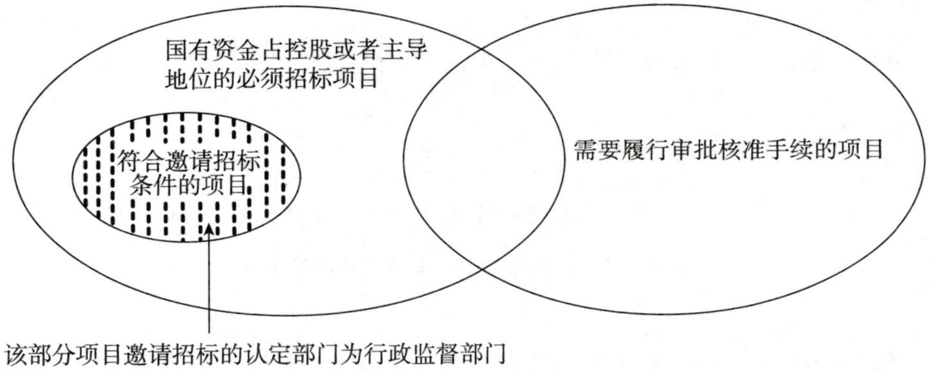

图5　邀请招标项目范围与认定部门示意三

【提示10】如何理解第8条第2款中的"其他项目"？

本条中"其他项目"是指国有资金占控股或者主导地位的必须招标项目中无须审批、核准的项目，而不应当理解为《招标投标法实施条例》第7条规定的需要履行项目审批、核准手续的必须招标项目以外的所有项目(该种理解增加了非国有资金占控股或者主导地位的必须招标项目中无审批、核准的项目和非必须招标项目中无须审批、核准的项目)。这是因为，本条第1款已经明确了本条的适用范围为国有资金占控股或者主导地位的必须招标项目，强调本条是关于国有资金占控股或者主导地位的必须招标项目邀请招标的条件和认定部门的规定。由于本条第2款第一部分援引了第7条的规定，与本条适用范围叠加后所确定的"项目"范围为国有资金占控股或者主导地位的必须招标项目中需要审批、核准的项目，则本条适用范围内的“其他项目”应当为国有资金占控股或者主导地位的必须招标项目中无须审批、核准的项目。

4. 国有资金不占控股或者主导地位的依法必须招标项目（项目范围见图 6 阴影部分），其邀请招标的条件和邀请招标的认定部门，目前在《招标投标法》和《招标投标法实施条例》中都没有明确的规定，如果部门规章、地方性法规或者地方政府规章有规定，应当适用其规定。单从法律条文上判断，该部分项目可以由招标人自行决定邀请招标，无须相关部门的认定，采用邀请招标时，也无须满足本条款规定的邀请招标的条件。但是，笔者认为，鉴于实践中国家不鼓励必须招标的项目采用邀请招标的方式进行采购，国有资金不占控股或者主导地位的依法必须招标项目也属于必须招标项目，该部分项目邀请招标的，虽然可以不经过相关部门的认定，但是应当尽量满足《招标投标法实施条例》规定的邀请招标的条件。

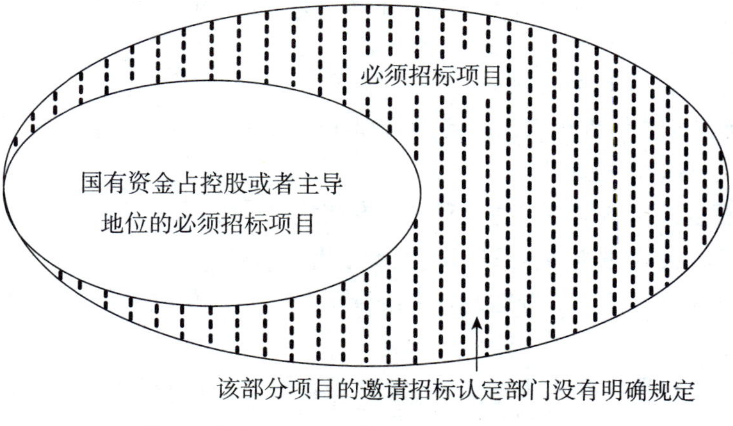

图 6　邀请招标项目范围与认定部门示意四

5. 非必须招标的项目（包括非必须招标项目中需要审批、核准的项目），其邀请招标的条件和认定部门目前《招标投标法》和《招标投标法实施条例》都没有明确规定。对于该类项目，笔者认为，既然非必须招标项目招标人可以自行决定招标或者不招标，那么招标人选择招标的，当然有权自行决定邀请招标或者是公开招标，即使不符合《招标投标法实施条例》规定的邀请招标条件的，招标人依然可以采用邀请招标，并且无须相关部门的认定。这是因为招标人具有决定招标或者不招标的权利，假设此时邀请招标必须满足本条款规定的邀请招标的条件或者必须经过相关部门的认定，则招标人完全可以放弃招标，采用非招标的方式进行采购。

6. 根据《机电产品国际招标投标实施办法(试行)》的规定,机电产品国际招标项目中,因采用公开招标方式的费用占项目合同金额的比例过大而采用邀请招标方式的项目,招标人应当在招标前向相应的主管部门提交项目审批、核准部门审批、核准邀请招标方式的文件;其他项目采用邀请招标方式应当由招标人申请相应的主管部门作出认定。

7. 根据《招标投标法》第 11 条的规定,国家发改委确定的国家重点项目和省级人民政府确定的地方重点项目进行邀请招标的,须经国家发改委或省级人民政府批准。该规定是对上述 6 种邀请招标项目认定部门的优先适用性条款,即上述 6 种邀请招标的项目,如果属于国家发改委确定的国家重点项目和省级人民政府确定的地方重点项目,首先应当经过国家发改委或省级人民政府批准。

8. 政府采购项目中,根据政府采购法的规定,邀请招标必须满足两个条件:一是项目具有特殊性,只能从有限范围的供应商处采购;二是采用公开招标方式的费用占政府采购项目总价值的比例过大。另外,邀请招标的,还需要在采购活动开始前获得设区的市、自治州以上人民政府采购监督管理部门的批准。

第九条 【不招标的情形】

除招标投标法第六十六条规定的可以不进行招标的特殊情况外,有下列情形之一的,可以不进行招标(一):

(一)需要采用不可替代的专利或者专有技术(二);

(二)采购人依法能够自行建设、生产或者提供(三);

(三)已通过招标方式选定的特许经营项目投资人依法能够自行建设、生产或者提供(四);

(四)需要向原中标人采购工程、货物或者服务,否则将影响施工或者功能配套要求(五);

(五)国家规定的其他特殊情形。

招标人为适用前款规定弄虚作假的,属于招标投标法第四条规定的规避招标(六)。

(一)《招标投标法》规定的不招标情形

《招标投标法》第 66 条规定,涉及国家安全、国家秘密、抢险救灾或者属于利用扶贫资金实行以工代赈、需要使用农民工等特殊情况,不适宜进行招标的项目,按照国家有关规定可以不进行招标。

1. 涉及国家安全、国家秘密的项目

公开招标中,要求招标人将招标项目的技术、质量以及实施地点等信息通过招标公告、招标文件予以公布;邀请招标中也必须在一定的范围内公开招标项目的相关情况。涉及国家安全、国家秘密的项目,由于项目本身的保密性要求,不允许公开项目的有关情况,不适宜采用招标的方式进行采购。《中华人民共和国保守国家秘密法(2024 年修订)》(以下简称《保守国家秘密法》)第 42 条第 1 款规定:"采购涉及国家秘密的货物、服务的机关、单位,直接涉及国家秘密的工程建设、设计、施工、监理等单位,应当遵守国家保密规定。"因此,涉及国家安全、国家秘密的项目,除适宜邀请招标的项目可以邀请招标外,其他项目只能采用非招标的方式进行采购。

2. 抢险救灾的项目

招标投标活动必须严格按照法定的程序进行,所需时间较长,而抢险救灾项目具有较强的时效性,不适宜采用招标方式进行采购。不适宜招标的抢险救灾项目通常具备两个条件:一是在紧急情况下实施,不能满足招标项目的时间要求;二是不立即实施将会造成重大人员和财产损失。

3. 属于利用扶贫资金实行以工代赈、需要使用农民工的项目

所谓"以工代赈",是指国家通过安排贫困地区的农民群众参加有关项目的建设并向其支付劳动报酬,以代替发放赈灾救济款物的一种扶贫赈灾措施。按照国务院办公厅 1997 年发布的《国家扶贫资金管理办法》的规定,国家扶贫资金中的以工代赈资金,重点用于修建县、乡公路(不含省道、国道)和为扶贫开发项目配套的道路,建设基本农田(含畜牧草场、果林地),兴修农田水利,解决人畜饮水问题等。按照这一规定,扶贫资金中的以工代赈资金有特定的用途,只能用于支付特定项目中参加项目建设的贫困地区的农民群众的劳动报酬,不宜通过招标方式选择承包商。

(二)需要采用不可替代的专利或者专有技术

1. 专利

专利是指发明创造包括发明、实用新型、外观设计的首创者经申请并通过审查后所取得的一种独享权利。根据《中华人民共和国专利法(2020 年修正)》第 2 条的规定,发明,是指对产品、方法或者其改进所提出的新的技术方案;实用新型,是指对产品的形状、构造或者其结合所提出的适于实用的新的技术方案;外观设计,是指对产品的整体或者局部的形状、图案或者其结合以及色彩与形状、图案的结合所作出的富有美感并适于工业应用的新设计。专利权是发明创造人或者其权利受让人在一定期限内对特定的发明创造依法享有的独占实施权。专利只能由特定的个人或者单位提供。

2.专有技术

专有技术,是指先进、实用但没有申请专利保护并未被公众所知悉的技术知识、技术情报、经验、方法或其组合。从法律角度讲,专有技术虽然不受专利法、商标法的保护,但应当获得财产法的保护,作为一种财产权,专有技术持有人对专有技术拥有独占所有权。

3.两者区别

专利和专有技术的主要区别为:

(1)专利属于工业产权,受专利法的保护,专有技术不属于工业产权,不受专利法、商标法等法律的保护。

(2)专利是经过审查批准的新颖性、创造性水平比较高的先进技术,而专有技术仅具有潜在经济价值,没有经过有权部门的审查认定。

(3)专利是公开的,专有技术需要权利人采取保密措施予以保密。

(4)专利内容完全由专利文件体现,在进行专利许可时,许可方一般不承担传授技术的义务,而专有技术在转让时,专有技术持有人还需亲自进行传授。

(5)专利的有效性受时间和地域的限制,专有技术没有时间和地域限制。

由于专利权人和专有技术持有人对专利和专有技术享有独占权,其他单位或者个人未经授权不得使用,对于采用"不可替代"的专利和专有技术的项目,只能从特定的供应商或者承包商处获得,无法通过招标方式采购。当然,如果采用的专利和专有技术是"可替代"的,则可以通过功能指标反映招标项目的技术要求,满足竞争性条件的,应当采用招标方式采购。

【问题11】如何确定专利和专有技术的"不可替代"性?

对于如何确定专利和专有技术的"不可替代"性,《招标投标法实施条例》没有明确规定,笔者建议招标人委托技术人员和技术专家,根据采购项目的技术特点和所要实现的功能目标,结合专利或者专有技术的特点,综合判断和认定。

(三)采购人依法能够自行建设、生产或者提供

1.采购人范围

本条款中的"采购人"本质上应当为招标人,因为具备不招标的条件,才将其称为"采购人",其外延内涵应当与招标人一致。《招标投标法》规定,招标人是提出招标项目、进行招标的法人或者其他组织。本条款中采购人的种类也应当为法人和其他组织,不包括自然人。

2."自行"的认定

本条款中的"自行"是判断是否满足不招标条件的关键。所谓的"自行",是指

可以独立自主,依靠自身能力实现项目意图和目的。需要说明的是,采购人的"自行"能力仅限于采购人本身,采购人的子公司、投资股东以及具有管理或利害关系的其他单位具备"自行建设、生产或者提供"能力的,不代表采购人"自行"具备这些能力。

3."建设、生产或者提供"的认定

此处的"建设、生产或者提供"是与工程、设备材料和服务相对应的,"建设"是指能够完成工程项目,"生产"是指可以加工、制造设备材料,"提供"是指可以提供勘察、设计和监理服务。在认定"建设、生产或者提供"时,需要注意以下事项:

(1)根据有关法律规范性文件的规定,供应商或者承包商必须具备相应的资质、业绩等资格条件的,采购人自行承担时,也应当具备。

(2)按照有关规定必须分别由不同主体承担的项目,采购人即使满足自行承担的条件,也不能同时承担。

(3)采购人依法能够自行"建设、生产或者提供"的项目,不限于特定的资金来源,也不限于自己使用,包括采购人经营或出售的项目。

【问题 12】母公司的项目,子公司能够独立完成的,可以不招标吗?

根据本条款的规定,采购人依法能够自行建设、生产或者提供的项目,可以不招标。此处的"自行"是指自主地、不依靠外力地完成项目。母公司具有独立企业法人资格,子公司也具有独立企业法人资格,两公司是相互独立的主体,在各自的权限范围内分别承担相应的法律责任和风险,子公司能够独立完成项目的,并不代表母公司具备该项能力。上述问题中,母公司不具备"自行"完成招标项目的能力的,即使子公司能够独立完成,也不得直接交由子公司提供,必须通过招标方式进行采购。

(四)已通过招标选定的特许经营项目投资人依法能够自行建设、生产或提供

1.特许经营

特许经营分为商业特许经营和市政公用事业特许经营。前者是指拥有注册商标、企业标志、专利、专有技术等经营资源的企业,以合同形式将其拥有的经营资源许可其他经营者使用,经营者按照合同约定在统一的经营模式下开展经营,并向特许人支付特许经营费用的经营活动(《商业特许经营管理条例》第 3 条);后者是指政府按照有关法律、法规规定,通过市场竞争机制选择市政公用事业投资者或者经营者,明确其在一定期限和范围内经营某项市政公用事业产品或者提供某项服务的制度(《市政公用事业特许经营管理办法》第 2 条),主要是对城市供水、供气、供

热、公共交通、污水处理、垃圾处理等行业所实施的特许经营。《招标投标法实施条例》中的"特许经营"是指市政公用事业特许经营。

2. 特许经营项目投资人

特许经营项目投资人,是指为特许经营项目的顺利开展和实施注入资金的人。该投资人并不是专门为特许经营项目所设立的项目法人,其性质类似于项目法人的股东。根据投资模式的不同,特许经营项目的投资人有可能是一个,也有可能是两个或者两个以上。

【技巧2】特许经营项目的投资人为两个或者两个以上的,如何投标?

特许经营项目的投资人为两个或者两个以上时,可以采用联合体的方式参加投标,中标后共同设立项目法人,履行合同义务。

3. 特许经营项目投资人必须通过招标方式选定

本条款之所以规定特许经营项目投资人必须通过招标方式选定,是因为市政公用事业特许经营项目性质上属于政府采购项目,除了公开招标和邀请招标外,还可以通过竞争性谈判、单一来源采购、询价、竞争性磋商4种方式选择供应商或者承包商。如果选择特许经营项目投资人的过程采用其他4种非招标方式,即使项目投资人具备"自行建设、生产或者提供"的能力,也不符合本条款的规定,还是需要通过招标方式进行采购。

4. 特许经营项目投资人依法能够自行建设、生产或提供

特许经营项目投资人依法具备自行建设、生产或提供项目的能力。对于"自行建设、生产或提供"的认定,可参见本条款关于"采购人依法能够自行建设、生产或者提供"的解释。

【问题13】所有投资人都要具备"自行建设、生产或提供"的能力吗?

如果特许经营项目已经通过招标方式确定,在投资人为两个或者两个以上的情况下,只要其中的一个投资人具备自行建设、生产或者提供的能力,就可以由具备条件的投资人自行建设、生产或者提供,不需要招标。需要注意的是,"自行建设、生产或提供"的投资人应当具备承担项目的资质、业绩等资格条件,而且实际的履行主体只能是该具备能力的投资人,不能是其他不具备能力的投资人。

(五)需要向原中标人采购工程、货物或服务,否则将影响施工或功能配套要求

1. 适用范围

该种情形主要发生在扩建、改建或者修缮等后续项目中。

2. 原项目要求

原项目必须已通过招标方式采购,并且确定了中标人。只有通过招标方式,所选择的供应商或者承包商才符合法律规定的程序;只有确定了中标人,才能够确定实施项目所需要的技术和工艺,才能够明确项目的施工或者功能配套要求。

3. 对追加项目的要求

追加项目的采购内容在原项目招标时尚不存在,或者因为技术经济等客观原因不可能加入原项目一并招标,出于客观原因,追加项目只能通过增加原项目合同的供应数量来实现。

4. 功能要求

如果选择新的供应商或者承包商,将无法实现原中标人的技术和工艺要求,影响后续项目施工或者功能配套要求。即客观方面,原中标人具有不可替代性。

【提示 11】原项目中标人必须具备履行追加项目的能力。

由原项目中标人直接提供追加项目的,原项目中标人必须具备继续履行追加项目的生产能力。如果原项目中标人因破产、分立、合并、涉案等重大变化不再具备履行追加合同的能力,不应当直接确定原项目中标人履行追加项目,还需要通过招标方式进行采购。

【技巧 3】如何选择原项目中标人?

如果招标项目存在追加项目(如扩建、改建、修缮项目等)规划,招标人在选择原项目供应商或者承包商时,可以适当考虑追加项目的需求,避免原项目中标人中标后,不再具备后续追加项目的履约能力。招标人可以将追加项目的履行能力量化成技术、经济等指标,与原项目的资格条件一并规定在招标文件中。当然,招标人所提需求应当公正合理,避免构成以不合理的条件排斥或者限制潜在投标人。

(六)招标人不得弄虚作假规避招标

本条款规定了不招标的情形,采购人必须在满足不招标条件的情况下才可以不招标。为了防止采购人滥用上述不招标的规定恶意规避招标,本条款强调,招标人为适用前款规定弄虚作假的,属于《招标投标法》第 4 条规定的规避招标。采购人规避招标的,将承担相应的法律责任。

【问题 14】不招标是否需要审批或者认定?

《招标投标法实施条例》第 7 条中规定,按照国家有关规定需要履行项目审批、核准手续的必须招标项目,其招标范围应当报项目审批、核准部门审批、核准。根据《建设项目可行性研究报告增加招标内容以及核准招标事项暂行规定》,对符合不招标条件的需要审批或者核准的项目,在报送可行性研究报告(《国务院关于投资体制改革的决定》新增资金申请报告、项目核准申请报告)中须提出不招标申请,并说明不招标原因,由项目的审批或者核准部门进行认定。由此可以看出,对于需要履行项目审批、核准手续的必须招标项目,不招标的,需要经过项目审批、核准部门进行审批、核准;对于其他必须招标项目,不招标的是否需要审批和核准,由于《招标投标法》及其配套规范性文件没有明确规定,可以不经过审批、核准,但是,必须符合本条款规定的不招标条件,否则有可能构成规避招标;对于非必须招标项目,由于招标不是强制的,应当由采购人自行决定,即使不满足本条款规定的不招标条件,采购人也可以自行决定不招标,而且无须认定。

【提示12】部分部门规章中的不招标条件已经修改。

《工程建设项目勘察设计招标投标办法》第4条第2项规定:主要工艺、技术采用不可替代的专利或者专有技术,或者其建筑艺术造型有特殊要求;第5项规定:技术复杂或专业性强,能够满足条件的勘察设计单位少于三家,不能形成有效竞争。

《工程建设项目施工招标投标办法》第12条第5项规定:在建工程追加的附属小型工程或者主体加层工程,原中标人仍具备承包能力,并且其他人承担将影响施工或者功能配套要求。

上述部门规章中的不招标条件是对《招标投标法实施条例》的补充,在各自种类的招标项目中,依然有效。

第十条 【自行招标条件】

招标投标法第十二条第二款规定的招标人具有编制招标文件和组织评标能力,是指招标人具有与招标项目规模和复杂程度相适应的技术、经济等方面的专业人员。

招标组织形式分为自行招标和委托招标,招标项目通常采用委托招标方式进行采购,招标人自行招标的,需要具备《招标投标法》第12条规定的"招标人具有编制招标文件和组织评标能力"的自行招标条件。

对于"招标人具有编制招标文件和组织评标的能力",《工程建设项目自行招标试行办法》进行了解释,将其细化为5个条件:

(1)具有项目法人资格(或者法人资格);

(2)具有与招标项目规模和复杂程度相适应的工程技术、概预算、财务和工程管理等方面专业技术力量；

(3)有从事同类工程建设项目招标的经验；

(4)设有专门的招标机构或者拥有3名以上专职招标业务人员；

(5)熟悉和掌握《招标投标法》及有关法规规章。

结合上述规定，本条款从人员配置方面，进一步规定了“招标人具有编制招标文件和组织评标能力”的认定标准，将其界定为“招标人具有与招标项目规模和复杂程度相适应的技术、经济等方面的专业人员”。所谓“技术、经济等方面的专业人员”，笔者认为，应当包括取得招标职业资格的人员以及专业工程师、项目咨询师、经济师、工程造价师、会计师等专业人员。在具体的招标项目中，招标人配备的技术、经济等方面的专业人员的结构、数量和专业能力水平应当与招标项目的行业、专业特性、项目规模以及复杂程度相匹配。

【问题15】自行招标需要审批或者核准吗？

《招标投标法》规定，必须招标项目，招标人自行办理招标事宜的，应当向有关行政监督部门备案。《招标投标法实施条例》第7条中规定，按照国家有关规定需要履行项目审批、核准手续的必须招标项目，其招标组织形式应当报项目审批、核准部门审批、核准。另外，《工程建设项目自行招标试行办法》规定，招标人自行招标的，应当在上报项目可行性研究报告时，一并报送符合规定的书面材料，国家计委(现为国家发改委)审查招标人报送的书面材料，核准招标人符合规定的自行招标条件的，招标人可以自行办理招标事宜。可以看出，对于需要审批或者核准的必须招标项目，招标人自行招标的，需要经过审批或者核准部门的认定；对于其他的必须招标项目，招标人自行招标的，需要向行政监督部门备案；非必须招标项目，采购人有权自愿选择招标或者不招标，采购人选择招标的，可以自行决定自行招标还是委托招标，选择自行招标的，既不需要经过审批或者核准等认定程序，也无须向行政监督部门备案。

【问题16】如何认定“与招标项目规模和复杂程度相适应”？

《招标投标法实施条例》第7条规定了自行招标的认定程序，对于何为“与招标项目规模和复杂程度相适应”，应当由项目审批、核准部门根据具体项目的情况，在项目审批、核准时进行认定。

第十一条 【招标代理机构的监督管理】

国务院住房城乡建设、商务、发展改革、工业和信息化等部门，按照规定的职责

分工对招标代理机构[一]依法实施监督管理[二]。

(一)招标代理机构的性质及条件

1.招标代理机构的性质

招标代理机构是依法设立、从事招标代理业务并提供相关服务的社会中介组织。招标代理机构可以是多种组织形式,但是,一般不能为自然人。招标代理机构需要依法设立、登记。招标代理机构根据招标人的委托从事代理活动,包括帮助招标人拟定招标文件、资格预审文件,发售招标文件、资格预审文件,接收资格预审申请文件、投标文件,组织资格预审、踏勘项目现场、投标预备会,代为发出、接收或者回复澄清、异议,组织开标、评标、定标,代为发出中标通知书,组织合同的签订等。招标代理机构还可以提供与代理业务相关的服务,如提供与招标活动有关的咨询、代书以及其他服务性工作。招标代理活动实为民法上的"代理",代理行为的法律后果由招标人承担。

2.招标代理机构的设立条件

根据《招标投标法》第13条第2款的规定,招标代理机构应当具备下列两项条件:

(1)必须具有从事招标代理业务的营业场所和相应资金。

(2)具有与其所代理的招标业务相适应的能够独立编制有关招标文件、有效组织评标活动的专业队伍和技术设施。包括具备熟悉招标业务所在领域的专业人员,具有提供行业技术信息的来源以及具有一定的从事招标代理业务的经验等。

需要注意的是,2017年12月27日第十二届全国人民代表大会常务委员会第三十一次会议通过关于修改《招标投标法》等法律的决定,对《招标投标法》作出修改,自2017年12月28日起施行。本次修改主要针对招标代理机构,删除了第13条第2款第3项,不再要求招标代理机构必须设立评标专家库。该项条款的删除,将使本来拥有自己专家库的招标代理机构不再拥有"先发优势"和"资源壁垒",方便造价咨询单位、项目管理单位等其他行业的公司进入这一领域,增加招标代理行业的竞争性,而且也预示国家将加强对评标专家库的管理,可能会陆续出台相关配套细则,进一步提升各级政府综合专家库的兼容性和共享性,按照地域、行业或者其他标准进行划分,要求招标项目从指定的综合专家库中抽取评标专家。2018年3月19日国务院颁布第698号令,公布《国务院关于修改和废止部分行政法规的决定》,根据《招标投标法》的修改情况,对《招标投标法实施条例》涉及招标代理机构资格的条款进行了修改,包括删除《招标投标法实施条例》第11条(本条)第1款;删去第13条第1款中的"其资格许可和"及第3款。

(二)招标代理机构的监督管理部门

招标代理机构作为专门从事招标投标活动的中介组织,必须具有与其所从事的招标代理业务相适应的能力。根据原有规定,招标代理机构资格须经相关行政主管部门认定,现行体制下,因代理业务的领域不同,招标代理机构的监督管理机关也有所不同。《招标投标法实施条例》明确规定国务院住房城乡建设、商务、发展改革、工业和信息化等部门,按照规定的职责分工对招标代理机构依法实施监督管理。

【提示13】招标代理机构资格已经取消。

2017年12月27日第十二届全国人民代表大会常务委员会第三十一次会议通过《关于修改〈中华人民共和国招标投标法〉、〈中华人民共和国计量法〉的决定》,对《招标投标法》作出修改,自2017年12月28日起施行。原《招标投标法》第14条第1款规定:"从事工程建设项目招标代理业务的招标代理机构,其资格由国务院或者省、自治区、直辖市人民政府的建设行政主管部门认定。具体办法由国务院建设行政主管部门会同国务院有关部门制定。从事其他招标代理业务的招标代理机构,其资格认定的主管部门由国务院规定。"本次《招标投标法》的修改删除了该项条款。

2018年3月19日国务院公布《国务院关于修改和废止部分行政法规的决定》,对《招标投标法实施条例》中涉及招标代理机构资格的3处条款进行修改。

2017年12月28日住房和城乡建设部发布《住房城乡建设部办公厅关于取消工程建设项目招标代理机构资格认定加强事中事后监管的通知》(建办市〔2017〕77号),明确取消工程建设项目招标代理机构资格的认定,并强调资格取消后对招标代理机构的事中事后监管。2018年1月31日国家发改委发布《关于做好取消中央投资项目招标代理机构资格认定后相关工作衔接的公告》,正式确定"中央投资项目招标代理机构资格认定"行政许可事项已经取消。此前,自2014年起我国已经陆续取消了机电产品国际招标机构资格、通信建设项目招标代理机构资格和政府采购代理机构资格。因此,《招标投标法》第14条第1款的修改和相关规范性文件的颁布,表明我国从立法层面删除了设立招标代理机构资格的法律法规依据,全面取消了招标代理机构资格。

全面取消招标代理机构资格,需要厘清3个误区:

1. 全面取消招标代理机构资格,并不代表缩小了委托招标范围。

我国《工程建设项目自行招标试行办法》第4条规定,依法必须招标的工程建设项目,招标人自行办理招标事宜,应当具有编制招标文件和组织评标的能力,并且列明了5项必备条件。同时,该办法第5条规定招标人自行招标的,项目法人或者组建中的项目法人应当在国家发改委上报项目可行性研究报告或者资金申请报告、项目申请报告时,一并报送符合本办法第4条规定的书面材料。全面取消招标代理机构资格,主要是打破原有行业壁垒,降低从业门槛,而现行有效的《工程建设项目自行招标试行办法》规定的自行招标条件和材料报送程序并没有受到影响,上述自行招标的条件并没有降低或者取消,不具备自行招标条件的招标项目,招标人依然必须委托招标代理机构开展招标活动。因此,招标代理市场的整体业务数量将不会因招标代理机构资格的取消而明显减少。

2. 全面取消招标代理机构资格,并不意味着招标代理机构的设立和运行不需要任何条件。

招标代理机构属于社会中介组织,需要在工商管理部门登记注册才能够开展经营活动,因此,招标代理机构必须首先满足公司设立的基本条件。另外,作为专业领域的经营机构,根据我国现行《招标投标法》第13条的规定,招标代理机构应当具备特定的专业能力和水平,包括:有从事招标代理业务的营业场所和相应资金;有能够编制招标文件和组织评标的相应专业力量两项条件。全面取消招标代理机构资格后,并不是任何个人或者经济组织都可以接受委托,组织开展招标代理活动,只有同时具体所有法定条件的经济组织,才有权成为招标代理机构,有能力实施招标活动。鉴于《工程建设项目招标代理机构资格认定办法》(建设部令第154号)因《招标投标法》删除了第14条第1款和《住房城乡建设部办公厅关于取消工程建设项目招标代理机构资格认定加强事中事后监管的通知》的颁布而归于无效,国家层面现行有效的招标代理机构的条件过于原则,在工程建设项目招标代理领域,预计国家后续会出台相应管理规定,细化招标代理机构的条件,填补对招标代理机构的管理细则。

3. 全面取消招标代理机构资格,并不是放弃监督管理。

招标代理机构资格的取消,仅仅是针对招标代理机构的一项行政许可的取消,并不代表对招标代理机构的监督管理同时取消。目前,对招标代理机构的监督管理职责按照国务院的职责分工的规定,没有发生变化。2017年12月28日就在《招标投标法》修改的第二天,住房和城乡建设部发布《住房城乡建设部办公厅关于取消工程建设项目招标代理机构资格认定加强事中事后监管的通知》,强调招标代理机构资格取消后对招标代理机构的事中事后监管。这也进一步说明,取消招标代理资格后,国家和行业主管部门不但不会放弃对招标代理机构的监督管理,而且由于门槛降低后各种其他行业主体都有可能加入招标市场竞争行列,为了避免鱼龙混杂、扰乱市场,对招标代理机构的监督管理反而会逐步增强。

第十二条 【招标代理机构专业人员要求】

招标代理机构应当拥有一定数量的具备编制招标文件、组织评标等相应能力的专业人员。

招标投标行业既是法律、经济、技术复合型职业，也是涉及国家公共利益、公众安全、市场主体权益的重要职业。招标代理机构作为独立的社会中介组织，其服务的质量很大程度上取决于招标采购人员的职业素质和专业能力，因此，具备相应能力的专业人员应当作为认定招标代理机构能力的重要指标。

目前，招标投标行业已经形成了分布广泛的庞大专业人才队伍，为了规范行业标准，避免从业人员专业素质参差不齐造成招标投标活动的失误和偏差，我国曾建立招标采购专业技术人员职业水平评价制度（招标师制度），后发展为招标职业资格制度，并将其纳入全国专业技术人员职业资格证书制度统一规划。

但是，为依法推进简政放权、放管结合、优化服务改革，国务院对职业资格许可事项进行了清理 2017 年 3 月 1 日国务院颁布中华人民共和国国务院令第 676 号，公布《国务院关于修改和废止部分行政法规的决定》，对《招标投标法实施条例》第 12 条进行修改，将原条款："招标代理机构应当拥有一定数量的取得招标职业资格的专业人员。取得招标职业资格的具体办法由国务院人力资源社会保障部门会同国务院发展改革部门制定。"改为现行条款："招标代理机构应当拥有一定数量的具备编制招标文件、组织评标等相应能力的专业人员。"这就意味着，国家从立法层面，取消了招标职业资格。招标职业资格经历了短暂几年时间后，正式退出历史舞台。

第十三条 【招标代理机构的代理权】

招标代理机构在招标人委托的范围内开展招标代理业务，任何单位和个人不得非法干涉（一）。

招标代理机构代理招标业务，应当遵守招标投标法和本条例关于招标人的规定（二）。招标代理机构不得在所代理的招标项目中投标或者代理投标，也不得为所代理的招标项目的投标人提供咨询（三）。

（一）招标代理机构业务范围

招标人和招标代理机构是委托代理关系。招标人是委托人，招标代理机构是受托人，招标代理机构受招标人委托，在招标代理权限范围内以招标人的名义组织开展招标活动，招标代理机构与投标人等第三人发生的法律关系，由招标人承担相应的法律后果。

在通常情况下,招标代理机构行使代理权限时,应当遵循以下原则:

(1)不得越权代理原则。在招标投标活动中,招标代理机构只能在招标人委托的权限范围内行使代理权限。招标代理机构不得越权代理,例如,不得代替评标委员会发出澄清或者对投标文件作否决投标处理、不得代替招标人确定中标人、未经授权不得发出中标通知书等。这是代理人行使代理权的基本要求。

(2)亲自代理原则。招标代理机构如果本身不具备代理资格,应当拒绝委托。招标代理机构接受委托后,不能擅自将代理项目转委托给他人,如需转委托,必须经招标人同意。

(3)维护被代理人合法权益原则。招标代理机构不得因其代理行为由招标人承担法律后果,就可以违反法律的规定。招标代理机构从事代理行为时,必须严格遵守法律的规定,应当尽其所能地维护招标人的合法权益。招标代理机构从事违法行为的,其自身也将承担相应的法律责任(见下文)。这是招标代理机构的最基本的行为准则。

(4)禁止滥用代理权的原则。招标代理机构代理招标活动时,应当勤勉尽职,不得滥用代理权。例如,不得拒收符合条件的投标文件或者接收不符合条件的投标文件、不得在唱标时宣布某投标文件无效、不得延迟退还投标保证金及其利息等。

招标代理机构代理行为不当或者违反上述原则,将承担相应的法律后果:

(1)招标代理机构由于业务能力和经验水平的限制,给投标人带来损失,投标人等第三人向招标人索赔的,招标人首先应当先行赔付,取得追偿权,然后依据委托代理协议,向招标代理机构追偿。因此,招标代理机构给招标人造成损失的,最终损失将由招标代理机构承担。

(2)招标代理机构越权代理或者滥用职权,其代理行为无效。这种情况下,应当由招标代理机构直接承担相应法律责任,赔偿受害人的经济损失,与招标人无关。

(3)承担《中华人民共和国民法典》(以下简称《民法典》)规定的招标代理机构(代理人)的2种连带责任:

①招标代理机构(代理人)和投标人(第三人)恶意串通(如招标代理机构和投标人串通投标的行为),损害招标人(委托人)利益的,应当由招标代理机构(代理人)和投标人(第三人)向招标人(委托人)承担连带责任,在这种情况下,招标人(委托人)可以向招标代理机构(代理人)主张损害赔偿,招标代理机构(代理人)不得拒绝。(见《民法典》第164条)

②招标代理机构(代理人)知道被委托的事项违法仍然进行代理活动的,或者招标人(委托人)知道招标代理机构(代理人)的代理行为违法不表示反对的,由招

标人(委托人)和招标代理机构(代理人)负连带责任。例如,招标代理机构按照招标人的授意组织虚假投标,或者招标人明知招标代理机构与投标人串通投标而不加以制止,继续招标活动的。这种情况下,其他无过错的投标人可以向招标代理机构主张损害赔偿,招标代理机构应当先行赔付,获得追偿权后,再根据过错程度,向招标人追偿。(见《民法典》第167条)

需要说明的是,上述招标代理机构的法律责任主要是民事法律责任。除此之外,招标代理机构因其违法行为还有可能承担行政法律责任和刑事法律责任。主要的行政法律责任和刑事法律责任参见《招标投标法实施条例》第63~66条及第70条、第73条的相关规定。②

【技巧4】招标人如何选择招标代理机构?

招标代理机构的优劣决定了招标项目的实施效果和质量,选择一个合格的招标代理机构,对招标项目的完成至关重要。笔者建议招标人尽量采用竞争性的方式(如招标方式)选择招标代理机构。选择招标代理机构时,注重考察招标代理机构的资质文件、完成类似项目的业绩、专业人员的配备、招标代理活动的质量保障以及有无投诉等情况。选定招标代理机构后,应当与其签订书面委托代理协议,明确招标代理机构的代理范围和权限、具体的代理工作流程(便于招标人监管关键步骤的实施)、异议投诉的处理、违法行为的赔偿、代理服务费支付条款等。

另外,根据本条款的规定,招标人有权自行选择招标代理机构,任何单位和个人不得非法干涉。首先,招标人委托招标代理机构属于自愿行为,法律并不要求所有招标活动都必须委托招标代理机构代理招标,任何单位和个人不得强迫招标人必须委托招标,当然,必须招标项目自行招标的,招标人应当满足相应的自行招标的条件,并且需要履行相应的备案手续。其次,招标人作为市场经济的主体,有权自主决定委托哪一家招标代理机构代理招标,任何单位和个人不得采取任何方式向招标人施加压力,要求其委托指定的招标代理机构。此处的"任何单位和个人"包括招标人的上级主管部门、有关领导,限制的"方式"包括制定规章规定、行政决定或领导人批条子、打电话等。

(二)招标代理机构应当遵守招标人的规定

招标代理机构的法律地位决定了其既要遵守《招标投标法》及《招标投标法

---

② 除第65条是针对招标代理机构的法律责任外,其他条款是关于招标人的法律责任。由于《招标投标法》第15条以及《招标投标法实施条例》规定,招标代理机构应当遵守关于招标人的规定,这些法律责任条款也同样适用于招标代理机构。

实施条例》关于招标代理机构的规定,也要遵守关于招标人的规定。招标代理机构应当遵守的《招标投标法》及《招标投标法实施条例》关于招标人的规定主要有:

(1)采用公开招标方式的,招标人应当发布招标公告;依法必须招标的项目,招标公告应当通过国家指定的公共媒介发布;采用邀请方式的,招标人须向3个以上特定法人或组织发出邀请。

(2)依法必须招标的项目,招标人不得以不合理的条件限制或排斥潜在投标人,不得对潜在投标人实行歧视待遇。

(3)招标人应当根据招标项目的特点和需要制作招标文件,文件的内容应当符合法律的要求。

(4)招标人不得向他人透露已获取招标文件的潜在投标人的名称、数量以及可能影响公平竞争的有关招标投标的其他情况。

(5)招标人不得透露标底。

(6)招标人对已发出的招标文件进行澄清或修改的,应当在法定的期限内进行。

(7)招标人应当组织开标并遵守关于开标的规定。

(8)招标人组织评标并保证评标在严格保密的情况下进行。

(9)依法必须招标的项目,招标人应当在法定期限内,向有关行政监督部门提交有关招标投标情况的书面报告。

(10)关于招标人的相关法律责任。

(三)招标代理机构应当回避的行为

招标代理机构不得在所代理的招标项目中投标或者代理投标,也不得为所代理的招标项目的投标人提供咨询。

(1)不得在所代理的招标项目中投标。招标代理机构代理招标项目后,将会获得更多招标信息,与招标人的关系也会更加密切,如果允许招标代理机构参加投标,对其他投标人不公平,而且,招标代理机构如果将所获知的应当保密的招标信息用于投标,也违背了保密职责。招标代理机构的身份决定了其不得在所代理的招标项目中参加投标。

(2)不得在所代理的招标项目中代理投标。该种情况与上一种相似。招标代理机构在所代理的招标项目中代理投标的,有可能将获得的招标信息用于所代理的投标人,对其他投标人不公平,而且有可能泄露应当保密的招标信息,违背保密职责,同样应当被禁止。

(3)不得为所代理的招标项目的投标人提供咨询。与上述两种情况类似,招标代理机构向所代理项目的投标人提供咨询意见的，有可能将所获得的招标信息提供给投标人，对其他投标人不公平，而且如果泄露应当保密的招标信息，将违背招标代理机构的保密责任，应当予以禁止。

招标代理机构从事上述禁止行为的，将承担《招标投标法实施条例》第65条的法律责任。

【提示14】《招标投标法实施条例》未规定招标代理机构内部利害关系的禁止性条款。

本条款规定的是招标代理机构外部利害关系的禁止性行为，集中在外部的业务领域方面，包括不得参与投标、不得代理投标人参与投标、不得为投标人提供咨询等。但是对于招标代理机构与其他部门或者经济组织之间能否存在内部的利害关系，如招标代理机构能否与行政机关存在隶属关系或利益关系、招标代理机构能否与投标人存在隶属关系或其他利益关系、招标代理机构能否与招标人存在隶属关系或其他利益关系、招标代理机构能否是项目前期的勘察设计咨询单位，《招标投标法实施条例》均没有明确规定。

【问题17】招标代理机构能否与行政机关存在隶属关系或利益关系？

不能。招标代理机构一经设立和登记，便成为依法独立提供招标代理服务的社会中介组织，其开展代理业务的行为不应受到任何单位或者个人的非法干涉。为了保证招标代理机构独立从事招标代理业务，《招标投标法》明确规定，招标代理机构不得与行政机关存在隶属关系或者其他利益关系。

【问题18】招标代理机构能否与投标人存在隶属关系或其他利益关系？

不能。从招标代理机构的身份定位来看，招标代理机构不得与投标人存在隶属关系或者其他利益关系。部分原招标代理机构资格认定管理办法也明确禁止该种关系的存在，如建设部《工程建设项目招标代理机构资格认定办法》（已失效）第25条规定，工程招标代理机构在工程招标代理活动中不得与所代理招标工程的招投标人有隶属关系、合作经营关系以及其他利益关系。上述规定也能够从侧面说明行业主管部门禁止招标代理机构与投标人存在隶属关系或者其他利害关系。

【问题19】招标代理机构能否与招标人存在隶属关系或其他利益关系？

不能。为了保证招标代理机构独立行使代理权限，不受任何组织或者个人的非法干涉，招标代理机构不应与招标人存在隶属关系或者其他利益关系。部分原招标代理机构资格认定管理办法也明确禁止该种关系,例如,建设部《工程建设项目招标代理机构资格认定办法》(已失效)第25条中规定,工程招标代理机构在工程招标代理活动中不得与所代理招标工程的招投标人有隶属关系、合作经营关系以及其他利益关系。但是,需要说明的是,实践中许多招标代理机构隶属招标人,垄断行业尤为突出。这还需要相关部门制定后续的规范性文件予以纠正和完善。

【问题20】招标代理机构能否是项目前期的勘察、设计、咨询单位?

对此,法律层面没有明确规定。笔者认为,项目前期的勘察、设计、咨询单位已经先行参与招标项目,对招标项目的具体情况非常熟悉,如果具备招标代理机构的资格条件,由其代理招标项目将更加有利于中标人的选择,因此,项目前期的勘察、设计、咨询单位可以作为该项目的招标代理机构。

第十四条 【委托合同及费用】

招标人应当与被委托的招标代理机构签订书面委托合同(一),合同约定的收费标准应当符合国家有关规定(二)。

(一)委托合同

招标代理活动时间长、主体多、关系复杂,有时需要接受行政监督部门的监督,为了明确各方权利、义务和责任,避免不必要的争议和纠纷,《招标投标法实施条例》规定,招标人应当与被委托的招标代理机构签订书面委托合同。根据《民法典》第469条的规定,书面形式,是指合同书、信件、电报、电传、传真等可以有形地表现所载内容的形式;以电子数据交换、电子邮件等方式能够有形地表现所载内容,并可以随时调取查用的数据电文,视为书面形式。通常情况下,委托合同的内容包括:招标项目文件资料的提供、招标代理的范围和权限、具体的代理工作流程(便于招标人监管关键步骤的实施)、异议投诉的处理、违法行为的赔偿、代理服务费支付条款等。其中,招标代理的范围可以包括:策划招标方案、编制招标文件或资格预审文件、组织资格预审活动、发布资格预审公告、发布招标公告或投标邀请书、执行具体的招标活动(含招标文件澄清、踏勘项目现场、组织投标预备会、接收异议文件等)、发售招标文件和接收投标文件、组织开标、标底的制作和披露程序、组织评标活动、组织定标活动、发出中标候选人公示、接收评标结果异议、发出中标通知书、组织合同签订活动、合同管理等。

(二)招标代理服务费

招标代理服务费,是指招标代理机构接受招标人的委托,从事招标代理活动所应收取的费用。起初，招标代理机构服务费按照国家发改委《招标代理服务收费管理暂行办法》(已失效)和《关于招标代理服务收费有关问题的通知》(已失效)的具体收费方式和标准执行。2016年1月1日国家发改委发布《国家发展改革委关于废止部分规章和规范性文件的决定》(国家发改委令第31号)，废止了《国家计委关于印发〈招标代理服务收费管理暂行办法〉的通知》(见31号令第513项)和《国家发展改革委办公厅关于招标代理服务收费有关问题的通知》(见31号令第551项)。目前，招标代理服务收费已经取消政府指导价，招标人在委托招标代理机构时，可以通过协商方式确定相关代理服务收费事宜。

第十五条 【公告的发布与文件的编制】

公开招标的项目，应当依照招标投标法和本条例的规定发布招标公告、编制招标文件。

招标人采用资格预审办法对潜在投标人进行资格审查的，应当发布资格预审公告、编制资格预审文件。

依法必须进行招标的项目的资格预审公告和招标公告，应当在国务院发展改革部门依法指定的媒介发布[一]。在不同媒介发布的同一招标项目的资格预审公告或者招标公告的内容应当一致[二]。指定媒介发布依法必须进行招标的项目的境内资格预审公告、招标公告，不得收取费用[三]。

编制依法必须进行招标的项目的资格预审文件和招标文件，应当使用国务院发展改革部门会同有关行政监督部门制定的标准文本[四]。

(一)发布公告的媒介

《招标投标法实施条例》规定的需要在指定媒介发布的公告包括两种：招标公告和资格预审公告。招标公告或者资格预审公告是招标人以公开方式邀请不特定的潜在投标人参加某一招标项目投标或者资格预审的意思表示。公开招标中，招标项目的信息必须通过公告的途径告知所有潜在投标人，使其具有了解信息的同等机会，以形成尽可能广泛的有效竞争。招标公告和资格预审公告的发布方式决定了信息传播的广泛程度，直接影响招标公告和资格预审公告的发布效果，因此，有必要对必须招标项目的公告发布方式作出相应规定。

《招标投标法》规定，必须招标项目的招标公告，应当通过国家指定的报刊、信息网络或者其他媒介发布。在此基础上，《招标投标法实施条例》规定资格预审公告也应当在国务院发展改革部门依法指定的媒介发布。

【问题21】资格预审公告的指定发布媒介是哪些？

《招标投标法实施条例》规定“依法必须进行招标的项目的资格预审公告和

招标公告,应当在国务院发展改革部门依法指定的媒介发布”,但是,根据国家发改委颁布的《招标公告和公示信息发布管理办法》(2018年1月1日起施行)规定,必须招标项目的招标公告和公示信息应当在“中国招标投标公共服务平台”或者项目所在地省级电子招标投标公共服务平台发布。根据该办法的规定,招标公告和公示信息包括资格预审公告,因此,资格预审公告的发布媒介也应当是“中国招标投标公共服务平台”或者项目所在地省级电子招标投标公共服务平台。

【问题22】邀请招标进行资格预审的,需要发布资格预审公告吗?

公开招标进行资格预审的,以资格预审公告代替招标公告,资格预审后,招标人直接向通过资格预审的潜在投标人发售招标文件,不再发布招标公告。在邀请招标中,如果招标人采用资格预审的,鉴于资格预审公告的性质类似于招标公告,所邀请的潜在投标人是不特定的,这与招标人可以自行决定邀请对象的邀请招标的性质相互排斥,因此,笔者认为,邀请招标中可以不发布资格预审公告,而是以投标邀请书替代,即通过向特定潜在投标人发出投标邀请书的形式邀请其参加邀请招标项目的资格预审。目前,必须招标的工程建设项目的招标公告的指定发布媒介是国家发改委在《招标公告和公示信息发布管理办法》中指定的“中国招标投标公共服务平台”或者项目所在地省级电子招标投标公共服务平台。

【提示15】非必须招标项目公告可不在指定媒介发布。

《招标投标法》以及《招标投标法实施条例》规定的必须在指定媒介发布的资格预审公告和招标公告主要针对必须招标项目,对于非必须招标项目,采购人决定公开招标的,其资格预审公告和招标公告的发布媒介,可以由招标人自行确定,并不一定必须在指定媒介发布。但需要注意的是,采购人所选择的媒介也应当具有一定的影响力和覆盖面,以保障潜在投标人享有同等的接收招标信息的机会。

【提示16】“招标投标时间节点与澄清异议期限”。

从资格预审公告和招标公告发布开始,招标投标活动正式进入实质性的操作阶段,需要遵守大量的时间和期限的规定。为了指导实务操作,明确招标投标活动中各个具体时间节点以及各时间节点与澄清异议期限的关系,笔者绘制了“招标投标时间节点与澄清异议期限图”(见本书前附图3),供读者参考使用。

(二)公告内容及内容的一致性要求

1. 招标公告内容

《招标投标法》规定招标公告的内容主要包括以下事项:

(1)招标人的名称、地址,委托代理机构进行招标的,还应当注明代理机构的名称和地址;

(2)招标项目的性质,即属于工程项目的采购还是货物或者服务项目的采购;

(3)招标项目的数量;

(4)招标项目实施地点,通常是指货物的交货地点、服务提供地点或建设项目施工地点;

(5)招标项目的实施时间,即交货或完工时限;

(6)招标文件的获取办法,包括发售招标文件的时间、地点,招标文件的发售价格以及开始和截至发售招标文件的时间。

《招标公告和公示信息发布管理办法》规定的招标公告内容包括:

(1)招标项目名称、内容、范围、规模、资金来源;

(2)投标资格能力要求,以及是否接受联合体投标;

(3)获取资格预审文件或招标文件的时间、方式;

(4)递交资格预审文件或投标文件的截止时间、方式;

(5)招标人及其招标代理机构的名称、地址、联系人及联系方式;

(6)采用电子招标投标方式的,潜在投标人访问电子招标投标交易平台的网址和方法;

(7)其他依法应当载明的内容。

另外,《招标投标法》还规定,招标人可以根据招标项目本身的要求,在招标公告中要求潜在投标人提供资质证明文件和业绩情况,并对潜在投标人进行资格审查;国家对投标人的资格条件有规定的,依照其规定,因此,根据实际情况的需要,招标公告还可以规定对潜在投标人的资质等级和资格的要求,以便潜在投标人自我衡量是否满足投标资格条件。

2. 资格预审公告内容

《招标投标法》对于资格预审公告的内容没有明确的规定,但是,《招标公告和公示信息发布管理办法》对必须招标项目的资格预审公告内容进行了详细规定,包括:

(1)招标项目名称、内容、范围、规模、资金来源;

(2)投标资格能力要求,以及是否接受联合体投标;

(3)获取资格预审文件或招标文件的时间、方式;

(4)递交资格预审文件或投标文件的截止时间、方式；

(5)招标人及其招标代理机构的名称、地址、联系人及联系方式；

(6)采用电子招标投标方式的，潜在投标人访问电子招标投标交易平台的网址和方法；

(7)其他依法应当载明的内容。

3. 公告内容的一致性要求

招标人应当至少在一家指定的媒介发布招标公告(资格预审公告)，在两个以上媒介发布的同一招标项目的招标公告(资格预审公告)的内容应当相同。因为，内容不一致的，将影响潜在投标人的判断和决策，有可能限制或者排斥潜在投标人的投标。根据《招标投标法》第51条的规定，招标人以不合理的条件限制或者排斥潜在投标人的，对潜在投标人实行歧视待遇的，责令改正，可以处1万元以上5万元以下的罚款。如果在两家以上媒介发布的同一招标项目的招标公告和公示信息内容不一致，依据《招标公告和公示信息发布管理办法》第16条的规定，潜在投标人或者投标人可以要求招标人或其招标代理机构予以澄清、改正、补充或调整，招标人或其招标代理机构应当认真核查，及时处理，并将处理结果告知提出意见的潜在投标人或者投标人。

(三)公告费用

《招标投标法实施条例》以及《招标公告和公示信息发布管理办法》均规定，指定媒介发布必须招标项目的资格预审公告、招标公告不得收取费用。

【问题23】非必须招标项目在指定媒介发布公告能否收费？

对于该问题，《招标投标法》《招标投标法实施条例》以及相关规范性文件均没有明确规定，而《招标投标法实施条例》仅要求对于必须招标项目的资格预审公告和招标公告的发布不得收取费用。因此，非必须招标项目在指定媒介发布招标公告和资格预审公告，是否收费可由招标人和发布媒介自行协商确定。

(四)标准文本制度

《招标投标法实施条例》规定，编制必须招标项目的资格预审文件和招标文件，应当使用国务院发展改革部门会同有关行政监督部门制定的标准文本。此处的“应当使用”，是指应当按照标准文本的使用规定使用，即执行国务院发展改革部门会同国务院有关行政监督部门为标准文件的颁布实施而配套发布的使用说明、部门规章和规范性文件。目前，国家发改委单独或者联合其他部门制定颁布的标准文本共有9部，分别为：

《中华人民共和国标准施工招标资格预审文件》(2007 年版)
《中华人民共和国标准施工招标文件》(2007 年版)
《中华人民共和国标准设计施工总承包招标文件》(2012 年版)
《中华人民共和国标准简明施工招标文件》(2012 年版)
《中华人民共和国标准设备采购招标文件》(2017 年版)
《中华人民共和国标准材料采购招标文件》(2017 年版)
《中华人民共和国标准勘察招标文件》(2017 年版)
《中华人民共和国标准设计招标文件》(2017 年版)
《中华人民共和国标准监理招标文件》(2017 年版)

第十六条　【文件的发售与费用】

招标人应当按照资格预审公告、招标公告或者投标邀请书规定的时间、地点发售资格预审文件或者招标文件。资格预审文件或者招标文件的发售期不得少于5 日[(一)]。

招标人发售资格预审文件、招标文件收取的费用应当限于补偿印刷、邮寄的成本支出,不得以营利为目的[(二)]。

(一)文件发售的时间、地点、期限

资格预审公告应当载明发售资格预审文件的时间和地点,招标公告或者投标邀请书应当载明发售招标文件的时间和地点,资格预审文件和招标文件的发售时间和地点,应当严格按照资格预审公告、招标公告或者投标邀请书中规定的时间和地点发售。

为了保证潜在投标人具有足够的时间获取资格预审文件和招标文件,吸引更多潜在投标人参加投标,实现招标投标活动的竞争效果,《招标投标法实施条例》规定,资格预审文件或者招标文件的发售期限不得少于 5 日。如图 7 所示:

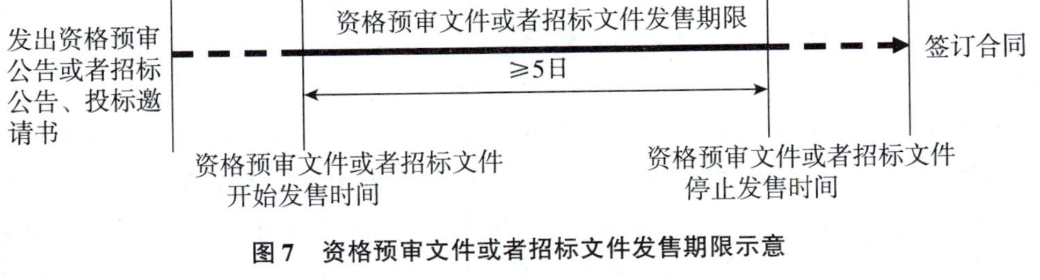

图 7　资格预审文件或者招标文件发售期限示意

【提示17】关于时间单位"日"的合理性分析。

有人提出,由于时间单位"日"包含法定节假日,如果招标人在长假(如春节7日长假)前一天发售资格预审文件或者招标文件,则假期尚未结束发售期限已经届满,有可能导致很多潜在投标人来不及购买文件而无法申请资格预审或者参加投标。对此,笔者认为,该规定授权了招标人自行确定资格预审文件或者招标文件的发售时间,由于《招标投标法实施条例》同时规定"通过资格预审的申请人少于3个的,应当重新招标"(第19条)以及"投标人少于3个的,不得开标。招标人应当重新招标"(第44条),如果招标人确定的文件发售时间不合理,导致购买文件的潜在投标人数量不足3家,招标人将承担重新资格预审或者重新招标的风险。《招标投标法实施条例》已经综合运用其他条款的相关规定,引导招标人尽量确定合理的文件发售时间。

【提示18】非必须招标项目同样应当遵守文件发售期限的要求。

本条款没有将资格预审文件和招标文件的发售期限的适用范围,限定在必须招标项目范围内。因此,对于非必须招标项目,如果采用招标方式采购,资格预审文件或者招标文件的发售期限也不得少于5日。

(二)文件发售费用

招标人发售资格预审文件、招标文件收取的费用应当限于补偿印刷、邮寄的成本支出,不得以营利为目的。

【提示19】发售费用仅限于补偿"印刷、邮寄"成本的合理性分析。

对于发售资格预审文件和招标文件的费用,本条款规定仅限于补偿"印刷、邮寄"的成本。然而,实践中资格预审文件和招标文件的最大成本是编制文件的费用,包括会务费、聘请专家人员的劳务费以及专家人员的差旅食宿费等,与"印刷、邮寄"费用相比,这些费用所占比例要大得多。有人认为,将发售费用仅限于"印刷、邮寄"费,增加了招标人的负担。对此,笔者认为,资格预审文件、招标文件的编制成本与评审费用一样,均为招标人应当承担的成本,不应当通过收取资格预审文件、招标文件费用的方式将其转嫁给潜在投标人。而且招标代理服务费已经包括编制资格预审文件和招标文件的费用,实践中部分招标代理机构将编制资格预审文件和招标文件的费用列入文件发售的费用之中,由潜在投标人承担,属于双重收费的行为,实为不妥。《招标投标法实施条例》通过该条款的规定,对违法收费行为予以纠正。

第十七条 【提交资格预审申请文件时间】

招标人应当合理确定提交资格预审申请文件的时间。依法必须进行招标的项目提交资格预审申请文件的时间,自资格预审文件停止发售之日起不得少于5日。

本条款是关于资格预审申请文件提交时间的规定。

资格预审申请人准备资格预审申请文件需要一定的时间。招标人确定的提交资格预审申请文件的时间应当合理,以确保有充足的潜在投标人参加资格预审活动,并保证潜在投标人充分响应资格预审文件的各项要求。合理的资格预审申请文件准备时间应当充分考虑招标项目的复杂程度、响应资格预审文件的合理时间、编制申请文件的合理时间、提交申请文件的方式、潜在投标人的地域分布状况、招标人的采购进度等因素。资格预审申请文件的提交时间应当在资格预审公告中载明,以便潜在投标人按照规定做好编制和提交资格预审申请文件的准备,并在规定时间内完成相关工作。

《招标投标法实施条例》对于必须招标项目和非必须招标项目中提交资格预审申请文件的时间作出了不同的规定。如图8所示。

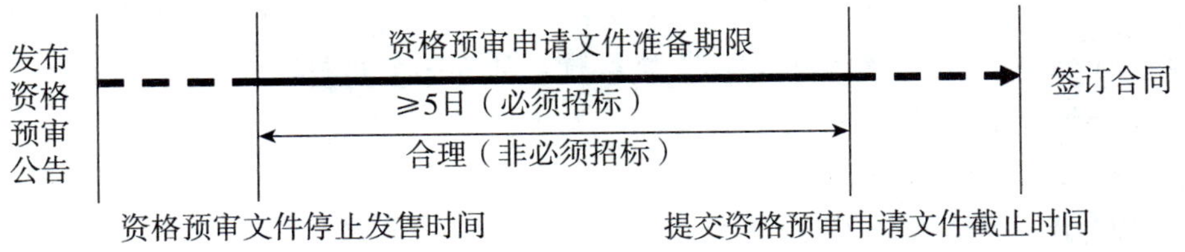

图8 资格预审申请文件准备期限示意

1. 必须招标项目中资格预审申请文件的提交时间

根据本条款的规定,必须招标项目提交资格预审申请文件的时间,自资格预审文件停止发售之日起不得少于5日。该期限是最低时限要求,对于比较复杂或者有特殊要求的必须招标项目,如果5日不足以准备资格预审申请文件,招标人应当确定一个5日以上的合理期限。

2. 非必须招标项目中资格预审申请文件的提交时间

本条款从整体上规定,招标人应当确定合理的提交资格预审申请文件的时间。因此,对于非必须招标项目,如果招标,虽然资格预审申请文件的提交时间不受必须招标项目中“不得少于5日”的限制,但是,仍然需要根据招标项目的具体情况,确定“合理的”提交资格预审申请文件的时间。

第十八条 【资格预审申请文件的评审】

资格预审(一)应当按照资格预审文件载明的标准和方法进行(二)。

国有资金占控股或者主导地位的依法必须进行招标的项目,招标人应当组建资格审查委员会审查资格预审申请文件(三)。资格审查委员会及其成员应当遵守招标投标法和本条例有关评标委员会及其成员的规定(四)。

(一)资格预审

1.概念

资格预审是资格审查的一种方式,是相对于资格后审而言的,是指在招标文件发售前,招标人通过发布资格预审公告的方式邀请不特定的潜在投标人参加资格预审,并向有意向的潜在投标人发售资格预审文件,潜在投标人根据资格预审文件的要求提交资格预审申请文件,招标人组织审查人员对资格预审申请文件进行审查,通过资格预审的潜在投标人将取得投标资格,有权获取招标文件和参加投标。资格预审一般适用于潜在投标人数量较多或者大型、技术复杂的招标项目。

2.资格预审程序

《招标投标法》和《招标投标法实施条例》对于资格预审的程序没有明确规定。根据国务院有关部门对于资格预审的要求并参照《中华人民共和国标准施工招标资格预审文件》(2007 年版)的规定,资格预审的程序主要包括:

(1)编制资格预审文件;

(2)发布资格预审公告;

(3)出售资格预审文件;

(4)资格预审文件的澄清、修改;

(5)潜在投标人编制并提交资格预审申请文件;

(6)组建资格审查委员会(国有资金占控股或者主导地位的必须招标项目中);

(7)对资格预审申请文件进行评审并编写资格评审报告;

(8)招标人审核资格评审报告、确定资格预审合格申请人;

(9)向全体资格预审申请人发出资格预审结果通知书。

(二)资格预审中的审查

1.资格预审的审查依据

资格预审文件,应当载明资格预审的标准和方法。资格预审的标准和方法是资格预审的依据,也是指导申请人准备资格预审申请文件的依据。实践中,资格预审的标准一般根据具体的审查因素设立,主要包括申请人的资格条件、组织机构、营业状态、财务状况、类似项目业绩、信誉和生产资源情况等。为了保证资格预审活动在公开、公平和公正的情况下进行,对资格预审申请文件进行评审、比较的唯一标准和方法,只能是资格预审文件中载明的标准和方法。资格预审过程中,招标人、资格审查人员或者其他人员,不得改变或补充载明的资格预审标准和方法或者以没有载明的标准和方法对潜在投标人进行资格预审。资格预审文件以外的标准和方法不能作为资格预审的依据。资格预审时,招标人不得以不合理的条件限制、排斥潜在投标人,不得对潜在投标人实行歧视待遇。任何单位和个人也不得以行政手段或者其他不合理方式限制通过资格预审的潜在投标人数量。

2. 资格预审的审查方法

对于资格预审的方法,《招标投标法》和《招标投标法实施条例》都没有明确规定。参照《中华人民共和国标准施工招标资格预审文件》(2007 年版),资格预审的方法包括合格制和有限数量制两种。合格制,是指按照资格预审文件载明的审查标准对申请人的资格条件进行符合性审查,通过审查的申请人将取得投标资格,有权获得招标文件和参加投标。有限数量制,是指首先按照资格预审文件载明的审查标准对申请人的资格条件进行符合性审查,如果通过符合性审查的申请人不少于 3 个且没有超过资格预审文件规定数量,则均为合格申请人,不再进行评分。如果通过符合性审查的申请人超过资格预审文件规定数量,则应当按照资格预审文件的规定对通过符合性审查的申请人进行定量评分,申请人的评分排名在资格预审文件规定的有限数量范围内的,才能够取得投标资格,有权获得招标文件和参加投标。

为了增强投标竞争性,资格预审应当尽可能采用合格制。但是,当潜在投标人数量过多时,为了提高评审效率,实现招标项目的经济效益,招标人也可以选择有限数量制,在这种情况下,资格预审文件中必须载明通过资格预审的申请人数量和择优选择申请人的方法。招标人采用有限数量制的,不得以抽签、摇号等方式确定通过资格预审的申请人。

关于合格申请人数量的确定问题,《招标投标法》和《招标投标法实施条例》没有明确规定。建设部在《建设部关于加强房屋建筑和市政基础设施工程项目施工招标投标行政监督工作的若干意见》中规定:工程投资额 1000 万元以上的工程项目,邀请的合格申请人应当不少于 9 个;工程投资额 1000 万元以下的工程项目,邀请的合格申请人应当不少于 7 个。该规定中的合格申请人数量,可供参考使用。

3. 资格预审中的审查程序

参照《中华人民共和国标准施工招标资格预审文件》(2007 年版),资格预审的评审程序主要包括:

(1)初步审查;

(2)详细审查;

(3)资格预审申请文件的澄清;

(4)综合评议,确定通过资格预审的合格申请人名单,或采用评分排序(只适用于有限数量制)确定通过资格预审的合格申请人名单,并编写资格预审审查报告递交招标人审定。

4. 资格预审文件内容

通常情况下,资格预审文件的主要内容包括:

(1)资格预审邀请书;

(2)申请人须知;

(3)资格要求;

(4)其他业绩要求;

(5)资格审查标准和方法;

(6)资格预审结果的通知方式。

(三)资格预审的评审组织形式

针对不同的招标项目,资格预审的评审组织形式也有所不同。根据《招标投标法实施条例》的规定,国有资金占控股或者主导地位的必须招标项目,招标人应当组建资格审查委员会审查资格预审申请文件。对于国有资金占控股或主导地位的必须招标项目以外的其他项目,包括国有资金不占控股和主导地位的必须招标项目和所有的非必须招标项目,《招标投标法实施条例》没有强制要求招标人组建资格审查委员会审查资格预审申请文件,因此,在该类项目中,招标人有权自行确定是否组建资格审查委员会审查资格预审申请文件。

(四)评审成员应当遵守的规定

《招标投标法实施条例》规定,资格审查委员会及其成员应当遵守《招标投标法》和《招标投标法实施条例》有关评标委员会及其成员的规定。笔者认为,此处的"《招标投标法》和《招标投标法实施条例》有关评标委员会及其成员的规定"既包括评标委员会及其成员的确定方式等组织方面的规定,也包括评标委员会及其成员权利义务方面的规定。具体的规定,详见表4。

表4　资格审查委员会及其成员应当遵守的规定

规定类型	应当遵守的具体内容	条款
组织方面	资格审查委员会的组成人员、成员人数、成员比例及要求、成员的来源、成员的确定方式及更换、成员名单保密要求等	法律:第37条 条例:第46条、第47条

续表

规定类型	应当遵守的具体内容	条款
权利	评审的权利、要求招标人提供评审信息的权利、推荐合格申请人的权利、要求延长审查时间的权利、要求申请人澄清说明的权利、否决全部申请文件的权利(均不合格的)、提出异议和投诉的权利等	法律:第39条、第40条、第42条、第65条 条例:第48条、第52条、第60条
义务	主动回避的义务、按照文件规定的标准和方法评审的义务、客观公正履行职责的义务、不得私下接触潜在投标人的义务、不得收受财物或者其他好处的义务、不得征询中标人意向的义务、保密义务、向招标人提交审查报告的义务、配合监督部门处理投诉的义务等	法律:第37条、第40条、第44条 条例:第18条、第46条、第49条、第62条

第十九条 【资格预审结果】

资格预审结束后,招标人应当及时向资格预审申请人发出资格预审结果通知书[一]。未通过资格预审的申请人不具有投标资格[二]。

通过资格预审的申请人少于3个的,应当重新招标[三]。

(一)资格预审结果的通知义务

1. 资格预审结果的通知对象

资格预审后,资格预审申请人分为两类:通过资格预审的申请人和没有通过资格预审的申请人。本条款规定,资格预审结束后,招标人应当及时向资格预审申请人发出资格预审结果通知书,此处的“资格预审申请人”应当是指全体资格预审申请人,既包括通过资格预审的申请人,也包括没有通过资格预审的申请人。招标人应当向全体资格预审申请人发出资格预审结果通知书。

2. 资格预审结果通知书的发出时间

《招标投标法》没有明确规定发出资格预审结果通知书的具体时间,《招标投标法实施条例》也没有明确规定具体的时间节点,只是要求招标人在资格预审结束后“及时”发出资格预审结果通知书。因此,招标人可以根据招标项目的具体情况,自行确定发出资格预审结果通知书的具体时间,只要该时间可以被认定为“及时”即可。

3. 资格预审结果通知书的内容

关于资格预审结果通知书的内容,《招标投标法》和《招标投标法实施条例》没有明确的规定。《工程建设项目施工招标投标办法》和《工程建设项目货物招标投标办法》规定,对于已经通过资格预审的申请人,应当告知其获取招标文件的时间、地点和方法。鉴于资格预审后,招标人不再发布招标公告或者发出投标邀请书,应当由招标公告或者投标邀请书规定的内容,需要在资格预审结果通知书中一并告知申请人。笔者认为,结合上述两部部门规章的规定,向通过资格预审的申请人发出的资格预审结果通知书至少应当包括以下内容:

(1)通过资格预审的告知信息;

(2)获取招标文件的时间、地点和方法;

(3)招标文件的发售费用;

(4)招标项目的名称、数量、技术规格、资金来源;

(5)招标项目的实施地点和进度要求;

(6)提交投标文件的地点和截止日期。

向没有通过资格预审的申请人发出的资格预审结果通知书,告知申请人未通过预审的结果即可,不必附带招标项目的其他信息。需要特别注意的是,招标人发出的资格预审结果通知书,不要泄露通过资格预审申请人的名称及数量,避免潜在投标人利用所泄露的信息串通投标。

(二)未通过资格预审的申请人不具有投标资格

资格预审的目的,是筛选出满足招标项目资格条件、业绩要求并且有意愿参加投标的潜在投标人。没有通过资格预审的申请人,不具备承担招标项目的能力,未取得投标资格,无权参加投标。当然,已经通过资格预审的申请人并不必然或者必须参加投标,是否投标由其在投标截止时间前自行确定。通过资格预审后,潜在投标人发生合并、分立、破产等重大变化,可能影响其资格条件的,应当按照《招标投标法实施条例》第38条的规定及时书面告知招标人,投标人不再具备资格预审文件规定的资格条件或者其投标影响招标公正性的,其投标无效。

(三)通过资格预审的申请人少于3个的处理

通过资格预审的申请人少于3个的,具备投标资格的潜在投标人将必然少于3个,不能保证招标项目的有效竞争,也不能满足招标项目的开标条件,应当重新招标。此处的“少于3个”是指2个、1个或者没有的情况,不包括“3个”的本数。此处的重新招标,是指重新组织招标,包括重新招标后再次组织资格预审,或者重新招标后不再进行资格预审而是直接采用资格后审的招标方式进行采购。

【问题24】非必须招标项目中通过预审的申请人少于3个的,重新招标吗?

在必须招标项目中,通过资格预审的申请人少于3个的必须重新招标,在这种情况下,招标人既可以重新进行资格预审,也可以不进行资格预审,而是直接采用资格后审的招标方式进行采购。在非必须招标项目中,通过资格预审的申请人少于3个的,由于属于非必须招标的项目,招标人既可以选择重新招标,也可以采用其他非招标的方式进行采购,当然,如果招标人选择招标方式,则既可以重新进行资格预审,也可以不再进行资格预审,而是直接采用资格后审的招标方式进行采购。

【提示20】部分部门规章的规定已经修改。

2013年5月1日起实施的《关于废止和修改部分招标投标规章和规范性文件的决定》对《工程建设项目货物招标投标办法》第20条进行了修改,将原规定"……资格预审合格的潜在投标人不足三个的,招标人应当重新进行资格预审"改为"……依法必须招标的项目通过资格预审的申请人不足三个的,招标人在分析招标失败的原因并采取相应措施后,应当重新招标"。即依法必须招标的项目中,资格预审失败后,是否在重新招标中进行资格预审,由招标人自行决定,而不是强制招标人再次进行资格预审。

【技巧5】资格预审阶段如何防止潜在投标人串通投标?

采用资格预审的招标项目中,只有通过资格预审的申请人才有资格参加投标,资格预审将缩小潜在投标人的范围,而资格预审发生在投标报价和编制投标文件之前,这将增加串通投标的可能性,因此,有必要采取相应措施,防止潜在投标人串通投标。由于整个资格预审过程中,只有在发售资格预审文件和接收资格预审申请文件时,资格预审申请人才有见面机会,而防止潜在投标人串通投标的关键在于减少潜在投标人相互见面、结识、了解的机会。因此,首先,招标人在发售资格预审文件和接收资格预审申请文件时,应当尽量将时间在合理范围内相应延长,减少申请人相遇的可能性;其次,在发售资格预审文件或者接收资格预审申请文件时,要求申请人在单独的登记表中签字确认,避免其了解到此前已经购买或者递交文件的申请人信息;再次,在申请人购买资格预审文件或者提交资格预审申请文件后,要求其尽快离开现场,避免过多的申请人在现场聚集,防止其相互结识;最后,发出资格预审结果通知书时,避免在结果通知书中泄露已经通过资格预审的申请人名单,而且,建议采用传真或者邮寄的方式发送通知书,避免采用上门领取的方式,以减少申请人的见面机会。

第二十条 【资格后审】

招标人采用资格后审办法(一)对投标人进行资格审查的,应当在开标后由评标委员会(二)按照招标文件规定的标准和方法对投标人的资格进行审查(三)。

(一)资格后审

资格后审,是指在开标后对投标人进行的资格审查。资格后审实质上是评标活动的重要组成部分,通常在初步评审中进行,审查内容与资格预审内容一致。资格后审不合格的投标人,应当被作否决投标处理,不再进行详细评审。资格预审和资格后审作为两种不同的资格审查方式,既有相同点,也存在很大差异,两者之间的异同点,详见表5。

表5 资格预审与资格后审异同

<table>
<tr><th colspan="2">异同点</th><th colspan="2">资格预审</th><th colspan="2">资格后审</th></tr>
<tr><td rowspan="10">差异点</td><td>发布公告</td><td colspan="2">需要发布资格预审公告</td><td colspan="2">无须发布单独的审查公告</td></tr>
<tr><td>提交文件</td><td colspan="2">资格预审申请文件</td><td colspan="2">投标文件</td></tr>
<tr><td>审查时间</td><td colspan="2">招标文件发售前</td><td colspan="2">开标后</td></tr>
<tr><td>审查依据</td><td colspan="2">资格预审文件中的标准和方法</td><td colspan="2">招标文件中的标准和方法</td></tr>
<tr><td>审查组织</td><td colspan="2">资格审查委员会(国有资金占控股或者主导地位的必须招标项目)或者招标人委派的人员(其他项目)</td><td colspan="2">评标委员会</td></tr>
<tr><td rowspan="2">审查结果</td><td>通过审查</td><td>取得投标资格</td><td>通过审查</td><td>进入详评(通常项目)或授予合同(机电产品国际招标)</td></tr>
<tr><td>未通过审查</td><td>不具备投标资格</td><td>未通过审查</td><td>否决投标</td></tr>
<tr><td>通知文件</td><td colspan="2">资格预审结果通知书</td><td colspan="2">不发出单独的审查结果通知文件</td></tr>
<tr><td>是否发布招标公告/投标邀请书</td><td colspan="2">无须发出招标公告或者投标邀请书,向通过的资格预审申请人发出资格预审结果通知书,代替招标公告和投标邀请书</td><td colspan="2">需要发出招标公告或者投标邀请书</td></tr>
<tr><td colspan="5"></td></tr>
<tr><td rowspan="6">相同点</td><td>审查内容</td><td colspan="4">资格预审申请人和投标人的资格条件是否符合招标项目的要求</td></tr>
<tr><td>适用范围</td><td colspan="4">公开招标和邀请招标都可以适用</td></tr>
<tr><td>审查人员需遵守的规则</td><td colspan="4">资格审查委员会和评标委员会及其成员都应当遵守《招标投标法》和《招标投标法实施条例》有关评标委员会及其成员的规定(详见表4)</td></tr>
<tr><td>审查澄清</td><td colspan="4">审查人员均有权要求申请人和投标人对资格预审申请文件和投标文件进行澄清</td></tr>
<tr><td rowspan="2">所有申请人/投标人被否决的处理</td><td colspan="4">必须招标的项目,应当重新招标。重新招标的,可以资格预审也可以资格后审,由招标人自行决定</td></tr>
<tr><td colspan="4">非必须招标的项目,可以招标,也可以不招标;招标的,可以资格预审也可以资格后审,由招标人自行决定</td></tr>
</table>

（二）资格后审的主体

《招标投标法》第37条第1款规定，评标由招标人依法组建的评标委员会负责。资格后审作为评标活动的一部分，也应当由评标委员会负责。资格审查一般涉及技术、商务、经济、财务、法律等方面的专业问题，由依法组建的评标委员会负责评审，有利于招标人客观公正地选择合格的中标人。对于必须招标项目，评标委员会的组成、专家来源、确定方式等必须符合《招标投标法》和《招标投标法实施条例》的相关规定。对于非必须招标项目，《招标投标法》和《招标投标法实施条例》对其评标委员会的组成等情况未作强制性规定，可以由招标人自行决定。评标委员会应该独立行使评标权限，不得受包括招标人在内的任何主体的非法干涉。

（三）资格后审的依据

资格后审作为评标活动的一部分，与评标一样，也应当按照招标文件中确定的评标标准和方法进行评审。评标过程中，招标人或者评标委员会不能对评标标准和方法进行修改，评标委员会只能按照招标文件已经规定的评标标准和方法进行评审，招标文件以外的评标标准和方法不能作为评标的依据。

【提示21】资格后审不同于履约能力审查。

本条款规定的资格后审不同于《招标投标法实施条例》第56条规定的履约能力审查。履约能力审查的目的是在确定中标人前，由评标委员会按照招标文件或者资格预审文件规定的标准和条件对中标候选人的履约能力进行审查确认，审查的对象为中标候选人，不能通过该项审查的中标候选人不能被确定为中标人。本条款中规定的资格后审属于评标活动的一部分，是对全体投标人资格条件的审查，发生在评标过程中，通过资格后审的投标人只是说明其资格满足招标文件的要求，但是未必符合中标条件，不一定中标。

【技巧6】资格预审和资格后审的适用条件。

一般情况下，资格预审适用于技术复杂、规模较大、潜在投标人数量较多或者不容易判断潜在投标人是否具备承担招标项目能力的项目。资格后审，一般适用于技术相对简单、规模较小、潜在投标人数量较少，以及能够直观判断潜在投标人是否具备承担招标项目能力的项目。

第二十一条 【招标文件的澄清修改】

招标人可以对已发出的资格预审文件或者招标文件进行必要的澄清或者修

改[(一)]。澄清或者修改的内容可能影响资格预审申请文件或者投标文件编制的[(二)]，招标人应当在提交资格预审申请文件截止时间至少3日前，或者投标截止时间至少15日前[(三)]，以书面形式通知所有获取资格预审文件或者招标文件的潜在投标人[(四)]；不足3日或者15日的，招标人应当顺延提交资格预审申请文件或者投标文件的截止时间[(五)]。

(一)澄清或者修改的主体、范围

本条款中的“澄清”，是指招标人对资格预审文件或者招标文件中内容不清楚、含义不明确的部分进行的说明和解释。本条款中的“修改”，是指招标人对资格预审文件或者招标文件中出现的遗漏、差错、表述不清等问题进行的必要补充和修订。

对资格预审文件或者招标文件进行澄清或者修改的主体，只能是招标人。这是因为，从性质上讲，对资格预审文件或者招标文件的澄清或者修改将构成资格预审文件或者招标文件的一部分，而根据《招标投标法》以及《招标投标法实施条例》的规定，只有招标人有权编制资格预审文件或者招标文件(招标代理机构编制文件的，其权利来自招标人的授权)，因此，也只能由招标人对资格预审文件或者招标文件进行必要的澄清或者修改。

澄清或者修改的范围，是指“已发出”的资格预审文件和招标文件。对于没有发出的资格预审文件或者招标文件，在需要澄清或者修改的情况下，招标人可以直接修改完善后再发售给资格预审申请人或者潜在投标人，没有澄清或者修改的必要性。

(二)澄清或者修改的情形

招标人对资格预审文件或者招标文件的澄清或者修改分为两种情形：一是招标人主动进行的澄清或者修改；二是招标人根据潜在投标人的要求或者异议被动进行的澄清或者修改。主动进行的澄清或者修改，是指招标人对自己发现的资格预审文件或者招标文件中存在的内容不清、含义不明、遗漏、错误或者前后矛盾的内容主动通过澄清或者修改方式进行补救。被动进行的澄清或者修改，是指招标人根据潜在投标人提出的澄清或者修改的要求和异议，对资格预审文件或者招标文件作出的澄清或者修改。实践中，招标人作为文件的编制人，往往很难发现所编制文件的错误和遗漏，潜在投标人作为资格预审文件或者招标文件的响应者，更容易发现文件中的不足和差错，赋予潜在投标人提出澄清、修改要求或者异议的权利，有利于完善招标文件、提高采购文件质量。

虽然潜在投标人对资格预审文件或者招标文件提出的澄清、修改的要求，或者提出的异议,都可能导致招标人对文件进行澄清或者修改。但是,两者存在明显的区别,详见表6。

表6 对资格预审文件或者招标文件的澄清、修改要求和异议的差异

差异事项	澄清、修改要求	异议
提出主体不同	只能是潜在投标人	可以是潜在投标人,也可以是其他利害关系人
针对事项不同	针对资格预审文件或者招标文件中可能存在的内容不清、含义不明、遗漏或者前后矛盾的内容提出澄清、修改的要求	针对资格预审文件或者招标文件中可能存在的限制或者排斥潜在投标人、对潜在投标人实行歧视性待遇、损害潜在投标人合法权益等违法事项提出异议
提出时间不同	《招标投标法》和《招标投标法实施条例》没有明确规定。但是,根据招标流程的要求,应当在递交资格预审申请文件或者投标文件的截止时间前提出	对资格预审文件有异议的,应当在提交资格预审申请文件截止时间2日前提出;对招标文件有异议的,应当在投标截止时间10日前提出
通知(答复)时间不同	可能影响文件编制的澄清、修改,招标人应当在提交资格预审申请文件截止时间至少3日前,或者投标截止时间至少15日前通知潜在投标人;不影响文件编制的,在合理时间通知即可	招标人应当自收到异议之日起3日内作出答复
回复形式不同	必须以书面形式回复	需要对资格预审文件或者招标文件澄清、修改的,必须以书面形式回复;不需要澄清、修改的,没有严格的回复形式限制,但鼓励采用书面形式回复
回复对象不同	必须回复所有获得文件的潜在投标人	需要对资格预审文件或者招标文件澄清、修改的,必须通过澄清、修改的方式回复所有获得文件的潜在投标人和提出异议的利害关系人,并且,招标人还需通过回复异议的方式,单独回复提出异议的潜在投标人或者利害关系人;不需要澄清、修改的,仅回复提出异议的潜在投标人或者利害关系人

另外,从对潜在投标人响应文件的影响程度划分,招标人对资格预审文件或者招标文件的澄清、修改可以分为两种:"可能影响"文件的编制和"不影响"文件的编制。本条款仅规定,"可能影响"资格预审申请文件和投标文件编制的澄清、修改需要遵照法定的时间要求,应当在截止时间前3日或者15日告知潜在投标人。对于"不影响"文件编制的澄清、修改,法律层面没有规定具体的告知时间,可以由招标人自行确定截止时间前的合理时间告知潜在投标人。

【技巧7】如何辨别“可能影响”和“不影响”响应文件的编制?

通常情况下,如果澄清或者修改影响到资格预审申请文件或者投标文件的技术参数响应、项目组成部分的增减、报价的测算和准备、进度质量安全等商务条件的响应、投标保证金金额和形式的重大变化、文件格式的响应等,可能增加潜在投标人的响应时间和工作量,可以被认定为“可能影响”资格预审申请文件和投标文件的编制。如果澄清或者修改对资格预审申请文件或者投标文件的编制时间不会产生影响,如投标截止时间的延后、开标地点的变更、响应内容和信息的减少、密封条件的变更等,可以被视为“不影响”资格预审申请文件或者投标文件编制的情形。

(三)澄清或者修改的时间

招标人对已发出的资格预审文件或者招标文件的内容进行澄清或者修改的,如果影响资格预审申请文件或者投标文件的编制,潜在投标人往往需要额外花费一定的时间去调整自己的投标策略,补充或者完善响应文件的内容。为了保证潜在投标人具备充足的时间响应资格预审文件或者招标文件,本条款规定,招标人应当在提交资格预审申请文件截止时间至少3日前,或者投标截止时间至少15日前,将澄清、修改的内容通知所有获取资格预审文件或者招标文件的潜在投标人。同时,需要注意的是,对于不影响资格预审申请文件或者投标文件编制的澄清、修改,《招标投标法》和《招标投标法实施条例》没有明确规定通知的时间,可由招标人自行确定合理的时间通知潜在投标人。对资格预审文件或者招标文件的澄清、修改期限,详见图9中的“澄清期”所示。

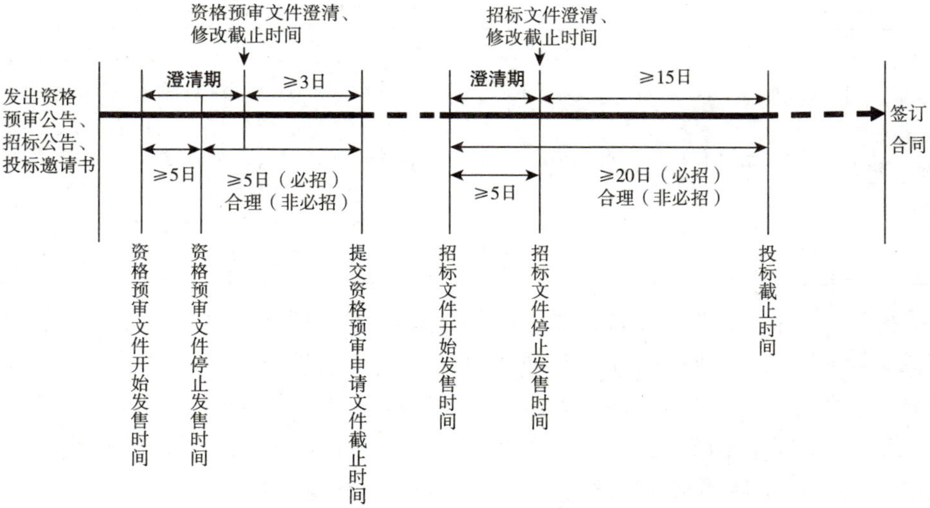

图9　影响响应文件编制的澄清、修改时间节点

由此可以看出,在必须招标项目中,对资格预审文件的澄清、修改始于资格预审文件开始发售的时间,终于资格预审文件澄清、修改截止时间即提交资格预审申请文件的截止时间3日前,由于资格预审文件的发售时间不得少于5日,资格预审文件停止发售至提交资格预审申请文件的截止时间不得少于5日,因此,可以推算出招标人对资格预审文件的澄清期限最少为7日。对招标文件的澄清、修改始于招标文件开始发售的时间,终于招标文件澄清、修改截止时间即投标文件截止时间15日前,由于招标文件开始发售时间至投标截止时间至少为20日,因此,可以推算出招标人对招标文件的澄清期限最少为5日。

(四)通知的形式及对象

招标人对已发出的资格预审文件或者招标文件进行必要的澄清或者修改的,应当以书面形式通知所有获得资格预审文件或者招标文件的潜在投标人。根据我国《民法典》第469条的规定,书面形式是合同书、信件、电报、电传、传真等可以有形地表现所载内容的形式;以电子数据交换、电子邮件等方式能够有形地表现所载内容,并可以随时调取查用的数据电文,视为书面形式。传统招标实践中,通常采用传真形式发出澄清、修改的通知;电子招标投标中,应当通过电子招标投标交易平台以醒目的方式公告澄清或者修改的内容,并以有效方式通知所有已下载资格预审文件或者招标文件的潜在投标人。

根据本条款的规定,招标人对资格预审文件或者招标文件的澄清、修改的通知,应当发给所有获得资格预审文件或者招标文件的潜在投标人,以确保潜在投标人的机会均等。这是《招标投标法》公平、公正原则的体现。

需要注意的是,随着电子招标的推广和实施,一些招标项目允许潜在投标人以匿名的方式从互联网上下载资格预审文件和招标文件。如果招标人没有取得潜在投标人的名称、联系方式等信息,无法点对点地通知潜在投标人,在这种情况下,招标人对已经发售的资格预审文件或者招标文件进行澄清、修改的,可以在下载资格预审文件和招标文件的网站上,以公告的方式告知潜在投标人澄清、修改的内容。

【提示22】所有的潜在投标人,是指从招标人处获取文件的潜在投标人。

本条款中规定的"所有获取资格预审文件或者招标文件的潜在投标人",是指从招标人处获取文件的潜在投标人,获取的方式包括有偿获取和无偿获取。对于从其他途径获取文件的潜在投标人的信息,招标人不得而知,不必承担通知的义务。

(五)补救措施

由于《招标投标法》和《招标投标法实施条例》没有明确规定潜在投标人提出澄清、修改要求的截止时间,而且,实践中招标人也有可能在接近提交资格预审申请文件或者投标文件截止时间的时候,才发现资格预审文件或者招标文件的缺陷。因此,招标人对资格预审文件澄清、修改的时间很有可能晚于提交申请文件截止时间前3日,对招标文件的澄清、修改的时间也很有可能晚于投标截止时间15日。为了充分保障潜在投标人编制资格预审申请文件和投标文件的时间,本条款规定,如果招标人发出修改或澄清的通知太晚,不足3日或者15日的,招标人应当顺延提交资格预审申请文件或者投标文件的截止时间,以满足3日或者15日的要求。

【技巧8】建议招标人规定潜在投标人提出澄清、修改要求的截止时间。

由于《招标投标法实施条例》没有规定潜在投标人提出澄清、修改要求的截止时间,为了提示潜在投标人及时提出澄清、修改的要求,避免招标人被迫顺延提交资格预审申请文件截止时间或者投标截止时间,建议资格预审文件或者招标文件明确规定潜在投标人提出澄清、修改要求的截止时间。在确定该截止时间时,除了应当满足3日或者15日的要求外,还应当预留出招标人处理和准备澄清、修改的必要时间。

【提示23】澄清、修改内容被视为资格预审文件或招标文件的组成部分。

招标人对于资格预审文件或者招标文件进行澄清或者修改的内容,应当被视为资格预审文件或者招标文件的组成部分,与资格预审文件或者招标文件具有同等法律效力。

第二十二条 【异议的提出与答复】

潜在投标人或者其他利害关系人对资格预审文件有异议的(一),应当在提交资格预审申请文件截止时间2日前提出;对招标文件有异议的,应当在投标截止时间10日前提出(二)。招标人应当自收到异议之日起3日内作出答复;作出答复前,应当暂停招标投标活动(三)。

(一)异议的提出

有权对资格预审文件或者招标文件提出异议的主体为潜在投标人和其他利害关系人。潜在投标人,是指购买资格预审文件或者招标文件的具有资格预审或者投标意向的法人、其他组织和自然人。其他利害关系人,是指除潜在投标人以外的,与招标项目或者招标活动有直接和间接利益关系的法人、其他组织和自然人。实践中,其他利害关系人主要包括:潜在投标人是代理商时的供应商(生产厂商)、与潜在投标人绑定投标的分包商、潜在投标人单位的中标与否将对其产生重大影响的项目负责人等。

除潜在投标人或者其他利害关系人外,其他主体不具有提出异议的权利,但是,其他主体有权对招标投标活动中的违法行为进行检举、揭发。检举、揭发与异议存在明显差异。详见表7。

表7 异议与检举、揭发差异

差异事项	异议	检举、揭发
主体不同	提出异议的主体为潜在投标人和其他利害关系人	检举、揭发的主体除潜在投标人和其他利害关系人外,还包括无直接利害关系的其他人
具名不同	必须具名	可以具名,也可以匿名
提出时间不同	对资格预审文件有异议的,应当在提交资格预审申请文件截止时间2日前提出;对招标文件有异议的,应当在投标截止时间10日前提出	没有严格的时间限制,随时可以检举、揭发
提供事实情况不同	必须明确提出相关的违法违规事实或者所受损害的客观情况	只要提出有关的线索或者充分的怀疑理由即可,不是必须提出违法违规事实或者所受损害的情况

【技巧9】招标人在接受异议时,建议首先确认提出异议的主体身份。

招标人在接收异议时,建议首先确认提出异议的主体身份。如果提出异议的主体不是潜在投标人,而且与招标项目也不存在直接或者间接的利害关系,则招标人不承担答复的义务,可以拒绝接收异议和进行答复。

(二)异议时间

本条款规定,潜在投标人或者其他利害关系人对资格预审文件有异议的,应当在提交资格预审申请文件截止时间2日前提出;对招标文件有异议的,应当在投标截止时间的10日前提出。如图10中的“异议期”所示。

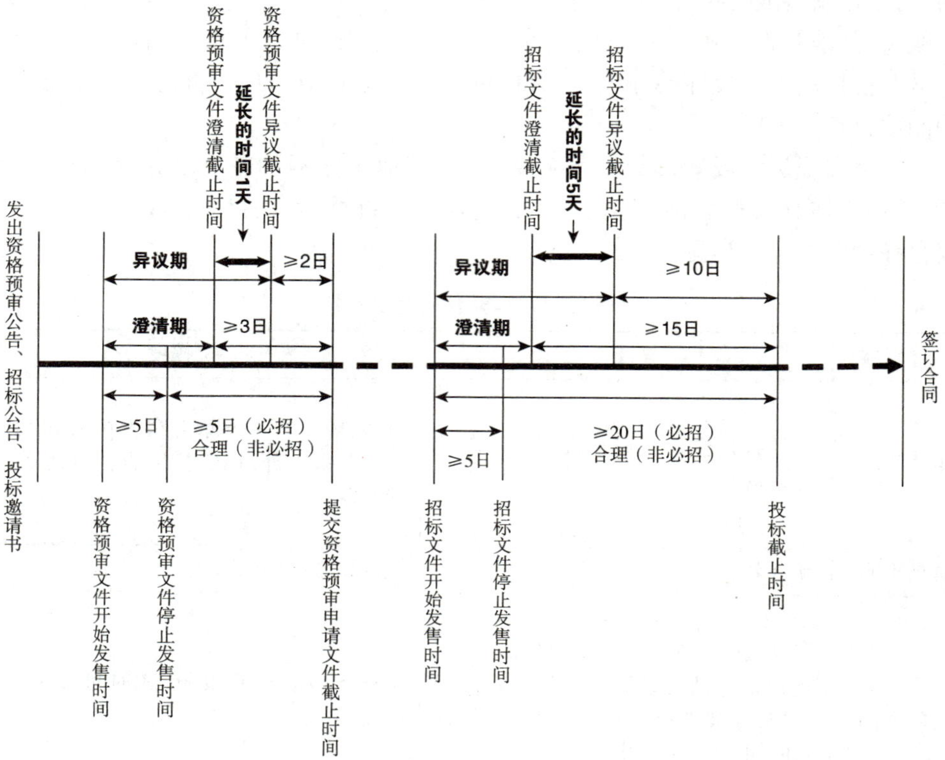

图 10　异议期与澄清、修改时间节点

通过图 10 还可以看出，潜在投标人或者其他利害关系人对资格预审文件提出异议的期限比澄清期限延长 1 天；对招标文件提出异议的期限比澄清期限延长 5 天，见图 10 中“延长的时间”部分所示。

需要说明的是，潜在投标人或者其他利害关系人对资格预审文件或者招标文件的异议分为两种：一种会导致资格预审文件或者招标文件的修改或者补充，对于该种异议，招标人必须通过澄清、修改的方式予以纠正；另一种不会导致资格预审文件或者招标文件的修改或者补充，在这种情况下，招标人无须澄清、修改资格预审文件或者招标文件。

因此，如果潜在投标人或者其他利害关系人在图 11 中的“延长的时间”内提出异议，招标人需要澄清、修改资格预审文件或者招标文件，则必然导致招标人的澄清、修改无法满足 3 日和 15 日的时间要求，从而被迫顺延截止时间。

【技巧 10】建议招标人规定资格预审文件、招标文件异议的截止时间。

为了尽量避免因潜在投标人或者其他利害关系人的异议迫使招标人顺延截止

时间，建议招标人在资格预审文件或者招标文件中明确规定异议的截止时间，督促潜在投标人或者其他利害关系人尽快提出异议。在确定该截止时间时，除了应当满足3日或者15日的要求外，还应当预留出招标人处理异议和准备澄清、修改的必要时间。当然，由于《招标投标法实施条例》的法律效力大于资格预审文件和招标文件，文件中的该项规定并不能剥夺潜在投标人或者其他利害关系人根据《招标投标法实施条例》的规定在2日或者10日前提出异议的权利，但是，至少该项规定能够起到提示或者引导的作用。

另外，需要注意的是，本条款规定的提出异议的时间，其性质属于除斥期间，潜在投标人或者其他利害关系人超出该时间未提出异议的，将丧失提出异议的权利，无权再要求招标人进行回复和说明。笔者在此提醒潜在投标人或者其他利害关系人，如有异议，请及时提出，切勿消极对待，避免延误时机。

【技巧11】建议资格预审文件或者招标文件规定异议的形式。

《招标投标法实施条例》没有明确规定异议的形式。为了载明异议内容，避免产生不必要的纠纷，建议资格预审文件或者招标文件明确规定提出异议的形式。参照澄清、修改的形式要求，此处以书面形式为宜。资格预审文件或者招标文件中也可以提供异议文件格式，供潜在投标人或者其他利害关系人直接使用。

（三）异议的答复

1. 异议答复的种类

上文中已经提到，潜在投标人或者其他利害关系人对资格预审文件或者招标文件的异议分为两种：一是导致资格预审文件或者招标文件澄清、修改的异议；二是不会导致资格预审文件或者招标文件澄清、修改的异议。与此对应，对于异议的答复也分为两种：通过澄清、修改资格预审文件或者招标文件进行的异议答复和不需要通过澄清、修改资格预审文件或者招标文件进行的异议答复。其中，前者还可以划分为对资格预审文件或者招标文件的澄清、修改可能影响资格预审申请文件或者投标文件编制的异议答复和对资格预审文件或者招标文件的澄清、修改不会影响资格预审申请文件或者投标文件编制的异议答复。

2. 异议答复的时间

招标人应当自收到异议之日起3日内作出答复。如图11中黑粗箭头线部分所示。

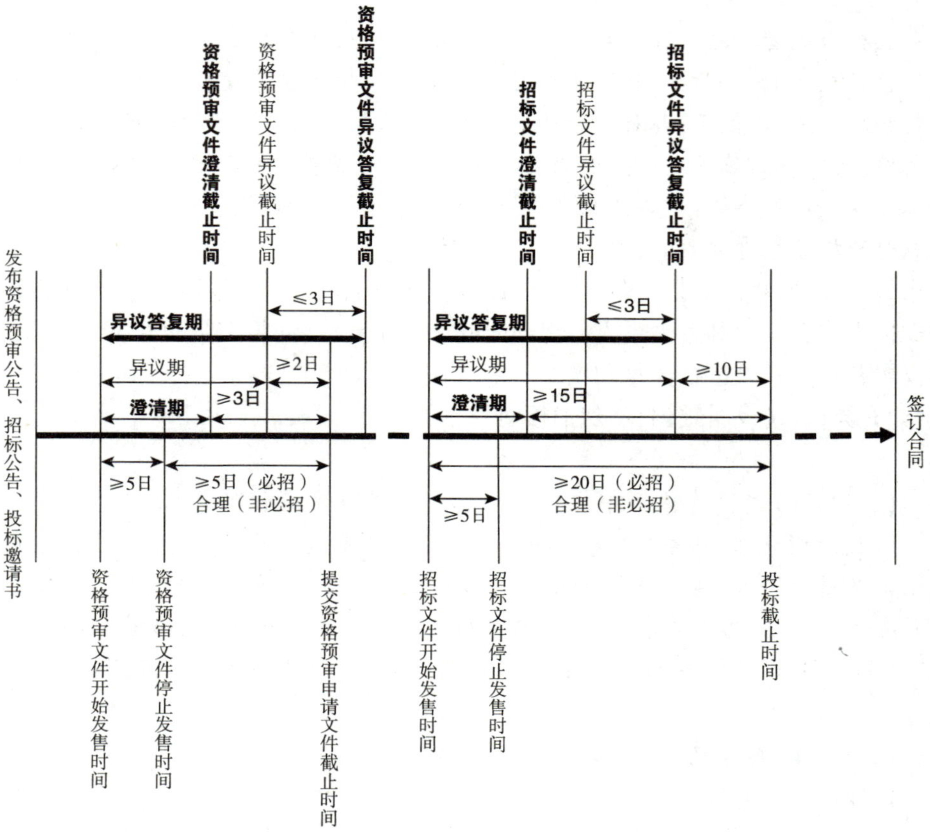

图 11　异议答复时间节点

在图 11 中,我们将“澄清期”与“异议答复期”进行比较后发现,“异议答复期”包括澄清截止时间至异议答复截止时间之间的时间区段(本段落中简称该时间区段),而该时间区段在“澄清期”之外。如果潜在投标人或者其他利害关系人提出异议,招标人在该时间区段内通过澄清、修改资格预审文件或者招标文件的方式予以答复,必然导致招标人的澄清、修改无法满足 3 日和 15 日的要求,从而被迫顺延截止时间。因此,建议招标人对于需要澄清、修改资格预审文件或者招标文件的异议尽快答复,尽量满足澄清期的要求,避免被迫顺延截止时间。其他解决方法,可参见“技巧 10”。

【提示 24】异议答复影响响应文件编制的才可能顺延截止时间。

前文中已经介绍,异议的答复包括需要通过澄清、修改资格预审文件或者招标文件的方式进行的异议答复和不需要通过澄清、修改资格预审文件或者招标文件的方式进行的异议答复。其中，前一种情况又分为对资格预审文件或者招标文件的澄清、修改可能影响资格预审申请文件或者投标文件编制的异议答复和对资格预审文件或者招标文件的澄清、修改不会影响资格预审申请文件或者投标文件编制的异议答复。根据《招标投标法实施条例》第21条的规定，澄清或者修改的内容可能影响资格预审申请文件或者投标文件编制的，招标人才需要在截止时间3日或者15日前通知潜在投标人，不足3日或者15日的，顺延截止时间。因此，只有对资格预审文件或者招标文件的澄清、修改可能影响资格预审申请文件或者投标文件编制的异议答复，才有可能导致顺延截止时间，当然，其前提条件是"不足3日或者15日"。其他类型的异议答复，不会导致顺延截止时间。

【问题25】潜在投标人或者其他利害关系人是否会恶意顺延截止时间？

笔者认为，虽然存在潜在投标人或者其他利害关系人利用异议恶意顺延截止时间的可能性，但是，由于该阶段还处于编制资格预审申请文件或者投标文件的阶段，申请人或者投标人的响应情况尚不明确，潜在投标人或者其他利害关系人恶意顺延截止时间的动机较小，发生该种情况的可能性不会太大。

【提示25】《招标投标法实施条例》对异议答复的内容深度没有明确规定。

为了体现效率原则，及时消除潜在投标人或者其他利害关系人对资格预审文件或者招标文件的疑虑，《招标投标法实施条例》对于异议答复内容的深度没有明确的规定，可由招标人根据具体情况自行确定。招标人有权选择实质性或者非实质性回复的方式，答复潜在投标人或者其他利害关系人的异议。当然，如果对异议的答复不满意，潜在投标人或者其他利害关系人有权采取投诉或者诉讼方式，将异议问题提交行政监督部门或者审判机关解决。

3. 异议答复的对象

对于答复的对象，《招标投标法》以及《招标投标法实施条例》没有明确规定。笔者认为，异议答复的对象为提出异议的潜在投标人或者其他利害关系人。如果异议引起对资格预审文件或者招标文件的澄清、修改，招标人还需通过书面通知的方式，将澄清、修改的内容，告知全体获得资格预审文件或者招标文件的潜在投标人。如果异议不会引起对资格预审文件或者招标文件的澄清、修改，异议的答复对象仅为提出异议的潜在投标人或者利害关系人，招标人无须将澄清、修改内容通知全体获得资格预审文件或者招标文件的潜在投标人。

4. 异议答复的形式

对于异议答复的形式，《招标投标法》以及《招标投标法实施条例》同样没有明确规定，可以由招标人在资格预审文件或者招标文件中自行确定。为了有形地记载异议的答复内容,避免不必要的争议,笔者建议采用书面形式答复。

5. 异议答复的影响

由于招标投标活动存在不可逆转的特点,《招标投标法实施条例》规定,招标人作出答复前,应当暂停招标投标活动。笔者认为,就立法意图而言,并不是所有的异议都需要暂停招标投标活动,只有不暂停将严重影响下一环节招标投标活动正常进行的异议,作出答复前才应当暂停招标投标活动。这种理解更符合该规定的立法目的,同时也有利于提高招标投标活动的效率,减少突发行为对采购进度的干扰。

第二十三条 【文件内容的合法性】

招标人编制的资格预审文件、招标文件的内容违反法律、行政法规的强制性规定,违反公开、公平、公正和诚实信用原则,影响资格预审结果或者潜在投标人投标的,依法必须进行招标的项目的招标人应当在修改资格预审文件或者招标文件后重新招标。

本条款是关于资格预审文件和招标文件内容合法性的规定。根据本条款的规定,资格预审文件、招标文件的内容主要表现在3个方面:一是违反法律、行政法规的强制性规定;二是违反公开、公平、公正和诚实信用原则;三是影响资格预审结果或者潜在投标人投标。下面分别论述。

1. 违反法律、行政法规的强制性规定

所谓"法律",是指全国人大及其常务委员会制定和颁布的规范性文件,通常以国家主席令的形式公布,在全国范围内具有普遍约束力,除《宪法》外,具有最高的法律效力。例如,《招标投标法》《政府采购法》《民法典》均属于法律。所谓"行政法规",是指国务院根据法律制定的规范性文件,通常以国务院令的形式公布,在全国范围内具有普遍约束力,其效力仅次于法律。例如,《招标投标法实施条例》《建设工程质量管理条例》《建设工程安全生产管理条例》均属于行政法规。此处的"强制性规定",是指规范性文件中的禁止性和义务性的强制规定,即法律和行政法规中使用了"应当""不得""必须""禁止"等措辞的条款。例如,《招标投标法》第4条规定,任何单位和个人不得将必须招标项目化整为零或者以其他任何方式规避招标;《招标投标法实施条例》第6条规定,禁止国家工作人员以任何方式非法干涉招标投标活动。对于法律、行政法规中的强制性规定,资格预审文件和招标文件不得违反。

2. 违反公开、公平、公正和诚实信用原则

所谓违反"公开、公平、公正原则",主要是指资格预审文件和招标文件没有载

明必要的信息、针对不同的潜在投标人设置了差别条款、提供给不同的潜在投标人的资格预审文件或者招标文件的内容不一致、资格预审文件或者招标文件中载明的评审标准和方法存在倾向性或者歧视性、机会不均等的规定等。所谓违反“诚实信用原则”，主要是指资格预审文件和招标文件的内容故意隐瞒真实信息、恶意逼迫潜在投标人低于市场价格竞争等恶意隐瞒、欺骗、不讲诚信的规定。资格预审文件和招标文件的内容，不得违反公开、公平、公正和诚实信用原则。

3. 影响资格预审结果或者潜在投标人投标

此处的“影响”，是指客观上已经造成了影响，而且是在提交资格预审申请文件截止时间后或者投标截止时间后，才发现影响资格预审结果或者潜在投标人投标这一后果。如果在提交资格预审申请文件截止时间前或者在投标截止时间前发现违法内容，应当按照《招标投标法实施条例》第 21 条或者第 22 条的规定，修改资格预审文件或者招标文件，避免产生影响资格预审结果或者潜在投标人投标的后果。

对于上述 3 种内容违法的行为，发生在必须招标项目中的，招标人通常应当在修改资格预审文件或者招标文件后重新招标。但是，需要注意的是，重新招标的适用，主要是针对在提交资格预审申请文件截止时间后或者投标截止时间后，才发现资格预审文件或者招标文件内容违法的情况，如果在提交资格预审申请文件截止时间前或者投标截止时间前发现内容违法，应当按照《招标投标法实施条例》第 21 条或者第 22 条的规定，修改资格预审文件或者招标文件后继续进行招标活动，不必重新招标。另外，如果在中标通知书发出后或者合同签订并已经开始履行后才发现资格预审文件或者招标文件内容违法，还应当结合《招标投标法实施条例》第 81 条的规定处理。

第二十四条　【标段划分】

招标人对招标项目划分标段的（一），应当遵守招标投标法的有关规定，不得利用划分标段限制或者排斥潜在投标人（二）。依法必须进行招标的项目的招标人不得利用划分标段规避招标（三）。

（一）划分标段

一些招标项目特别是大型、复杂的工程建设项目通常需要划分不同的标段，由不同的承包商承包。根据《招标投标法》的规定，招标人应当合理地划分标段，划分标段必须符合项目施工的科学流程，以节约资金、保证质量为基本前提条件。

1. 标段的定义

工程建设项目的标段，是指对一个整体工程按照实施阶段（勘察、设计、施工、监理、设备采购等)和工程范围切割成工程段落并把这些段落或单个或组合起来进行招标的招标客体。

广义的标段可以分为3种。

(1)分期标段。有的大型、特大型工程建设项目出于资金供应、市场需求等方面的原因需要分期实施,分期进行招标,这类按期进行招标的招标客体称为分期标段。

(2)工程标段。工程标段,是指把准备投入建设的某一整体工程或某一整体工程的某一期工程划分为若干工程段落单个或者组合起来进行招标的招标客体。

(3)分部分项标段。某一工程标段的总承包商在中标以后,根据总承包合同条件,可以把总包项下的工程分为若干工程部分,甚至在分部以后还划分若干子项工程,然后把部分分部工程、子项工程通过招标的方式分包给相应的分包商,这类成为分包合同招标客体的分部工程、子项工程就称为分部、分项标段。

《招标投标法实施条例》中的标段主要是指第(2)种情况。

2. 划分标段的利弊分析

(1)优点

①有利于缩短工期。实践中,一些大型工程建设项目工期比较紧张,由同一个投标人承担整个项目压力太大,有可能影响工程建设项目的质量。通过划分标段招标的方式,可以选择不同的投标人同时实施工程项目,这将有效地缩短工程项目的建设周期,保证招标项目及时竣工和交付使用。

②有利于提高竞争性。划分标段后,可以降低招标项目的准入标准,吸引更多的投标人参加竞争,而且,多个投标人同时实施项目,建设单位可以对各标段的质量、进度、安全及投标人组织管理水平、协调能力有一个更加直观的比较,各投标人之间也将争先创优,从而营造出公平竞争的氛围。

③有利于综合利用各投标人的技术特长。实践中,许多大型复杂工程建设项目由众多相互独立的小项目组合而成,涉及多个行业和专业,而每个投标人又都有其熟悉的专业和技术领域,不可能同时精通所有项目,更不可能同时具备各种工程技术的资质和能力。划分标段招标,能够综合运用每个投标人的技术强项和专业特长,更好地解决复杂问题。

④有利于缓解资金压力。划分标段实施项目,每个标段资金需求量相对较少,而且各个标段的投标人一次性投入的人力、物力、财力比起整个项目由同一个投标人承担而言相对较少,项目所需资金能够逐步到位。划分标段招标,可以缓解招标投标双方的资金压力。

(2)弊端

①产生技术衔接问题。划分标段招标将会产生多个标段之间的连接界面,由

于每个投标人的技术规格和实施办法有所差异，将会产生标段之间的技术衔接问题。

②增加建设单位的管理工作量。划分标段后，从数量来看，招标项目由一个变成了两个或者多个，管理对象增多，各标段之间的组织协调工作也随之增加，这将势必增加建设单位的工作强度。

③增加投资费用。由于增加了建设单位的管理工作量，则管理费用必然有所增加。同时，在施工项目中，由于有多个施工企业分标段施工，造成进场费、临施费、措施费的增加。因此，划分标段招标将有可能增加投资费用。

④有可能产生交叉干扰。在施工项目中，划分标段施工的，施工现场由多个独立的施工单位同时作业，将增加临时生产生活设施、材料堆场，容易产生交叉干扰现象。

3. 划分标段的主要参考因素

划分标段招标，既有益处，也有弊端，在划分标段前，招标人应当充分考虑具体项目的需求，扬长避短，通过科学合理的划分方法，更好地实现招标项目的意图。为了保证招标采购工作的效率和效果，划分标段时，建议参考以下因素进行划分：

（1）项目的种类和性质

一个完整的工程建设项目由勘察、设计、施工、监理以及设备材料的采购等多种类型的项目组成，根据项目的具体情况，招标人可以把设计、施工、设备材料的采购合并为一个标段，如EPC模式下的总承包招标。也可以把设计、施工、设备材料的采购分别划分为若干个标段实施。例如，勘察、设计各为一个标段，把施工划分为若干标段，如把主体工程划为一个标段，配套工程按专业划分为相应的标段，设备材料的采购按照采购标的的不同分别划分为不同的标段等；还可以把设计与施工划分为同一个标段，进行总承包招标，设备材料的采购单列出来，由招标人直接进行采购。而且，在一个标段内，招标人也可以通过指定分包的方式满足工程建设项目对某些特定的分部、分项工程或生产设备的特殊要求。

（2）项目技术规格

同一种类的项目中各分部分项内容存在技术差异，无法由同一个供应商（承包商）提供的，可以划分为不同的标段进行招标。而且，如果同一种类的项目中，部分分部分项内容存在特殊的技术要求（如勘察、设计中，存在涉及专利等知识产权的项目；施工项目中，包含使用特殊施工技术诀窍或者施工措施的项目；所采购的设备材料需要使用专利或者专有技术等），或者完成项目需要具备较高的资质业绩条件，限制了潜在投标人的数量，为了保证其他部分的招标活动不受影响，确保特殊部分的供应商（承包商）更加专注于特殊项目的实施，招标人有必要将特殊部分划分出来，形成独立标段，单独进行招标。

(3)项目的造价与风险控制预期

标段划分的越细,招标人对工程建设项目的直接控制权越大,并且在大多数的情况下,招标人可以通过价格竞争最大化的手段更加经济地选择中标人。然而,这种情况下,各个标段之间的协调也越难,协调风险相应增加,同时,供应商(承包商)的责任越难确定。所以标段划分得越细越容易取得相对经济的发包价格,然而越难取得工程建设的高效率;反之亦然。招标人应当根据项目的造价与风险控制的预期要求,合理划分标段。

(4)项目的进度要求

如果实施项目的时间有限,预留的工程建设周期较短,由同一家供应商(承包商)实施过于急迫,为了保证工程的项目质量,可以考虑将招标项目划分为两个或者多个标段,由不同的供应商(承包商)同时实施,从而有效地节省项目实施时间,缩短工程项目建设周期,保证招标项目及时竣工和交付使用。招标人可以根据项目的进度要求划分标段。

(5)项目资金的充裕情况

如果招标项目的资金供应相对比较充裕,不容易产生供应链条断裂现象,招标人可以采取合并标段的方式,采用总承包的方式发包,这样可以将潜在风险转移给承包商。相反,如果招标项目的资金较为紧张,或现金的供应有中断的可能性,需进行阶段性筹资,则招标人最好划分多个标段,这样能够减轻招标人的资金压力,同时,在发生资金风险时,可以将风险进行区块化隔离,保证其他标段的正常进行。

(6)项目的自然环境

如果招标项目受地域、天气、地形条件等自然环境的影响,需要由多个具备特殊经验的供应商(承包商)实施(如跨区域的线路和管道工程),可以按照自然环境的特点,合理划分标段招标。

(7)项目的质量安全要求

实践中,有的货物招标项目对于设备材料运行过程中的安全性能要求非常高,为了确保多套设备材料在任何情况下至少有一套正常运行,招标人可以通过划分标段的方式选择不同的供应商,从而保证所提供的设备材料存在一定的差异性,避免设备材料因自身技术原因同时停产所造成的安全隐患。

4. 划分标段的原则

前文是通用的影响标段划分的主要因素。但是,不同的工程建设项目还有其特殊的因素,而且每个项目对于上述各个因素予以考虑的权重也是各不相同的,只有充分遵循标段划分的原则,才能客观地评价和平衡影响标段划分的因素,以达到合理划分标段的目的。

(1)合法性原则

《招标投标法》第19条第3款规定,招标项目需要划分标段、确定工期的,招标人应当合理划分标段、确定工期,并在招标文件中载明。《民法典》第791条以及《中华人民共和国建筑法(2019年修正)》(以下简称《建筑法》)第24条均规定,招标人划分标段时,不得将应当由一个承包人完成的建设工程肢解成若干部分发包给几个承包人。招标人划分标段时,必须遵守法律等规范性文件的相关规定。

(2)划分标段必须保证项目质量

保证项目质量是招标投标法的立法宗旨之一,任何招标措施的使用和实施都不得与此相违背。招标人划分标段时,必须考虑该种划分行为是否能够保证招标项目的质量,只有在此前提下,才具备划分标段的可行性。

(3)必须具有划分标段的必要性

实践中,任何标段的划分都不是随意的,均有特定的意图和必要性。划分标段时,要根据整个项目所包含的各个小项目的不同类型和性质进行,并且,所划分的标段之间尽量具备相对独立性,避免“同质”化现象。在缺乏必要性的前提下简单地将项目进行肢解,一旦构成化整为零规避招标的行为,招标人将承担相应的法律责任和风险。

(4)划分标段要服务于整体项目的实施

对于整体招标项目而言,无论所划分的标段之间的独立性有多强,各个标段都是整体招标项目的组成部分,不能脱离整体项目而存在。因此,划分标段要从全局出发,必须服从和服务于整体项目的采购以及中标后的项目实施活动,不能因为将整体项目划分成多个标段而影响整体项目的完成效果,也不能为实现某个标段的意图而牺牲整体项目的利益。

(5)经济效率原则

如前文所述,标段划分得越细,发包价格越经济,但是招标人的协调风险越大,工程建设的效率越低;反之亦然。招标人需要根据这一特点,结合招标项目的具体要求和自身条件,平衡经济与效率的关系,找到一个最佳的标段划分点,实现经济与效率的统一。

总之,划分标段是实施招标项目的非常关键的工作,也是招标方案策划阶段十分重要的问题,招标人必须结合招标项目的具体特点,参考上述因素,合理划分标段。

(二)不得利用划分标段限制、排斥潜在投标人

招标人应当遵守《招标投标法》的有关规定,不得利用划分标段限制或者排斥潜在投标人。实践中,招标人通常采取合并技术条件或者资格条件的方式,限制、

排斥潜在投标人。

1. 合并技术条件

招标人将本应划分到两个或者两个以上标段中的技术条件,合并到一个标段中,规定该项技术条件为招标项目的实质性条件,不满足该项技术条件的投标文件将被作否决投标处理。招标人合并技术条件后,提高了标段中的技术要求,限制、排斥了只能满足其中一个技术条件的潜在投标人。

2. 合并资格条件

招标人将原本应该划分到两个或者两个以上标段中的资格条件,合并到一个标段中,并且规定不接受联合体投标。招标人通过合并资格条件的方式,限制、排斥了只符合部分资格条件的潜在投标人。

由此可以看出,招标人通过划分标段限制、排斥潜在投标人的,存在一个共同特点:通过合并标段的方式,提高标段中实质性条件的要求,增加投标难度,从而将原本只能够满足其中一部分实质性条件的潜在投标人限制、排斥在合格投标人范围之外。

【技巧12】如何认定通过划分标段限制、排斥潜在投标人的行为?

招标人通过划分标段的方式限制、排斥潜在投标人的目的是缩小潜在投标人的范围,为此后的违法违规操作提供便利条件,因此,主观上来看,招标人具有限制、排斥的故意,而且这种操作往往随着其他不法意图,客观上会发生一些损害行为和危害后果。另外,这种划分标段的共同特点是将本应分别在两个或者两个以上标段中招标的项目进行了合并,不合理地增加了投标难度,限制了潜在投标人的数量。认定时,可以结合该种行为的共同特点,分别从主观和客观方面加以识别和判断。

(三)不得利用划分标段规避招标

在一般情况下,只有客观上具备特殊条件,需要通过划分标段的方式实现采购意图的招标项目,招标人才可以将一个整体项目划分为两个或者两个以上标段分别进行招标。但是实践中,有的招标人以划分标段为借口,变相将一个整体项目化整为零,为其实施“暗箱操作”、规避招标创造可乘之机。通常情况下,招标人利用划分标段规避招标的方式包括化整为零、隐于总承包、先招后签、创造不招标接口等方式。

1. 化整为零

化整为零是一种最常见的规避招标的方法,是指招标人将依法必须招标的一个整体项目人为地划分为若干个标段,将招标项目的金额分摊到各个标段中,使每个标段的合同金额都低于必须招标的金额标准,从而达到规避招标的目的。

2. 隐于总承包

这种方式是指招标人将可以明确报价的项目,以暂估价形式列入总承包招标项目中,通过招标方式确定总承包人后,对于超过必须招标金额的暂估价项目,不再进行招标。这种方式表面上看似已经招标,但是,列入暂估价的项目因已超过必须招标金额标准,应当通过招标方式确定最终的价格,而该部分项目实际上却没有招标,同样属于规避招标的行为。

3. 先招后签方式

该种情况是指招标人将本属于一个整体的必须招标项目,划分为两个或者两个以上标段,对其中一个标段先行招标,确定中标人并签订合同后,对于其他未经招标的一个或者一个以上的标段不再招标,通过增加中标人合同标的数量的方式,将其直接交由原中标人提供。这种方式看似所有标段均由中标人承担,但实质上后续的标段没有招标,存在规避招标的现象。在这种操作中,招标人可以先授意目标投标人以异常优惠的条件先行中标,然后再将后续标段直接交由该中标人承担,招标人与该中标人通过协商方式确定后续标段的合同金额,以后续标段的较高合同金额补偿该中标人在前一标段中的损失,从而为权力寻租和腐败行为创造条件。该种行为也很有可能构成串通投标行为,应当被严格禁止。

4. 创造不招标接口方式

该种方式是指招标人将本应为一个整体的必须招标项目划分为两个或者两个以上标段,将其中一个标段与相邻标段之间创造出技术接口,对该标段先行招标后,再以需要向原中标人采购,否则将影响施工或者功能配套要求为由,对其他相邻标段不再招标,直接交由原中标人提供。在这种情况下,其他相邻标段应当招标而未经招标,构成规避招标。

从以上方式可以看出,招标人划分标段规避招标的行为,主要是通过分离的方式,将原本应当为一个整体的必须招标项目,化繁为简、化整为零,使招标项目的整体或者部分表面上看似满足不招标的条件,从而为其规避招标提供条件或者创造机会,最终避免采用招标方式进行采购。

第二十五条 【投标有效期】

招标人应当在招标文件中载明投标有效期[一]**。投标有效期从提交投标文件的截止之日起算**[二]**。**

(一)投标有效期

1. 概念

投标有效期,是指招标文件中规定一个适当的有效期,在此期限内投标文件对投标人具有法律约束力,投标人不得擅自变更或者撤销已经递交的投标文件。投标有效期对招标人和投标人双方都具有保护和约束的双重作用:一方面能够约束投标人在该期限内不得随意更改和撤回投标文件,保护招标人对投标文件的预期利益;另一方面也促使招标人加快评标、定标和签约过程,保证不因招标活动无限期拖延而增加投标人的潜在风险。

2. 影响投标有效期的因素

投标有效期越长,招标人开展评标、定标、合同谈判等活动的时间越宽松,招标人能够更加从容地完成相关的后续工作。但是,投标有效期对投标人具有一定的法律约束力,在该期限内,投标人不得修改和撤回包括其投标报价在内的投标文件的内容,否则将承担相应的不利后果。投标人在报价时,必将预先考虑投标有效期内的物价波动等风险因素,投标有效期越长,潜在风险越大,投标报价越高;反之亦然。同时,由于投标保证金有效期与投标有效期一致,投标有效期时间过长,将加重投标人的资金压力,增加投标人的成本,投标人会将该因素列入投标报价中,最终由招标人承担。所以,招标人在确定投标有效期时,不应一味地追求过长的投标有效期,而是结合招标项目的具体情况,综合考虑投标有效期的各项影响因素,确定一个科学合理的投标有效期。投标有效期的影响因素包括:

(1)评标时间;

(2)评标结果公示时间;

(3)定标时间;

(4)中标通知书发出时间;

(5)合同谈判时间;

(6)合同签订时间;

(7)投标保证金金额。

【技巧13】投标有效期的期限如何确定?

对于投标有效期的期限,《招标投标法》和《招标投标法实施条例》均没有明确规定,可以由招标人结合确定投标有效期的因素以及招标项目的具体情况自行确定。虽然原《评标委员会和评标方法暂行规定》第40条规定,评标和定标应当在投标有效期结束日30个工作日前完成,由于评标和定标都应当在投标有效期内(开标后)进行,可以推算出投标有效期的期限最少为30个工作日,但是,2013年5月

1日起实施的《关于废止和修改部分招标投标规章和规范性文件的决定》中，将《评标委员会和评标方法暂行规定》第40条中的“评标和定标应当在投标有效期结束日30个工作日前完成”改为“评标和定标应当在投标有效期内完成”，因此，目前招标人在确定投标有效期的具体时间时，可以根据实际需要自行确定，不再受30个工作日的限制，可少于30个工作日。实践中，招标人确定的投标有效期多为60日、90日、120日等。

3. 载明投标有效期的文件

投标有效期应当在招标文件中明确列明，其他文件无权载明投标有效期。招标文件中必须载明投标有效期，这是因为，如果招标文件不列明投标有效期，投标文件对于投标人将不具有约束期限，投标人可以随时更改包括报价在内的投标文件的内容，这将使招标活动尤其是评标行为失去意义。

【问题26】投标文件响应的投标有效期超出招标文件规定的是否否决投标？

投标有效期越长，则包括投标报价在内的投标文件对投标人的约束时间越长，对招标人越有利。因此，投标文件响应的投标有效期超出招标文件规定的，视为投标文件的响应优于招标文件的要求，不应作否决投标处理。

4. 投标有效期的意义汇总

投标有效期是非常重要的期限，对招标活动产生广泛影响。结合《招标投标法》以及《招标投标法实施条例》、相关部门规章的规定，投标有效期的意义主要表现在以下几个方面：

(1)在投标有效期内，投标文件对投标人具有约束力，投标人不得随意变更或者撤销已经递交的投标文件；

(2)评标、评标结果公示、定标、中标通知书的发出、合同谈判、合同签订等活动，必须在投标有效期内完成；

(3)投标保证金的有效期必须与投标有效期一致；

(4)投标有效期直接限定了定标、发出中标通知书、签订合同的最后时间；

(5)可以通过延长投标有效期的期限，满足定标、发出中标通知书、签订合同的时间要求。

(二)投标有效期的时间

1. 起算时间

投标有效期不是从递交投标文件时开始起算，每个投标人的递交投标文件时间均不相同，不便统一。投标有效期也不是从开标时间开始起算，每一份投标文件的实际开标时间各不相同，而且由招标人把握，以该时间节点起算，对投标人不公平。投标有效期从递交投标文件的截止时间开始起算,该时间节点在招标文件中明确规定,对投标人予以明示,以该时间节点作为起算时间,比较适宜。递交投标文件的截止时间后,对投标文件的照管义务和责任将由投标人转移给招标人,而且,在投标有效期内,投标人无权变更和撤销投标文件,投标人撤销投标文件的,招标人可以根据招标文件的规定,不予退还其投标保证金。

2. 计时单位

投标有效期从提交投标文件的截止之"日"起算,其计算单位为日历日,即投标有效期从招标文件所规定的投标截止时间开始起算,直至有效期最后一日的24时结束。这与提交投标文件的截止时间不同,提交投标文件的截止时间的计算单位更加精细,要精确到日历日中的分钟和秒。

3. 投标有效期截止时间

虽然《招标投标法实施条例》没有规定投标有效期的截止时间,但是,结合招标投标活动的流程以及投标有效期的性质,我们可以确定投标有效期的具体截止时间。投标有效期的实际截止时间与招标文件规定的投标有效期的结束时间、招标活动的实际结束时间(签订合同时间)以及招标项目的有效性有关。如果招标项目经评审后有效,中标人的投标有效期实际截止时间为签订合同的时间,其他投标人的投标有效期结束时间为招标文件规定的投标有效期结束时间。如果招标项目经评标后宣告失败,则招标人与投标人将无法签订合同,全体投标人投标有效期的实际截止时间为招标项目被确定失败的时间。

4. 投标有效期的延长

《招标投标法》和《招标投标法实施条例》对于投标有效期的延长均没有明确规定。《工程建设项目施工招标投标办法》、《工程建设项目货物招标投标办法》、《工程建设项目勘察设计招标投标办法》以及《评标委员会和评标方法暂行规定》对投标有效期的延长进行了相应规定,主要体现在以下几个方面。

(1)形式。招标人需要延长投标有效期的,应当以书面形式通知所有投标人延长投标有效期。同意延长的,投标人以书面形式予以回复,并相应延长投标有效期的具体期限。

(2)时间要求。招标人延长投标有效期的书面通知,应当在原投标有效期结束之前发出,而且,延长投标有效期的行为,应当在原投标有效期结束前完成。

(3)后果。投标人同意延长的,不得要求或者被允许修改其投标文件的实质性内容,但应当相应延长其投标保证金的有效期;投标人拒绝延长的,其投标失效,但投标人有权收回其投标保证金。因延长投标有效期造成投标人损失的,招标人应当给予补偿,但因不可抗力需要延长投标有效期的除外。同意延长投标有效期的投标人少于3个的,招标人应当重新招标。

第二十六条 【投标保证金】

招标人在招标文件中要求投标人提交投标保证金(一)的,投标保证金不得超过招标项目估算价的2%(二)。投标保证金有效期应当与投标有效期一致(三)。

依法必须进行招标的项目的境内投标单位,以现金或者支票形式提交的投标保证金应当从其基本账户转出(四)。

招标人不得挪用投标保证金(五)。

(一)投标保证金的概念

1. 概念

投标保证金,是指为了避免投标人递交投标文件后随意撤回、撤销、变更投标文件以及因投标人的过错给招标人和招标代理机构造成损失,要求投标人按照招标文件规定的形式和金额向招标人提交的投标担保。

在招标投标过程中,招标人前期投入比较大,包括委托招标代理机构、编制招标文件、发布招标公告、抽取评标专家、组织开标评标活动等,如果投标人递交投标文件后可以随意撤回、撤销、变更投标文件,或者因为自身过错而不能与招标人签订合同甚至存在串通投标等违法行为,将有可能造成招标人重新招标、另行确定中标人、重新合同谈判、采购迟延、招标活动违反法律规定等不利后果,给招标人造成一定的经济损失。投标保证金是招标人权益的保障,当投标人违反法定的或者招标文件规定的不予退还投标保证金的规定时,招标人可以不予退还其投标保证金用以补偿招标人的经济损失。同时,投标保证金的递交,也有利于约束投标人的不当行为,保障招标投标活动的顺利进行。

【提示26】是否要求投标人提交投标保证金,由招标人自行确定。

根据《招标投标法实施条例》的规定,投标保证金由招标人在招标文件中予以明确规定,这就意味着,《招标投标法实施条例》授予招标人自行决定是否要求投标人提交投标保证金的权利,提交投标保证金并不是必需的,对于缺少担保必要性的招标项目,招标文件也可以规定投标人无须提交投标保证金。

2. 投标保证金的形式

投标保证金的形式主要包括:

(1)银行保函、商业保函或者不可撤销的信用证;

(2)保兑支票;

(3)现金支票;

(4)银行汇票;

(5)银行电汇;

(6)即期汇票;

(7)银行本票;

(8)现金钞票;

(9)投标保证金保险;

(10)招标文件规定的其他形式。

其中,现金钞票、现金支票、银行电汇、银行汇票等属于广义的现金范畴,以现金形式提交的投标保证金,不属于《民法典》规定的定金。另外,需要说明的是,转账支票只能在同城使用,现金支票根据中国人民银行的规定,只能用于特定事项,支票主要适用于单位与个人的资金往来。招标人可以在法律法规规定的投标保证金形式之外,确定其他的可以接受的形式,实践中,其他形式还包括第三方信用担保、联合投标担保、招标人选择的单位信用担保等。

【技巧 14】建议招标文件同时规定多种可以接受的投标保证金形式。

由于各种投标保证金形式的适用性各不相同,投标人的情况也不尽相同,为了方便投标人参加投标,增加招标项目的投标竞争性,建议招标文件中同时规定多种可以接受的投标保证金形式,以便投标人根据自身具体情况自行选择提供。

3. 投标保证金的提交

投标人在提交投标文件的同时,应当按照招标文件规定的金额、形式、时间向招标人提交投标保证金,作为其投标文件的一部分。

投标保证金的提交,需要注意以下几个问题。

(1)招标文件要求提交投标保证金的,投标保证金的递交属于招标文件的实质性要求,投标人提交的投标保证金金额不足、迟交、有效期不足或者形式不符合招标文件要求的,均构成实质性不响应招标文件的要求,招标人有权拒绝接收或者接收后对其作否决投标处理。

(2)联合体投标的,投标保证金可以由联合体各方共同提交或者由联合体中的一方提交。联合体中一方提交投标保证金的,对联合体各方均具有约束效力。

(3)投标保证金作为投标文件的有效组成部分,其递交的时间应当与投标文件的提交时间一致。投标保证金送达的含义根据投标保证金形式而异,通过电汇形式的应以款项实际到账时间作为送达时间,以现金、票据、保函形式提交的,以实际交付的时间作为送达时间。

(二)投标保证金的金额

《招标投标法实施条例》规定,招标人在招标文件中要求投标人提交投标保证金的,投标保证金不得超过招标项目估算价的2%。关于投标保证金的金额,需要明确以下几个问题。

1. 招标项目估算价

"招标项目估算价",是指根据招标项目具体情况、计价规定和市场价格水平合理估算的招标项目金额。项目估算价往往是项目最初可研时确定的价格,或者比照以往同类招标项目测算预估出的价格。《招标投标法实施条例》"投标保证金不得超过招标项目估算价的2%"的规定,主要是针对招标人的约束,要求其所确定的投标保证金不得超过法定金额。另外,该项规定其实还要求招标人确定固定金额方式而不是比例方式的投标保证金,这是因为,招标人通常在招标项目开始前能够知道招标项目的估算价,但是,该估算价在开标前往往对投标人保密,投标人不得而知。如果按照比例方式提交保证金,招标文件规定的价格基础不可能是招标项目估算价,而如果招标文件将投标报价作为计算比例的价格基础,即规定投标人按照投标报价的比例提交保证金,因投标报价各不相同,招标人将无法保证所提交的投标保证金不超过招标项目估算价的2%,一旦超过,则招标文件所确定的投标保证金将违反"不得超过招标项目估算价的2%"的规定。因此,招标文件只能规定固定金额方式的投标保证金。需要注意的是,对于投标人而言,招标文件规定的投标保证金的金额其实是最低限额,投标人递交的投标保证金不得低于该金额,否则,将有可能按照招标文件的规定对其作否决投标处理。

2. 规定项目估算价的合理性

《招标投标法实施条例》规定的"项目估算价"比"投标报价"更合理、更科学。这是因为,假设《招标投标法实施条例》规定"投标保证金不得超过投标报价的2%",由于投标保证金的金额由招标人在招标文件中预先规定,在确定投标保证金的时候,招标人尚不知道投标人的报价,如果招标文件确定固定金额方式的投标保证金,投标人的报价较低,其投标报价的2%的金额也较低,招标文件预先确定的固定金额有可能高于投标报价的2%,将违反"投标保证金不得超过投标报价的2%"的规定。为防止违法行为的发生,招标文件只能规定比例方式的投标保证金,通常情况下将投标报价作为计算比例的价格基础,即规定投标保证金为"投标报价的2%"。然而,该种规定将产生大量的投标人临时更改投标报价而导致投标保证金与投标报价比例不匹配的现象,造成大量的否决投标,限制了招标项目的竞争性。因此可以看出,《招标投标法实施条例》规定的"项目估算价"比"投标报价"更为合理。

3. 取消投标保证金上限的影响

《招标投标法实施条例》颁布前,原《工程建设项目货物招标投标办法》《工程建设项目施工招标投标办法》《工程建设项目勘察设计招标投标办法》等重要的部门规章,均规定了投标保证金的上限要求(货物、施工招标项目不超过80万元,勘察设计招标项目不超过10万元)。《招标投标法实施条例》在制定时,没有规定投标保证金的上限要求,其立法目的是增加投标人串通投标的成本,有效遏制串通投标的行为。但是,实践中如果不规定投标保证金的上限要求,将会提高包括绝大多数善意投标人在内的所有投标人的投标成本,抬高投标报价,增加投标人的资金压力。因此,《招标投标法实施条例》实施后,2013年5月1日起实施的《关于废止和修改部分招标投标规章和规范性文件的决定》,在对原《工程建设项目货物招标投标办法》《工程建设项目施工招标投标办法》《工程建设项目勘察设计招标投标办法》进行修改时,保留了投标保证金的上限要求。目前,《工程建设项目货物招标投标办法》《工程建设项目施工招标投标办法》《工程建设项目勘察设计招标投标办法》中,有关投标保证金上限要求的规定依然有效,招标人在组织实施货物招标项目、施工招标项目和勘察设计招标项目时,还是需要遵照相应的投标保证金上限金额要求的,其他种类的招标项目,由于缺乏有关投标保证金上限金额的规定,可以不规定投标保证金的上限金额。

【提示27】部分部门规章中投标保证金计价基础的规定已经修改。

原《工程建设项目施工招标投标办法》和《工程建设项目货物招标投标办法》均规定,投标保证金一般不得超过投标总价的2%,最高不得超过80万元人民币。《工程建设项目勘察设计招标投标办法》规定,投标保证金金额一般不超过勘察设计费投标报价的2%,最多不超过10万元人民币。上述3部部门规章,投标保证金的计价基础为"投标总价"和"投标报价",与《招标投标法实施条例》的规定不一致。因此,《招标投标法实施条例》实施后,2013年5月1日起实施的《关于废止和修改部分招标投标规章和规范性文件的决定》在对原《工程建设项目施工招标投标办法》《工程建设项目货物招标投标办法》《工程建设项目勘察设计招标投标办法》进行修改时,按照《招标投标法实施条例》的规定,将投标保证金的计价基础"投标总价"和"投标报价"统一改为"招标项目估算价"。

【提示28】政府采购货物和服务招标中,投标保证金按照政府采购项目规定执行。

《中华人民共和国政府采购法实施条例》第33条第1款规定:"招标文件要求投标人提交投标保证金的,投标保证金不得超过采购项目预算金额的2%。投标保证金应当以支票、汇票、本票或者金融机构、担保机构出具的保函等非现金形式提交。投标人未按照招标文件要求提交投标保证金的,投标无效。"因此,在政府采购招标项目中,投标保证金不得超过采购项目预算金额的2%。

【技巧15】通过规定较低固定金额保证金，引导投标人报出合理低价。

《招标投标法实施条例》授权招标人在招标文件中规定固定金额的投标保证金，并且该投标保证金不得超过招标项目估算价的2%。在确定具体金额时，招标人可以确定低于招标项目估算价2%的固定金额，从而诱导投标人误认为招标项目估算价较低，引导投标人报出合理低价，使招标人从中受益。

（三）投标保证金的有效期

投标保证金属于投标文件的一部分，投标保证金有效期应当与投标有效期一致。实践中，现金、汇票、支票等形式的投标保证金，自提交后由招标人代为保管，投标保证金的有效期按照招标文件的规定执行，不会产生与投标有效期不一致的问题。但是，银行保函形式的投标保证金中，银行在保函中明确规定的有效期的起止时间，有可能与招标文件规定的投标有效期不一致。例如，有些投标保证金银行保函规定"本保函的投标有效期为自签发之日起若干天"，该种规定虽然在签发时有可能覆盖招标文件规定的投标有效期，但是，当投标截止时间延迟时，保函中的投标有效期有可能少于招标文件要求的投标有效期的实际天数。

【问题27】保函中的有效期与招标文件的规定不一致的，如何处理？

如果投标保证金银行保函中的有效期少于招标文件的规定，那么视为投标保证金不满足招标文件的要求，根据招标文件的规定，可以对其作否决投标处理。如果银行保函中的有效期超出招标文件的规定，视为满足招标文件的要求，招标人应当接受该份银行保函，继续进行评审。

【提示29】部分部门规章中的投标保证金有效期与《招标投标法实施条例》不一致而进行了修改。

原《工程建设项目施工招标投标办法》第37条规定，投标保证金有效期应当超出投标有效期30天。该规定与《招标投标法实施条例》的规定不一致。因此，2013年5月1日起实施的《关于废止和修改部分招标投标规章和规范性文件的决定》在对一些重要部门规章进行修订时，删除了原《工程建设项目施工招标投标办法》第37条中的"投标保证金有效期应当超出投标有效期30天"，目前该规定归于无效。

（四）投标保证金的转出

1. 基本账户的概念

基本账户又称基本存款账户，是指存款人办理日常转账结算和现金收付而开立的银行结算账户,是存款人的主要存款账户。开立基本存款账户是开立其他银行结算账户的前提。《中华人民共和国商业银行法》第48条规定:“企业事业单位可以自主选择一家商业银行的营业场所开立一个办理日常转账结算和现金收付的基本账户,不得开立两个以上基本账户。”企业事业单位的基本账户具有唯一性。

2. 基本账户转出

《招标投标法实施条例》规定,必须招标项目的境内投标单位,以现金或者支票形式提交的投标保证金应当从其基本账户转出。与此相对应,《招标投标法实施条例》第40条中规定,不同投标人的投标保证金从同一单位或者个人的账户转出的,视为投标人相互串通投标。该条款的立法目的是增加投标人监管投标行为的力度,提高投标人围标、串标的难度,减少挂靠投标的发生。但是,实践中,单从转出的投标保证金上无法判断是否来源于基本账户,这就需要招标人采取必要措施明确基本账户的认定条件。

【技巧16】招标文件可以要求投标人出具开立基本账户的证明文件。

为了认定投标保证金的来源是否为基本账户,招标文件可以规定,投标人在提交投标保证金时,应当将开立基本账户的银行证明文件附在投标文件中一并提交。

3. 适用范围

投标保证金从基本账户转出的规定,主要适用于必须招标项目,对于非必须招标项目,可由招标人自行规定是否必须从基本账户转出。投标保证金从基本账户转出的规定,主要适用于境内的投标单位,而且,从形式上看,主要适用于以现金或者支票形式提交的投标保证金,其中,现金形式不仅仅指现金钞票,还包括现金支票、银行电汇、银行汇票等形式。从立法上看,将形式限定在现金或者支票,主要是为了区别于保函形式,因为保函有可能是由非金融机构的经济组织出具的商业保函,而非金融机构的经济组织无权为投标人设立基本账户,为了允许招标人接受商业保函形式的投标保证金,立法时没有将保函形式列入需要从基本账户转出的形式范围。

(五)投标保证金的用途

投标保证金是投标行为的担保,为了保证在投标人出现不予退还投标保证金的情形时,招标人能够从投标保证金中获得足够的赔偿,同时为了保障招标活动结束后能够将投标保证金及其利息如数退还投标人,《招标投标法实施条例》规定,招标人不得挪用投标保证金。

【提示30】建议招标文件明确规定不按要求提交投标保证金的后果。

由于法律层面上没有规定投标人不提交或者不按照招标文件的要求提交投标

保证金的法律后果，为了避免不必要的争议，建议招标文件中明确规定，投标人不提交或者不按照招标文件的要求提交投标保证金的将按无效投标处理。

第二十七条 【标底与限价】

招标人可以自行决定是否编制标底。一个招标项目只能有一个标底。标底必须保密(一)。

接受委托编制标底的中介机构不得参加受托编制标底项目的投标，也不得为该项目的投标人编制投标文件或者提供咨询(二)。

招标人设有最高投标限价的，应当在招标文件中明确最高投标限价或者最高投标限价的计算方法(三)。招标人不得规定最低投标限价(四)。

(一)标底

1. 标底的概念

标底是招标人根据招标项目的具体情况，组织专业人员所编制的完成招标项目所需的基本概算。在编制标底时应当遵循以下原则：一是依据设计图纸及有关资料、招标文件、参考国家规定的技术、经济标准定额及规范确定工程量和编制标底；二是标底价格应当由成本、利润、税金组成，一般应控制在批准总概算及投资限额范围内，标底的计价内容、计价依据应当与招标文件一致；三是标底应当考虑人工、材料、机械台班等变动因素，应当包括施工等不可预见费用、包干费和措施费等；四是标底价格作为建设单位的期望计划价，应力求与市场的实际变化相吻合，有利于竞争和保证工程质量。

【提示31】标底为评标的参考依据。

虽然《招标投标法实施条例》没有明确标底的性质，但是，《招标投标法》第40条第1款中规定，设有标底的，应当参考标底。部门规章中也作出相同规定，如《评标委员会和评标方法暂行规定》第16条中规定，招标人设有标底的，标底应当保密，并在评标时作为参考。《工程建设项目施工招标投标办法》第55条规定，招标项目设有标底的，标底应当作为评标参考，但不得作为评标的唯一依据。因此，标底只能作为评标的参考，不得作为否决投标和确定中标人的依据。

2. 编制标底的自主性

招标人可以自行决定是否编制标底。编制标底的，能够起到评标参考作用，可以考察投标报价是否合理、招标文件的编制是否有过错，也可以考察投标人是否存在串通投标、哄抬报价、不平衡报价等行为。如果不编制标底，招标人将无从知悉上述情况。任何单位和个人不得强制招标人编制或者报审标底，也不得干预招标人自行确定标底。当然,招标项目也可以不设标底,进行无标底招标。

3. 标底的数量、保密要求

一个招标项目只能有一个标底。标底作为评标的价格参考,具有唯一性的特征,如果一个招标项目设立了多个“标底”,则“标底”之间必然存在矛盾,评标时无法参考使用。标底在评标中尽管只具有参考作用,但是为了使标底不影响和误导投标人的公平竞争,标底必须保密。

【技巧17】标底的保密措施。

招标人编制标底时应当在保密的环境中运行,完成标底的编制后,需要送审的,应当将其密封送审,标底经过审定后应当及时封存,直至开标。在整个招标投标过程中,标底没有公布之前,所有接触过标底的人员都应当负有标底的保密义务。

【问题28】什么时候确定标底较为合适?

《招标投标法实施条例》中没有规定标底的确定时间。实践中,确定标底的时间最好为开标前的几天内,不宜过早,否则将增加招标人保守标底秘密的责任和义务,增加泄密的风险。

(二)编制标底机构的回避义务

编制标底的机构在编制过程中因职务便利能够了解到标底的一些具体信息,如果这些机构参加投标或者为投标人提供一些辅助行为,将会严重影响招标投标活动的公平性,因此,应当予以回避。编制标底机构不得从事下列行为。

1. 不得参加招标项目的投标

这种情况是指编制标底的中介机构以投标人的身份,参加所编制标底的招标项目的投标。由于编制标底的中介机构编制标底时,了解到招标项目价格组成方面的重要信息,在这种情况下,如果以投标人的身份参加投标,则极易获得竞争优势,对其他投标人非常不公平。而且编制标底的中介机构以投标人身份投标时,极易泄露应当保密的与招标投标活动有关的情况和资料,违反了保密义务。因此,应当被严格禁止。

2. 不得为招标项目投标人编制投标文件

该种情况同上一种情况相似,如果允许编制标底的中介机构为某一投标人编制投标文件,则极易将其获知的招标项目的价格组成情况泄露给该投标人,对其他投标人非常不公平。同样应被禁止。

3. 不得为招标项目的投标人提供咨询

允许编制标底的中介机构为某一投标人提供咨询，极有可能泄露招标项目的价格组成情况，从而帮助其获得竞争优势。这种情况对其他没有获得咨询意见的投标人不公平，不应被允许。

【问题29】编制标底的中介机构提供咨询服务一律被禁止吗？

编制标底的中介机构单独为某一投标人提供咨询服务的，因对其他未接受咨询服务的投标人不公平，应当被禁止。但是，如果编制标底的中介机构为所有购买投标文件的投标人提供咨询服务，而且咨询内容不包括禁止披露的信息，能否被允许呢？对此，《招标投标法》和《招标投标法实施条例》没有明确规定。笔者认为，应当分两种情况看待：第一种情况，编制标底的中介机构没有通过招标人，而是私下分别为所有购买招标文件的投标人提供咨询服务的，这样一来咨询的内容很容易出现差异，从而导致机会不均等，这种情况不应当被允许。第二种情况，编制标底的中介机构受到招标人的邀请，参加投标准备会等公开会议，就招标项目和价格组成情况（不包括保密信息）在同一场合向所有购买招标文件的投标人进行介绍和说明的，并且在会后将内容以书面形式发给所有购买招标文件的投标人的，这种情况属于投标准备会或者澄清答疑行为，应当被允许。

（三）最高投标限价

招标人设有最高投标限价的，应当在招标文件中明确最高投标限价或者最高投标限价的计算方法。

1. 概念

最高投标限价，是指招标文件规定的，招标人能够接受的最高投标报价，超过最高限价的投标文件，招标人有权根据招标文件的规定对其作否决投标处理。最高投标限价，实质上属于招标文件规定的否决投标的条件。最高投标限价通常适用于投标人较少、技术含量比较低、容易确定项目成本的招标项目。最高投标限价的设置，有利于避免串通投标、围标、哄抬报价的行为。招标文件是否设置最高投标限价以及最高投标限价的具体金额，由招标人自行确定。

【问题30】招标人能否参考标底确定最高投标限价？

可以。最高投标限价与标底的性质不同，标底在招标过程中，主要发挥参考作用，不能直接用作否决投标的依据，而最高投标限价实质为否决投标条件，可以作为否决投标的依据。因此，招标人在编制招标文件时，如果已经制作了标底，可以参考标底来确定最高投标限价的金额。

【技巧18】确定最高投标限价的参考依据。

招标人可以依据项目预算和建设成本情况,根据批准的初步设计、投资概算情况,并参考标底或者以往类似项目的报价情况,确定最高投标限价。货物招标项目中,招标人也可以参考权威交易市场公布的数据确定最高投标限价。最高投标限价的具体金额,由招标人自行确定。

【提示32】招标人确定的最高投标限价应当合理。

最高投标限价作为否决投标的条件,当投标人的报价超过最高投标限价时,将被作否决投标处理,对投标人产生非常重大的影响。因此,招标人确定的最高投标限价应当合理,不得限制、排斥潜在投标人,或者通过设置最高投标限价恶意造成招标项目失败,从而规避招标。

2. 最高投标限价与标底的区别

最高投标限价与标底的差异,详见表8。

表8　最高投标限价与标底差异

差异	标底	最高投标限价
公开性	不得公开,必须采取保密措施予以保密	必须公开,需要在招标文件中明确
强制性	不具有强制性,仅供参考使用	具有强制性,超过最高投标限价的投标文件必须作否决投标处理
否决投标依据	不能作为否决投标依据,也不能作为中标依据	属于招标文件规定的否决投标条件,应当作为否决投标依据

3. 设定的方法

招标人设有最高投标限价的,应当在招标文件中明确最高投标限价或者最高投标限价的计算方法。

【提示33】在招标文件中只明确具体金额或者计算方法均存在弊端。

招标文件中单一地规定具体金额的最高投标限价,将引导投标人按照最高限价对应报价,有可能抬高投标人原本计划报出的较低报价,而且投标人的报价区间将更加集中,不宜比对投标人的报价。招标文件中直接明确计算方法时,如果该计算方法不与全体投标人的投标报价绑定,一般情况下也能够计算出具体金额,与规定具体金额最高投标限价的不利后果相同。如果该计算方法与全体投标人的投标报价绑定,容易促使投标人相互串通投标,集体抬高报价,计算出的最高投标限价高于合理价格,使最高投标限价形同虚设,不能达到调节、控制投标报价的目的。

【技巧19】建议结合具体金额和计算方法两种方式确定最高投标限价。

为了规避采用单一的具体金额或者计算方法所造成的弊端，笔者建议结合两种方法确定最高投标限价。首先，确定一个与全体投标人的投标报价绑定的计算方法；其次，在该计算方法中插入一个由招标人掌控的计价因子，只有将全体投标人的投标报价和计价因子相互结合才能够计算出最终的最高投标限价，两者缺一不可。为了防止投标人串通投标、哄抬报价，招标文件规定该计价因子将在投标文件截止时间后开标前公布，使投标人在报价前无从得知最高投标限价。如此操作，既能够依据最高投标限价对不符合条件的投标文件作否决投标处理，也能够满足《招标投标法实施条例》关于必须在招标文件中规定最高投标限价的要求，更重要的是，在开标前无法确定最高投标限价的具体金额，可以防止投标人串通投标。

（四）最低限价

招标人不得规定最低投标限价，即不得将低于“最低投标限价”的投标文件作否决投标处理。设定最低投标限价有可能抬高投标人的报价，导致国有资金或者财政性资金的流失，而且也不利于充分竞争，《招标投标法实施条例》予以禁止。

虽然《招标投标法实施条例》禁止规定最低投标限价，但是，这并不代表投标人可以随意报出低价。为了避免投标人低于成本价中标后，以粗制滥造、偷工减料等违法手段降低成本，危害工程项目的质量，同时为了维护正常的投标竞争秩序，防止投标人以低于成本价不正当竞争，《招标投标法》第33条中规定，投标人不得以低于成本的报价竞标。其他部门规章也作出了相应规定，如《评标委员会和评标方法暂行规定》规定，投标报价可能低于其个别成本的，应当要求该投标人作出书面说明并提供相关证明材料，投标人不能合理说明或者不能提供相关证明材料的，由评标委员会认定该投标人以低于成本报价竞标，其投标应当作否决投标处理。

此处的“低于成本”，是指低于投标人为完成投标项目所需支出的个别成本。由于每个投标人的管理水平、技术能力、履约条件不同，即使完成同样的招标项目，其个别成本也不可能完全相同，只要投标人的报价不低于其自身的个别成本，即使低于行业平均成本，也是完全可以接受的。对于“低于成本”报价的判断，实践中比较复杂，需要由评标委员会根据每个投标人的具体情况确定。

第二十八条 【踏勘现场】

招标人不得组织单个或者部分潜在投标人踏勘项目现场。

1. 概念

踏勘项目现场,是指招标人组织潜在投标人对项目实施现场的经济、地理、地质、气候等客观条件和环境进行的现场调查。踏勘项目现场可以使潜在投标人了解项目实施场地和周围的环境情况,获取有用信息,并据此作出关于投标策略和投标报价的决定。

潜在投标人在踏勘项目现场时有疑问的,应当以书面形式或者在招标人安排的投标预备会上提出澄清要求,招标人可以书面形式或者召开投标预备会的方式解答,但是,招标人通过召开投标预备会的方式解答的,需要同时将解答内容以书面方式通知所有获得招标文件的潜在投标人,并将解答的内容作为招标文件的组成部分。潜在投标人负责踏勘项目现场的人员可以由报价人员、负责项目实施的经理以及投标单位决策人员组成。

【提示34】是否组织踏勘项目现场由招标人自行决定。

招标人可以根据招标项目的具体情况,自行决定是否组织踏勘项目现场。通常情况下,复杂的施工招标项目、设计招标项目,需要组织潜在投标人踏勘项目现场,而对于采购对象比较清晰、明确并且与现场自然条件关联性不大的招标项目,如技术简单的货物招标项目,往往不需要组织踏勘项目现场。

2. 踏勘项目现场时间的确定

踏勘项目现场的时间,不宜过早,过早会使潜在投标人来不及研究招标文件,无法对应招标文件的要求踏勘项目现场;也不宜过晚,过晚会使潜在投标人踏勘项目现场后没有足够的时间编制投标文件。招标人在确定踏勘项目现场的具体时间时,应当避免经验丰富和实力强大的潜在投标人因准备时间不足而粗制滥造地编制投标文件,从而失去中标机会,这对于招标人而言也是一种损失。踏勘项目现场的时间,可由招标人根据招标项目的具体情况自行确定。

3. 潜在投标人踏勘项目现场的目的

潜在投标人通过现场踏勘,通常需要实现以下意图:

(1)掌握项目现场的气象、水文、地质等自然条件,以及这些因素对实施招标项目的影响;

(2)了解现场所在地材料的供应品种及价格、供应渠道,设备的生产、销售情况;

(3)了解现场所在地的交通运输条件以及运输工具买卖、租赁的价格等情况;

(4)掌握当地的人工工资以及附加费用等影响报价的情况;

(5)现场的地形、管线设置情况,水、电、暖、气等供应情况,四通一平情况等;

(6)国际招标还应当了解项目所在国的政治、经济现状及其前景,有关法律、法规等情况。

4. 踏勘项目现场的注意事项

为了使潜在投标人通过踏勘项目现场了解到相同的信息，保证潜在投标人具备均等的机会，招标人不得组织单个或者部分潜在投标人踏勘项目现场。招标人组织全体潜在投标人一起踏勘项目现场时，要采取相应的保密措施，避免潜在投标人利用踏勘项目现场的机会，了解到其他有投标意向的潜在投标人的信息，从而为其串通投标提供便利条件。

【技巧 20】建议在踏勘项目现场采取必要的保密措施。

招标人要组织全体潜在投标人一起踏勘项目现场，在全体潜在投标人都在现场的情况下，完全的保密是不可能的，招标人只能采取相应的措施，尽量减少潜在投标人串通投标的可能性。实践中，可以借鉴的方法包括以下几种。

(1) 招标人不得透露已获取招标文件的潜在投标人的名称、数量以及可能影响公平竞争的有关招标投标的其他情况。

(2) 招标人要求参加踏勘项目现场的潜在投标人保持安静，禁止相互交谈，禁止私下沟通信息，不得对人群进行拍照和录像等。

(3) 如有必要，为了迷惑潜在投标人，混淆潜在投标人成员信息，招标人可以委派一定数量的招标人成员分散混入潜在投标人中，一起参加踏勘项目现场。该举措既可以监督潜在投标人的言行，又可以阻吓潜在投标人，使企图串通投标的潜在投标人误认为“潜在投标人”数量较多、竞争过于激烈、串通投标难获成功而放弃串通投标的意图。

5. 踏勘项目现场的责任

无论是招标人组织踏勘项目现场，还是潜在投标人自行踏勘项目现场，潜在投标人根据踏勘项目现场所作出的分析、推论或者判断，应当自行承担责任，与招标人无关。

第二十九条 【总承包招标】

招标人可以依法对工程以及与工程建设有关的货物、服务全部或者部分实行总承包招标(一)。以暂估价形式包括在总承包范围内的工程、货物、服务属于依法必须进行招标的项目范围且达到国家规定规模标准的，应当依法进行招标。

前款所称暂估价，是指总承包招标时不能确定价格而由招标人在招标文件中暂时估定的工程、货物、服务的金额(二)。

(一)总承包招标的概念

1. 总承包招标的概念

总承包招标,通常是指招标人根据实际需要,将工程建设项目中的工程以及与工程建设有关的货物、服务全过程或者若干阶段的活动(其中至少包括施工)整合成一个标包,通过招标方式选择具有相应资质的总承包商,由其负责整个项目的实施。目前,国家鼓励采用总承包招标的方式确定总承包商。《建筑法》第 24 条规定:"提倡对建筑工程实行总承包,禁止将建筑工程肢解发包。建筑工程的发包单位可以将建筑工程的勘察、设计、施工、设备采购一并发包给一个工程总承包单位,也可以将建筑工程勘察、设计、施工、设备采购的一项或者多项发包给一个工程总承包单位;但是,不得将应当由一个承包单位完成的建筑工程肢解成若干部分发包给几个承包单位。"总承包招标的模式包括施工总承包招标、设计施工总承包招标、设计采购施工总承包招标等。

2. 总承包招标优势

(1)就招标项目的整体而言,总承包招标能够对设计和施工等工作进行合理的安排和系统优化,能够对工程质量、成本、安全和进度进行整体控制,提高项目管理水平,最大限度地缩短建设周期,减少设计变更,降低投资,保证工程质量。

(2)就建设单位而言,将设计、施工等工作全部承包给同一家承包商,减少了建设单位管理和协调的工作,转移了项目风险,有利于工程进度和质量的控制,符合国际惯例和国际承包市场的运行规则。

(3)就总承包商而言,总承包商一开始就参与到工程设计中,有利于将施工方在建筑材料、施工方法、结构形式、价格和市场等方面的丰富经验充分融入工程设计中,对工程项目的经济性产生积极影响,而且,总承包商由过去分阶段管理变为各阶段通盘考虑,相互衔接的系统化管理,可以使工程项目管理更加符合建设规律和社会化大生产的要求,使总承包商从粗放型向集约型转变,促进其自身发展。

【提示 35】本条款中的"服务"不包括"监理"。

"监理"是对施工项目的监督和管理,与"施工"活动存在利害关系,不能与"施工"项目一起发包给同一个承包商。而且,我国《建设工程质量管理条例》也规定,禁止建设工程监理单位与施工承包单位存在利害关系。由于工程总承包中一般包括"施工",因此,本条款规定的总承包招标中的"服务"不包括"监理"。

（二）暂估价项目招标

1. 暂估价的概念

《招标投标法实施条例》规定，暂估价是指总承包招标时不能确定价格而由招标人在招标文件中暂时估定的工程、货物、服务的金额。实践中，设立暂估价的主要原因包括：招标项目因为技术复杂或者设计深度不够，部分功能需求没有最终明确，招标人无法提出具体的标准和要求；或者招标人规定部分项目进行专业分包和专项供应，无法将其纳入投标竞争中。

【问题31】同一个总承包招标项目中，能否存在多个暂估价项目？

《招标投标法》和《招标投标法实施条例》，对于同一个总承包招标项目中暂估价项目的数量没有限制性的规定。笔者认为，只要招标人在招标时无法确定价格的部分，都可以通过暂估价的方式列入总承包招标项目中进行招标，因此，同一个总承包招标项目中，可以同时存在多个暂估价项目。

2. 暂估价项目招标条件

包括在总承包招标范围内的暂估价项目，事实上没有经过竞争方式确定其最终价格，符合必须招标条件的暂估价项目应当招标而不招标的，将构成规避招标的行为。因此，本条款规定，以暂估价形式包括在总承包范围内的工程、货物、服务属于必须招标项目范围且达到国家规定规模标准的，应当依法进行招标。

暂估价项目招标的，招标活动的实施主体包括3种模式。

（1）总承包项目招标人单独实施招标。这种模式是指总承包项目招标人独自组织暂估价项目招标，并最终确定中标人，暂估价项目的招标与总承包商无关。这种模式的弊端在于，总承包商不参与暂估价项目的招标，对中标人的评选情况不太了解，不方便总承包商在项目实施过程中对暂估价项目的中标人开展组织协调工作。

（2）总承包项目招标人与总承包商共同组织实施招标。《工程建设项目货物招标投标办法》第5条第2款规定："工程建设项目招标人对项目实行总承包招标时，以暂估价形式包括在总承包范围内的货物达到国家规定规模标准的，应当由总承包中标人和工程建设项目招标人共同依法组织招标。"总承包项目招标人与总承包商共同组织实施招标的，能够使总承包商充分了解暂估价项目的中标人，在确定中标人时可以从总承包角度进行选择，有利于总承包商在项目实施过程中，对暂估价项目中标人进行有效的组织和协调。但是，该种模式容易使总承包项目招标人与总承包商在具体的招标操作中产生分歧。为了避免分歧的发生，建议总承包项目招标人与总承包商在招标前，明确约定双方在共同组织招标投标活动中的各自责任和风险。

(3)总承包商负责实施招标,总承包项目招标人定标。该种模式既有利于总承包人开展暂估价项目的组织协调工作,又可以为总承包项目招标人保留定标权,使其从烦琐的事务性工作中解脱出来,而且还享有最终的决策权,不失为一种最有效的模式。但是,需要说明的是,由于《招标投标法实施条例》规定,对于国有资金占控股或者主导地位的必须招标项目,只能确定排名第一的中标候选人为中标人,总承包项目招标人的定标权在该类招标项目中有可能形同虚设,在总承包项目招标人需要保留实质性的定标权的情况下,这种操作模式只能适用于国有资金不占控股和主导地位的必须招标项目以及非必须招标项目。

对于上述3种模式,招标人可以根据总承包项目和暂估价项目的具体情况,自行选择适用。

此外,还存在另一种模式:不经招标,而由总承包商直接承揽提供。但是,该种模式只能发生在非必须招标的暂估价项目中。在不招标的前提下,可由总承包项目招标人与总承包商对暂估价项目的价格进行协商,由总承包商直接承揽实施暂估价项目,但需要注意的是,该种情况下,总承包商必须满足暂估价项目的资质和业绩要求,并且具备承担暂估价项目的能力。

【问题32】暂估价项目招标时,总承包商能否参加投标?

总承包商能否参加投标,要根据暂估价项目招标人的身份加以判断。如果暂估价项目的招标活动由总承包项目招标人和总承包商共同组织实施,或者由总承包商组织实施、总承包项目招标人定标,由于总承包商行使了暂估价项目的招标人权利,总承包商投标,将存在明显的利益冲突,对其他潜在投标人不公平。因此,在这种情况下,总承包商肯定不可以参加投标。如果暂估价项目的招标活动由总承包项目招标人单独组织实施,由于总承包商已经从事了总承包项目,对暂估价项目比较熟悉,总承包商参加投标,似乎对其他投标人不公平,但是,由总承包商实施暂估价项目,将对整个工程建设项目的管理和协调更为有利,因此,在这种情况下,对于总承包商能否参加投标存在很大争议。对于该争议,笔者认为,如果暂估价项目的招标不考虑总承包商对整个工程项目组织实施方面的优势,即不将该项内容列入评标标准和打分依据,则包括总承包商在内的所有潜在投标人都在同一个尺度内进行竞争,那么,总承包商的投标将不构成不公平竞争,这种情况下,总承包商有权参加暂估价招标项目的投标。

【问题33】项目主体、关键部分能否以暂估价方式列入总承包招标中?

能否将项目主体、关键性部分以暂估价方式列入总承包招标,需要结合拟列入的项目是否属于必须招标项目来判断。如果拟列入的项目属于必须招标项目，由于《招标投标法》和《招标投标法实施条例》禁止将招标项目（此处是指总承包项目）的主体、关键性部分进行分包，通过招标方式确定的暂估价项目承包人不能保证为总承包商（即使在总承包项目招标人单独组织暂估价项目招标的模式中也不能保证），很可能形成事实上的分包。因此，在这种情况下，不能将项目主体、关键性部分以暂估价的形式列入总承包招标。如果拟列入的项目不属于必须招标项目，在总承包项目招标人决定对拟列入的项目采取非招标的方式确定其价格并且由总承包商实施暂估价项目的情况下，不会构成事实的分包。这种情况下，可以将项目的主体、关键性部分以暂估价的形式列入总承包招标中。

第三十条 【两阶段招标】

对技术复杂或者无法精确拟定技术规格的项目，招标人可以分两阶段进行招标[一]。

第一阶段，投标人按照招标公告或者投标邀请书的要求提交不带报价的技术建议，招标人根据投标人提交的技术建议确定技术标准和要求，编制招标文件[二]。

第二阶段，招标人向在第一阶段提交技术建议的投标人提供招标文件，投标人按照招标文件的要求提交包括最终技术方案和投标报价的投标文件[三]。

招标人要求投标人提交投标保证金的，应当在第二阶段提出[四]。

（一）两阶段招标的概念

如果招标项目应用先进生产工艺、新型设备材料或者采用复杂的技术实施方案，导致招标人无法精确拟定技术规格或者难以描述招标项目的性能特点，招标人可以分为两个阶段进行招标：第一阶段，投标人按照招标公告或者投标邀请书的要求提交不带报价的技术建议，招标人根据投标人提交的技术建议确定技术标准和要求，编制招标文件；第二阶段，招标人向在第一阶段提交技术建议的投标人提供招标文件，投标人按照招标文件的要求提交包括最终技术方案和投标报价的投标文件。通过两阶段招标，招标人可以借助潜在投标人提出技术规格或者实施方案，在此基础上形成自己的招标需求、编制招标文件，并最终按照招标文件的要求开展招标活动。两阶段招标既可以适用于公开招标，也可以适用于邀请招标。

（二）第一阶段程序

在第一阶段，投标人按照招标公告或者投标邀请书的要求提交不带报价的技术建议，招标人根据投标人提交的技术建议确定技术标准和要求，编制招标文件。

1. 性质

第一阶段属于征集、评审、选择技术方案并在此基础上编制招标文件的阶段。该阶段发生在招标公告发布后、招标文件发售前,实际是为了征集技术方案和编制招标文件而在常规招标程序基础上新增加的一个阶段,该阶段的活动,尚未进入实质性的招标流程,不受《招标投标法》关于后续招标流程的强制性规定的限制。因此,招标人也可以选择相对比较灵活的方式(如当面征询的方式)向投标人了解技术方案的具体情况。

2. 招标人发布的文件

《招标投标法实施条例》规定,招标人决定采取两阶段招标的,应当发布招标公告或者投标邀请书,要求潜在投标人提交不带报价的技术建议。招标人应当在招标公告或者投标邀请书中,提出两阶段招标的需求以及招标项目的整体技术要求和设想,无须另行编制征求技术方案的说明文件。

3. 潜在投标人提交的文件

潜在投标人在该阶段提交不带报价的技术建议书。所谓的"不带报价",是指不带对投标人有约束的、无法变更的报价。但是,招标人基于市场调研目的,或者为了评价技术方案的经济性,可以要求技术建议书附带参考价格,当然,该参考价格仅供评审人员研究招标项目技术方案时参考使用,并应当予以严格保密。

【技巧21】建议招标人要求潜在投标人提供技术建议时附带最高限价。

为了防止潜在投标人因其技术建议被采纳而在第二阶段报出不合理的高价,建议招标人规定,潜在投标人提供技术建议时应当附带最高投标限价。当然,该最高投标限价的性质也属于技术建议的参考价格,供评审人员取舍技术方案时参考使用,潜在投标人在第一阶段报出的最高投标限价过高的,将影响其技术方案的采纳,从而引导潜在投标人报出合理的最高投标限价。

4. 技术建议书的提交事项

由于法律层面上对于第一阶段中技术建议书的提交时间、形式、次数和程序要求都没有明确规定,可由招标人自行确定。为了便于潜在投标人遵照执行,招标人确定上述事项后,应当在招标公告或者投标邀请书中明确规定。

5. 对技术建议的采纳

第一阶段中,对技术建议的采纳存在以下几种情况:

(1)招标人完全采纳了某一个潜在投标人的技术建议;

(2)招标人没有采纳所有潜在投标人的技术建议;

(3)招标人分别采纳了多个潜在投标人的部分技术建议,在此基础上汇总整理出新的技术方案;

(4)招标人采纳了一个或者多个潜在投标人的部分技术建议,在此基础上增添了招标人关于技术方案的意见,并最终形成新的技术方案。

【技巧22】建议奖励或者补偿提交技术建议的潜在投标人。

虽然《招标投标法》以及《招标投标法实施条例》,没有关于奖励或者补偿提交技术建议的潜在投标人的明确规定,但是,笔者建议,招标人在招标公告或者投标邀请书中规定对提出技术建议的潜在投标人给予奖励或者补偿,以及奖励或者补偿的具体标准。该种规定将有利于招标人征集到更好的技术建议,使招标人从中受益。

【问题34】第一阶段递交技术方案的潜在投标人不足3家的如何处理?

第一阶段递交技术方案的潜在投标人不足3家的,视为投标人数量不满足开标条件。在这种情况下,对于必须招标项目,招标人需要重新组织招标,在重新招标中,招标人既可以继续采用两阶段招标,也可以改为通常的招标程序;对于非必须招标项目,招标人既可以采用招标方式,也可以采用其他非招标的方式采购,采用招标方式的,参照上一种情况执行,采用其他非招标的方式采购的,由采购人自行决定采购的程序和规则,对此,法律层面没有强制性规定。

(三)第二阶段程序

第二阶段,招标人向在第一阶段提交技术建议的投标人提供招标文件,投标人按照招标文件的要求提交包括最终技术方案和投标报价的投标文件。

【提示36】第一阶段提交技术建议的投标人才有资格参加第二阶段投标。

如果招标人允许未提交技术建议的潜在投标人参加第二阶段投标,则对已经提交技术建议的潜在投标人不公平,违背《招标投标法》确立的公平原则。而且,该种做法将严重打击潜在投标人的积极性,不利于技术建议的征集,甚至有可能导致两阶段招标的失败。结合本条款“第二阶段,招标人向在第一阶段提交技术建议的投标人提供招标文件”的规定,笔者认为,潜在投标人只有在第一阶段提交了技术建议,才有资格参加第二阶段投标。

【问题35】已经提交技术建议的潜在投标人,能否在第二阶段放弃投标?

虽然《招标投标法》和《招标投标法实施条例》对于该问题没有明确规定,但是,既然《招标投标法》允许已经购买招标文件的投标人放弃投标(即使递交了投标文件,也有权在投标截止时间前撤回投标文件),那么,在两阶段招标中,已经提交技术建议的潜在投标人当然也有权利在第二阶段放弃投标。

【问题36】潜在投标人放弃投标后,第二阶段投标人不足3家如何处理?

对于该问题,按照递交投标文件的潜在投标人不足3家的情况处理。对于必须招标项目,招标人应当重新招标,在重新招标中,招标人既可以继续采用两阶段招标,也可以改为通常的招标程序;对于非必须招标项目,招标人既可以采用招标方式,也可以采用其他非招标的方式采购,采用招标方式的,参照上一种情况执行,采用其他非招标的方式采购的,由采购人自行决定采购的程序和规则,对此,法律层面没有强制性规定。

【技巧23】两阶段招标的,建议允许投标人在第二阶段提交备选方案。

鉴于两阶段招标的项目多为运用先进生产工艺、新型设备材料或者采用复杂的技术实施方案的项目,技术规格较难确定,为了选择更加优秀的技术方案,建议招标人允许投标人在第二阶段提交备选方案。

(四)投标保证金的提交

第二阶段属于通常的招标投标流程,投标人应当在该阶段提交投标保证金。关于提交投标保证金的具体条件和规定,适用投标保证金的一般性规定。

【提示37】是否采用两阶段招标,由招标人根据具体情况自行确定。

采用两阶段招标是招标人的自愿行为,应当由招标人根据具体情况自行确定,任何单位和个人不得非法干涉。招标人采用两阶段招标的,无须向任何行政机关申报审批或者备案登记。

第三十一条 【招标终止的处理】

招标人终止招标的,应当及时发布公告,或者以书面形式通知被邀请的或者已经获取资格预审文件、招标文件的潜在投标人(一)。已经发售资格预审文件、招标文件或者已经收取投标保证金的,招标人应当及时退还所收取的资格预审文件、招标文件的费用,以及所收取的投标保证金及银行同期存款利息(二)。

(一)招标终止的告知义务

招标是一种程序严谨的采购活动。招标开始后,投标人为响应招标人的要求将投入大量的精力和时间准备投标文件,为保护投标人的预期利益,招标人在发布资格预审公告、招标公告、投标邀请书或者发售招标文件、资格预审文件后不得擅自终止招标。招标人若终止招标的，应当及时告知潜在投标人，避免潜在投标人的损失扩大。

1. 告知形式

招标人应当及时发布公告，或者通过书面形式通知所有被邀请或者已经获取资格预审文件、招标文件的潜在投标人。对于两种告知形式的适用，招标投标法和《招标投标法实施条例》没有明确规定。笔者认为，为了充分保障潜在投标人的利益，使告知的效果更好，对于已经发布资格预审公告或者招标公告的公开招标，在资格预审文件或者招标文件发售结束前终止招标的，由于不能够确定潜在投标人的范围，建议优先采用公告形式告知。对于邀请招标，以及公开招标中在资格预审文件或者招标文件发售结束后终止招标的，由于能够确定潜在投标人的范围，也可以采用书面通知的形式告知全体被邀请的或者已经获得资格预审文件、招标文件的潜在投标人。

【问题 37】招标终止公告的发布媒介有无明确规定？

《招标投标法》和《招标投标法实施条例》对于招标终止公告的发布媒介，没有明确规定。为了使招标终止公告的接受群体与资格预审公告和招标公告的接受群体尽可能一致，笔者建议在发布资格预审公告或者招标公告的媒介发布招标终止公告。当然，发布招标终止公告的媒介也可以是多家，但是，其中至少有一家为发布资格预审公告或者招标公告的媒介。

2. 告知对象

招标终止公告的告知对象，为所有不特定的潜在投标人；书面通知的告知对象，为全体被邀请的或者已经获取资格预审文件、招标文件的特定潜在投标人。

【技巧 24】发售资格预审文件或者招标文件时，建议登记购买人信息。

招标人在发售资格预审文件或者招标文件时，建议登记购买文件潜在投标人的相关信息。登记的信息主要包括潜在投标人名称、联系人、职务、联系方式、购买文件的时间等，并由购买人签字确认。登记购买人信息的，便于招标人联系潜在投标人，而且还有利于统计购买人数量，方便招标人在购买人有可能少于 3 家时采取必要的应对措施，避免递交投标文件的投标人少于 3 家而导致的招标失败。

（二）招标终止后费用的退还

对于已经发出资格预审公告、招标公告或者投标邀请书，但是潜在投标人还没有来得及购买资格预审文件和招标文件的招标项目，招标人终止招标的，可以不退还任何费用；对于已经开始发售资格预审文件或者招标文件的招标项目，招标人终止招标的,应当退还潜在投标人购买资格预审文件或者招标文件的费用;对于已经发售了资格预审文件或者招标文件并且已经收取了投标保证金的招标项目,招标人终止招标的,除退还资格预审文件或者招标文件费用外,还应当退还投标保证金及其银行同期存款利息。

【技巧 25】投标保证金利息的退还。

投标保证金为银行保函形式的,将不发生利息,招标文件可以明确规定,对于银行保函形式的投标保证金,因不发生利息,招标终止的,不退还利息。投标保证金为银行保函以外的其他形式的,投标保证金递交后至招标终止时,如果时间非常短暂(通常为 1 个月内),不会在招标人账户上产生利息,招标文件也可以明确规定,这种情况下不退还利息。银行保函以外形式的投标保证金,递交后至招标终止时达到一定期限(通常为 1 个月以上),在招标人账户产生利息的,招标人应当退还投标人利息。需要退还投标保证金利息的,如果每个投标人的投标保证金金额不一样(按比例提交的),需要分别计算应当退还的利息,比较麻烦,而且容易出错,为了方便确定利息金额,招标文件可以明确规定,在该种情况下,退还的利息为投标保证金在招标人账户上已经产生的利息。为了避免烦琐的计算,建议招标文件要求投标人递交固定金额形式的投标保证金。

【问题 38】如何确定《招标投标法实施条例》中的“银行同期存款利息”?

《招标投标法实施条例》对于“银行同期存款利息”是活期还是固定期限,利息如何确定等问题没有明确规定,对此,需要招标文件予以规定。建议招标文件规定,退还投标保证金利息按照银行同期活期存款利息标准(该标准也是投标保证金在招标人账户上产生的利息标准)计算。

【提示 38】施工类招标项目中,招标人终止招标的,还应当承担赔偿责任。

施工类招标项目中,招标人擅自终止招标的,除承担告知和退还相关费用的义务外,根据相关部门规章的规定,还应当承担相应的赔偿责任。《工程建设项目施工招标投标办法》第 72 条规定,招标人在发布招标公告、发出投标邀请书或者售出招标文件或资格预审文件后终止招标的,应当及时退还所收取的资格预审文件、招标文件的费用,以及所收取的投标保证金及银行同期存款利息。给潜在投标人或者投标人造成损失的,应当赔偿损失。

第三十二条 【限制排斥投标人情形】

招标人不得以不合理的条件限制、排斥潜在投标人或者投标人。

招标人有下列行为之一的，属于以不合理条件限制、排斥潜在投标人或者投标人：

（一）就同一招标项目向潜在投标人或者投标人提供有差别的项目信息[一]；

（二）设定的资格、技术、商务条件与招标项目的具体特点和实际需要不相适应或者与合同履行无关[二]；

（三）依法必须进行招标的项目以特定行政区域或者特定行业的业绩、奖项作为加分条件或者中标条件[三]；

（四）对潜在投标人或者投标人采取不同的资格审查或者评标标准[四]；

（五）限定或者指定特定的专利、商标、品牌、原产地或者供应商[五]；

（六）依法必须进行招标的项目非法限定潜在投标人或者投标人的所有制形式或者组织形式[六]；

（七）以其他不合理条件限制、排斥潜在投标人或者投标人。

（一）就同一招标项目向潜在投标人或者投标人提供有差别的项目信息

招标项目信息应该公开、公平、机会均等的提供给所有潜在投标人，这是公平竞争的前提条件。实践中，一些招标人通过提供差别的项目信息排斥、限制潜在投标人。例如，招标人在两个以上媒介发布的同一招标项目的招标公告内容不一致；招标人单独或者分别组织不同的潜在投标人踏勘项目现场；招标人单独或者分别邀请不同的潜在投标人参加投标预备会；招标人向潜在投标人有差别地介绍招标目标的需求等信息；招标人有差别地提供招标文件的澄清、修改内容；评标委员会有差别地提供投标文件的澄清、说明机会。招标人有差别地提供招标项目信息，影响和限制了投标人的投标，将会导致不平等的投标竞争。

（二）设定的条件与招标项目的具体特点和实际需要不相适应或者与合同履行无关

招标项目的投标人具备承担招标项目的能力，是保证中标后切实履行合同义务，保质、保量地完成招标项目的前提条件，是招标成功与否的关键。招标人可以在资格预审公告、招标公告、投标邀请书、资格预审文件以及招标文件中要求潜在投标人具有相应的资格、技术和商务条件，但是不得脱离招标项目的具体特点和实际需要，随意设定对投标人的资格条件要求。否则，有可能排斥、限制合格的潜在投标人。此处的“与招标项目具体特点与实际需要不相适应”是指与招标项目的具体技术规格、客观需要不匹配。此处的“与合同的履行无关”是指与实施和完成项目没有必然的联系。对于上述两个条件，实践中比较难以判断，需要具备一定技术水平和监督经验的人员结合招标项目的整体情况进行认定。

(三)以特定行政区域或者特定行业的业绩、奖项为加分条件或者中标条件

我国实行社会主义市场经济,必须在全国范围内建立起统一、开放、竞争、有序的大市场,任何以地方保护、部门垄断等方式分割市场的行为,都会缩小市场规模,降低市场效率,阻碍经济的发展。我国确定招标投标制度,就是为了充分发挥市场竞争机制在公共资金采购中的作用。如果在招标投标活动中搞地方保护或部门封锁,必然会大大缩小竞争规模,阻碍竞争性的发挥,使招标投标的作用大打折扣。为此,《招标投标法》禁止违法限制或者排斥本地区、本系统以外的法人或者其他组织投标的行为,《招标投标法实施条例》也相应规定,必须招标项目不得以特定行政区域或者特定行业的业绩、奖项作为加分条件或者中标条件。

此处的“特定行政区域”,是指某一个特定的国家为实行分级管理而划分并设立相应国家机关的区域,如河北省、青岛市、北京市东城区等。招标项目需要投标人具备类似项目的业绩、奖项的,可以将全国性的业绩、奖项作为评标加分或者中标条件,也可以将不特定的某一级别行政区域(如省级、部级)的业绩、奖项作为评标加分或者中标条件。全国性的或者不特定的某一级别行政区域的业绩、奖项不属于“特定行政区域”的业绩、奖项。

此处的“特定行业”,是指某一个具体行业,如电力行业、通信行业、煤炭行业、金融行业等。招标项目不得以特定行业的业绩、奖项作为评分或者中标的条件。招标项目可以从项目的自身技术特点、功能的实现、管理的要求等角度设置招标项目的业绩、奖项要求。

(四)对潜在投标人或者投标人采取不同的资格审查或者评标标准

评审人员应当按照资格预审文件或者招标文件中确定的资格审查或者评标标准,对资格预审申请文件或者投标文件进行评审和比较,资格预审文件或者招标文件以外的资格审查或者评标标准不能作为评审的依据。招标人或者评审人员不得对潜在投标人或者投标人采取不同的资格审查或者评标标准,否则无法在同一尺度下评审资格预审申请文件或者投标文件,无法确定合格的潜在投标人。招标人或者评审人员也不能在评审过程中对资格审查或者评标标准加以修改。

(五)限定或者指定特定的专利、商标、品牌、原产地或者供应商

招标项目限定或者指定特定的专利、商标、品牌、原产地或者供应商的,将倾向于特定的潜在投标人,限制或者排斥了其他潜在投标人。招标项目需要明确技术规格的,可以在招标文件中规定相应的技术标准和功能配置要求,不得直接以“专利、商标、品牌、原产地或者供应商”表述。招标项目如果必须采用特定的“专利、

商标、品牌、原产地或者供应商”,则构成不招标的条件,招标人可以申请不采用招标的方式进行采购。

【技巧26】善于使用“或相当于”。

如果招标项目必须引用某个特定“专利、商标、品牌、原产地或者供应商”才能准确或清楚地说明拟招标项目的技术规格,或者体现招标项目的性能质量需求,那么应当在参照的“专利、商标、品牌、原产地或者供应商”后面加上“或相当于”字样。

(六)非法限定潜在投标人或者投标人的所有制形式或者组织形式

潜在投标人或者投标人的所有制形式,分为公有制和非公有制两种。其中,公有制又可以分为全民所有制和集体所有制;非公有制包括个体、私营和外商投资三种形式。潜在投标人或者投标人的组织形式,包括法人、其他经济组织和个人。法人包括机关法人、社会团体法人、事业单位法人和企业法人,其中,企业法人包括公司、非公司形式的全民所有制企业和集体所有制企业、有法人资格的中外合作企业和外资企业,公司还可以划分为股份有限公司和有限责任公司。其他组织包括没有法人资格的中外合作企业和外资企业、合伙企业和个人独资企业、经工商登记的分支机构(包括办事处、分公司)、个体工商户等。

所有制形式和组织形式,不是衡量潜在投标人或者投标人承担招标项目能力的标准,招标项目不得非法限定潜在投标人或者投标人的所有制形式或者组织形式,否则,将构成限制、排斥潜在投标人或者投标人的行为。

需要说明的是,联合体不是组织形式和所有制形式,因此,招标人有权在招标文件中规定不接受联合体投标,该种规定,不属于非法限定潜在投标人或者投标人所有制形式或者组织形式的行为。

第三章　投　　标

第三十三条　【投标不受地区或者部门限制】

投标人参加依法必须进行招标的项目的投标，不受地区或者部门的限制，任何单位和个人不得非法干涉。

本条是关于投标不受地区或者部门限制的规定。

设立招标投标制度的目的，就是要通过公开、公平、公正的竞争，促进各类资源的自由流动和高效配置，更好地发挥市场的调节作用。地区封锁和行业保护，不符合市场经济的基本要求，违背了招标投标制度的初衷。因此，《招标投标法》第 6 条以及本条款均规定，必须招标项目，其招标投标活动不受地区或者部门的限制。任何单位和个人不得违法限制或者排斥本地区、本系统以外的法人或者其他组织参加投标，不得以任何方式非法干涉招标投标活动。

实践中，限制、排斥本地区、本部门以外投标人行为的具体表现形式有：仅在本地区、本部门范围内发布招标信息；要求潜在投标人必须在本地区注册登记或者备案；以本地区、本部门的业绩、奖项作为加分条件或者中标条件等。另外，根据国务院《关于禁止在市场经济活动中实行地区封锁的规定》第 4 条的规定，地区封锁的行为还包括：

(1)以任何方式限定、变相限定单位或者个人只能经营、购买、使用本地生产的产品或者只能接受本地企业、指定企业、其他经济组织或者个人提供的服务；

(2)在道路、车站、港口、航空港或者本行政区域边界设置关卡，阻碍外地产品进入或者本地产品运出；

(3)对外地产品或者服务设定歧视性收费项目、规定歧视性价格，或者实行歧视性收费标准；

(4)对外地产品或者服务采取与本地同类产品或者服务不同的技术要求、检验标准，或者对外地产品或者服务采取重复检验、重复认证等歧视性技术措施，限制外地产品或者服务进入本地市场；

(5)采取专门针对外地产品或者服务的专营、专卖、审批、许可等手段，实行歧视性待遇，限制外地产品或者服务进入本地市场；

(6)通过设定歧视性资质要求、评审标准或者不依法发布信息等方式限制或

者排斥外地企业、其他经济组织或者个人参加本地的招投标活动;

(7)以采取同本地企业、其他经济组织或者个人不平等的待遇等方式,限制或者排斥外地企业、其他经济组织或者个人在本地投资或者设立分支机构,或者对外地企业、其他经济组织或者个人在本地的投资或者设立的分支机构实行歧视性待遇,侵害其合法权益。

本条款规定的义务主体,是任何单位和个人。其中,招标人限制或者排斥本地区或者本部门以外的投标人参加必须招标项目的投标,构成《招标投标法实施条例》第63条禁止行为的,按照《招标投标法》第51条以及《招标投标法实施条例》第63条的规定,承担相应法律责任。国家工作人员限制本地区或者本部门以外的投标人参加必须招标项目的投标,构成《招标投标法实施条例》第6条禁止行为的,按照《招标投标法实施条例》第80条的规定承担相应的法律责任。

第三十四条 【对投标人的限制】

与招标人存在利害关系可能影响招标公正性的法人、其他组织或者个人,不得参加投标[一]。

单位负责人为同一人或者存在控股、管理关系的不同单位,不得参加同一标段投标或者未划分标段的同一招标项目投标[二]。

违反前两款规定的,相关投标均无效[三]。

(一)限制招标人的利害关系人投标

与招标人存在利害关系可能影响招标公正性的法人、其他组织或者个人,不得参加投标。本条款从与招标人存在利害关系的角度,限制相关投标人的投标。限制投标的,必须同时满足以下两个条件。

1. 与招标人存在利害关系

与招标人存在利害关系,是指与招标人存在直接或者间接的利益关系。与招标人存在利害关系的法人、其他组织主要包括招标人的母公司、子公司、总公司、分公司以及为招标项目的前期准备工作提供设计、咨询服务的法人、其他组织及其附属机构等。对于接受自然人投标的项目,招标人的利害关系人还包括招标人的管理人员、工作人员以及与招标人存在隶属或者管理关系或者为招标项目的前期准备工作提供设计、咨询服务的法人、其他组织及其附属机构的管理人员、工作人员以及这些人员的亲属等自然人。

2. 可能影响招标公正性

招标过程中,招标人应当同等地对待每一位投标人,做到程序公正、标准统一,不得因为任何干扰因素而影响招标活动的公正性。

需要说明的是,实践中,我国很多大型国有企业和企业集团存在行业垄断现象,这些企业的子公司、分公司(本条款中简称系统内公司)数量众多,行业内的多数招标项目长期以来均由系统内公司承担,系统内公司积累了较多业绩和履约经验,而系统外的公司通常因得不到承揽机会,业绩和履约能力相对较差。如果严格限制与招标人存在利害关系的法人或者经济组织投标,将限制和约束大量具有良好业绩的系统内公司投标,对这些行业的招标项目的实施产生非常重大的不利影响,而且也不利于《招标投标法实施条例》的贯彻执行。为了兼顾现实,顺应我国的情况,在制定《招标投标法实施条例》时,没有孤立地规定“与招标人存在利害关系法人、其他组织或者个人,不得参加投标”,而是增加了“可能影响招标公正性”的条件,要求潜在投标人必须同时具备上述两个限制条件时,才不得投标。因此,相对而言,对“可能影响招标公正性”的认定更为重要。

【问题39】母公司招标,所有的投标人均为子公司的,投标有效吗?

有效。所有的投标人均为子公司,则所有的投标人均与招标人存在利害关系,身份相同,不存在可能影响招标活动公正性的因素,投标有效。

【问题40】母公司招标,子公司可以投标吗?

对于这种情况,需要认定子公司的投标是否影响招标公正性。如果招标项目正常开展,招标人平等地对待每一位投标人,没有因投标人的身份是子公司而给予特殊关照。最重要的是,其他无利害关系的投标人没有就招标项目的公正性提出异议或者投诉,则招标项目不存在影响公正性的情况,无须对有利害关系的子公司的投标作无效处理,可以继续评标。反之,如果其他无利害关系的投标人就招标项目的公正性提出异议或者投诉,经监督部门查证属实,应对存在利害关系的子公司的投标作无效处理,取消其投标人的资格。

(二)限制投标人的利害关系人投标

单位负责人为同一人或者存在控股、管理关系的不同单位,不得参加同一标段投标或者未划分标段的同一招标项目投标。本条款是从与投标人存在利害关系的角度作出的限制投标的规定。满足以下3个条件之一的,限制投标。

1. 单位负责人为同一人

单位负责人,是指单位法定代表人或者法律、行政法规规定代表单位行使职权的主要负责人。所谓法定代表人,是指根据法律或者法人组织章程的规定,代表法人对外行使民事权利、履行民事义务的负责人。如公司依照公司章程由董事长、执行董事或者经理担任法定代表人。全民所有制工业企业,由厂长担任法定代表人等。所谓法律、行政法规规定代表单位行使职权的主要负责人，是指除法定代表人以外，法律、行政法规规定的能够代表单位行使职权的主要负责人。如个人独资企业中，投资人为负责人等。单位负责人为同一人的两个或者两个以上法人或者其他经济组织同时参加同一标段或者未划分标段的同一招标项目投标的，有可能串通投标信息，影响招标项目的公平竞争，因此，本条款作出了禁止性的规定。

2. 存在控股关系

存在控股关系是指两家或者两家以上单位中，其中的一家是另外一家或一家以上单位的控股股东。根据《公司法(2023 年修订)》第 265 条的规定，所谓控股股东，是指其出资额占有限责任公司资本总额超过 50% 或者其持有的股份占股份有限公司股本总额超过 50% 的股东；出资额或者持有股份的比例虽然低于 50%，但依其出资额或者持有的股份所享有的表决权已足以对股东会的决议产生重大影响的股东。存在控股关系的法人或者其他经济组织之间，存在串通投标的可能性，不得同时参加同一标段或者未划分标段的同一招标项目的投标。

3. 存在管理关系

管理关系，是指不具有出资持股关系的单位之间存在的管理与被管理的关系。这些单位之间，同样可以通过管理的方式对某一投标事项达成一致意见，存在串通投标的可能性，因此，本条款将其列入限制投标的范围。

【问题 41】母公司与其控股子公司可以同时参加投标吗？

不可以。母公司与其子公司存在控股关系，不能同时参加同一标段或者未划分标段的同一招标项目的投标。

【问题 42】不存在控股关系的兄弟公司可以同时参加投标吗？

兄弟公司之间不存在控股关系，能否同时参加投标，取决于单位负责人是否为同一个人。如果单位负责人为同一个人，不可以同时参加同一标段或者未划分标段的同一招标项目的投标。如果单位负责人不是同一个人，则可以同时参加投标。

【问题 43】母公司与其子公司的非控股子公司可以同时参加投标吗？

母公司与其子公司的非控股子公司不存在控股关系，能否同时参加投标，取决于两公司的单位负责人是否为同一个人。如果单位负责人为同一个人，则两公司不可以同时参加同一标段或者未划分标段的同一招标项目的投标。如果不存在上述限制投标的情形，则两公司可以同时参加投标。

(三) 后果

违反本条前两款规定的，相关投标均无效。此处的“无效”是指自始无效，只要存在前两款的规定,无论何时发现,相关投标均应作无效处理。此处无效处理的范围,是针对所有与招标人存在利害关系可能影响招标公正性以及投标人之间存在限制投标情形的投标人的投标文件,其他投标人的投标文件,不受影响。

【提示39】货物办法中的部分条款对《招标投标法实施条例》进行了补充。

《工程建设项目货物招标投标办法》第32条第2款规定:"法定代表人为同一个人的两个及两个以上法人,母公司、全资子公司及其控股公司,都不得在同一货物招标中同时投标。"该条款是对《招标投标法实施条例》的补充,在开展货物类的招标活动时,依然需要遵守该条款的规定。

【提示40】因利害关系限制投标情形汇总。

《招标投标法实施条例》中关于因利害关系不能参加投标的情形,如表9所示。

表9　限制投标情形汇总

条款	限制主体	限制参加的招标项目范围	限制情形	违反的后果
第13条	招标代理机构	招标代理机构代理的招标项目	不得投标、代理该项目的投标人投标、为所代理的招标项目的投标人提供咨询	承担《招标投标法》第50条的法律责任
第27条	编制标底的中介机构	受托编制标底的招标项目	不得投标,不得为该项目的投标人编制投标文件、提供咨询	承担《招标投标法》第50条的法律责任
第34条第1款	与招标人存在利害关系可能影响招标公正性的投标人	与其存在利害关系可能影响招标公正性的招标人的招标项目	不得参加投标	投标无效
第34条	法定代表人或者单位负责人为同一人或者存在控股、管理关系的投标人	同一标段投标或者未划分标段的同一招标项目	不得同时参加投标	投标无效

续表

条款	限制主体	限制参加的招标项目范围	限制情形	违反的后果
第 37 条	联合体各参与方	联合体投标的招标项目	联合体各方不得在同一招标项目中以自己名义单独投标或者参加其他联合体投标	投标无效

第三十五条 【投标文件的撤回与撤销】

投标人撤回已提交的投标文件,应当在投标截止时间前书面通知招标人(一)。招标人已收取投标保证金的,应当自收到投标人书面撤回通知之日起 5 日内退还(二)。

投标截止后投标人撤销投标文件的,招标人可以不退还投标保证金(三)。

(一)投标文件的撤回

投标文件的撤回,是指投标人在递交投标文件的截止时间前收回投标文件或者放弃投标的行为。当事人订立合同的过程,分为要约和承诺两个阶段。其中,要约是希望和他人订立合同的意思表示,承诺是受要约人同意要约的意思表示。要约到达受要约人时生效。要约可以补充、修改或者撤回。在以招标投标方式订立合同过程中,投标人的投标属于要约,投标文件是投标人希望与招标人订立合同的意思表示,该意思表示在不违反法律规定的前提下,可以补充、修改或者撤回。

根据《招标投标法》以及《招标投标法实施条例》的规定,投标人撤回投标文件的必须符合相关的法定条件:

1. 必须在投标截止时间前撤回

《招标投标法》第 29 条规定,投标人在招标文件要求提交投标文件的截止时间前,可以补充、修改或者撤回已提交的投标文件。《招标投标法实施条例》也同时规定,投标人撤回投标文件的,必须在招标文件规定的投标截止时间前撤回。需要说明的是,这一规定同《民法典》第 141 条规定的“撤回意思表示的通知应当在意思表示到达相对人前或者与意思表示同时到达相对人”有所不同。根据《招标投标法》的规定,投标人只要是在招标文件规定的“投标截止时间”前,而不是在“提交投标文件”前撤回投标文件,都应当是合法有效的。也就是说,投标人撤回投标文件,不完全受《民法典》第 141 条规定的限制。

2. 须书面通知招标人

《招标投标法》第 29 条规定,投标人补充、修改或者撤回已提交的投标文件的,应当书面通知招标人,本条款沿袭了《招标投标法》的这一规定。投标人补充、修改或者撤回已经提交的投标文件的,其"通知"招标人的义务,同《民法典》规定的要约人撤回要约时"通知"被要约人的义务相同,但是,两者也存在差异:《民法典》没有对通知形式作出具体的要求,因此该"通知"可以采取口头形式,也可采取书面形式。《招标投标法》以及本条款则规定,投标人必须以"书面形式"通知招标人。所谓书面形式,根据《民法典》第469条的规定,是指合同书、信件、电报、电传、传真等可以有形地表现所载内容的形式。以电子数据交换、电子邮件等方式能够有形地表现所载内容,并可以随时调取查用的数据电文,视为书面形式。

(二)投标保证金的退还

投标人撤回投标文件的,招标人已收取投标保证金的,应当自收到投标人书面撤回通知之日起5日内退还。值得注意的是,《招标投标法实施条例》在规定退还投标保证金时,并没有要求连同投标保证金利息一并退还,这是因为,通常情况下,递交投标保证金的时间与投标截止时间的间隔较短,很难在招标人账户上产生利息,即使能够产生的,金额也会非常小,可以忽略不计。《招标投标法实施条例》在制定时,考虑到该种情况,未将利息列入退还的费用之中。

【技巧27】是否退还投标保证金的利息,可由招标文件规定。

《招标投标法》和《招标投标法实施条例》没有明确规定在投标人撤回投标文件的情况下,是否将已经递交的投标保证金的利息一并退还给投标人,为了避免不必要的争议,建议招标人在招标文件中明确规定,投标人撤回投标文件时,招标人不予退还其投标保证金利息。

【技巧28】如何确定开始接收投标文件的时间?

实践中,退还投标保证金的操作较为麻烦,将占用招标人的时间和精力,增加招标工作人员的工作量。为了减少或者避免退还投标保证金的操作,招标文件规定的开始接收投标文件的时间可以尽量接近于投标截止时间,由于缩短了时间间隔,将减少撤回投标文件的可能性,从而降低了退还投标保证金的可能性。

(三)投标文件的撤销

投标文件的撤销,是指投标截止时间后,投标人撤销投标文件,使其溯及既往地归于消灭,不再对投标人产生约束作用。

根据投标有效期制度和投标保证金制度的安排,在投标有效期内(从投标截止时起算),投标文件对投标人产生约束力,在此期间,投标人不得补充、修改、替换或者撤销其投标文件，否则，将严重损害招标人的利益。投标人补充、修改、替换投标文件的，招标人不予接受，投标人撤销投标文件的，招标人可以根据招标文件的规定，不予退还其投标保证金，用以弥补招标人的损失。

投标文件的撤销与撤回存在本质的区别，投标文件的撤销发生在投标截止时间之后，即投标有效期内，此时，开标、评标、定标活动甚至是合同的签订活动已经正式开始，投标文件的撤销将会给招标人造成严重的损失，因此不予退还投标人的投标保证金用以惩罚投标人、规范投标行为和弥补招标人的实际损失。投标文件的撤回发生在投标截止时间之前，此时，招标人还没有开标，投标人有权修改、补充、撤回其投标文件，而且投标人的修改、补充和撤回投标文件的行为，不会给招标人造成实际的经济损失，招标人无权不予退还投标人的投标保证金。

【提示41】对本条款中“可以不退还投标保证金”的理解。

此处用了“可以”的字眼，因此，当投标人撤销其投标文件时，招标人可以退还也可以不退还投标保证金。但是，对于是否退还投标保证金，并不是由招标人在出现该种情况时自行决定的，而是需要在招标文件中事前予以明确，招标人需要按照招标文件的规定处理。因此，招标人在编制招标文件时，应当对投标人撤销投标文件时是否不予退还其投标保证金的情形加以明确规定。

【问题44】招标文件对不退还投标保证金未置可否，如何处理？

笔者认为，本条款规定的是“可以”不退还投标保证金，并非“应当”不退还投标保证金。因此，不退还投标保证金的行为不是法定的情形，需要由招标文件明确规定。当招标文件对是否退还投标保证金未置可否时，招标人如果不退还投标保证金将缺乏法律或者招标文件的依据，因此，投标人撤销其投标文件的，招标人还是应当退还其投标保证金。

第三十六条 【投标文件的拒收】

未通过资格预审的申请人提交的投标文件，以及逾期送达或者不按照招标文件要求密封的投标文件，招标人应当拒收（一）。

招标人应当如实记载投标文件的送达时间和密封情况，并存档备查（二）。

（一）招标人拒收投标文件的情形

在通常情况下，投标文件的递交主要包括指派人员直接送达和邮寄送达两种方式。从投标的严肃性和安全性来讲，直接送达更为适宜。投标人存在下列情形时，招标人有权拒绝接收其投标文件。

1. 未通过资格预审的申请人的投标文件

在采用资格预审的招标项目中,如果申请人没有通过资格预审,视为该申请人的资格条件不满足招标项目的要求,申请人不具备投标人的资格,对其投标文件,招标人有权拒收。

2. 逾期送达的投标文件

投标文件应当按照招标文件要求的时间送达,即在招标文件要求提交投标文件的截止时间前送达。如果招标人在招标文件发出后,出于某种原因需要改变原定的投标截止时间,并已按照《招标投标法》以及《招标投标法实施条例》的规定以书面方式通知招标文件的所有收受人,送达投标文件的截止时间应为改变后的截止时间。

投标人送达投标文件的时间已经超过了招标文件所确定的投标截止时间的,招标人应当拒收。这是因为,按照《招标投标法》的规定,开标时间与投标截止时间一致,如果在开标后还允许接收迟到的投标文件,则可能给投标人根据其他已经开标的投标文件的报价修改自己投标报价的行为留下可乘之机,显然有悖于公平、公正原则。

为了避免延误递交投标文件,建议投标人提前做好准备,在投标截止时间前按时递交。招标人也应当充分利用接收投标文件后至投标截止时间前的期间,审核查明投标文件的密封性,并按照招标文件规定的开标顺序整理好投标文件,做好开标的准备,避免将审查活动拖入开标环节。

【技巧29】确定适当的开始接收投标文件的时间。

招标文件最好确定一个适当的开始接收投标文件的时间。如何确定更为恰当呢?如果规定的开始接收投标文件的时间过早,则增加招标人在投标截止时间前保管投标文件的义务;如果规定的时间过晚,则过于接近投标截止时间,招标人在接收了投标文件后,有可能来不及做好开标准备工作,甚至会延误正常的开标活动。笔者建议,确定的开始接收投标文件的时间最好为投标截止时间前半个小时至一个小时,具体的时间长度,由招标人根据招标项目中投标人的数量和投标文件内容的多少等具体情况,在编制招标文件时自行确定。

3. 未按要求密封的投标文件

为了避免投标文件的信息泄露,防止泄密,同时,也为了预防投标人栽赃诬陷招标人泄露投标文件的信息,避免招标人的利益遭受侵害,《招标投标法》和《招标投标法实施条例》明确规定,投标文件应当密封递交。具体的密封条件,由招标文件明确规定。投标文件没有按照招标文件规定的密封要求进行密封的,招标人有权拒绝接收。

需要说明的是,随着电子商务技术的成熟和发展,目前许多招标项目采用电子化的方式进行投标。电子投标文件与通常的纸质投标文件有着本质的区别,对于电子投标文件的加密、送达时间、送达地点等事宜的确认,应当根据《电子招标投标办法》和有关法律法规的规定进行。

【提示42】招标人应当拒绝接收投标文件的其他情形。

1. 投标文件没有送达到指定地点

投标文件应当按照招标文件要求的地点送达,也就是在规定的时间内将投标文件送达招标文件预先确定的投标地点。投标文件没有按照招标文件规定的接收地址送达的,招标人有权拒绝接收。

2. 两阶段招标中,第一阶段没有提交技术建议的潜在投标人的投标文件

根据《招标投标法实施条例》第30条的规定,在两阶段招标中,招标人向在第一阶段提交技术建议的投标人提供招标文件。因此,第一阶段没有提交技术方案的潜在投标人不具备投标人的资格,其投标文件招标人也有权拒绝接收。

3. 电报、电传、传真以及电子邮件形式的投标文件

根据《工程建设项目货物招标投标办法》的规定,招标人不得接受以电报、电传、传真以及电子邮件方式提交的投标文件及投标文件的修改文件。该种禁止性的规定,主要适用于工程建设项目货物招标项目中。但是,需要说明的是,通常情况下,电报、电传、传真以及电子邮件形式的投标文件,其密封性难以防止投标文件信息内容的泄露,不能够满足招标文件的密封性要求,即使出现在货物招标项目以外的其他种类的招标项目中,招标人也有权拒绝接收。

4. 邀请招标中未收到投标邀请函的潜在投标人递交的投标文件

邀请招标中,由招标人自行确定邀请的对象并向其发出投标邀请函。未收到投标邀请函的潜在投标人递交投标文件的,招标人有权拒绝接收。

(二)招标人接收、签收投标文件的规定

根据《招标投标法实施条例》并结合《招标投标法》第28条的规定,投标人将符合法定接收条件的投标文件送达以后,招标人应当签收。签收时应出具签收回执等书面证明,列明签收的时间、地点、具体的签收人、招标项目编号、标段、密封状况等情况,直接送达投标文件的,送达人也应当签字确认。招标人签收前应当检查投标文件是否按照招标文件的要求进行了密封,如果没有按照要求密封,招标人或者招标代理机构的工作人员有权拒绝接收。在资格预审的招标项目和两阶段招标项目中,招标人签收前还要核实投标人的身份是否为通过资格预审的潜在投标人或者在两阶段招标中第一阶段递交了技术建议的潜在投标人。招标人签收投标文

件后,应当妥善保管,直至开标前不得启封投标文件。

第三十七条 【联合体投标】

招标人应当在资格预审公告、招标公告或者投标邀请书中载明是否接受联合体投标[一]。

招标人接受联合体投标并进行资格预审的,联合体应当在提交资格预审申请文件前组成。资格预审后联合体增减、更换成员的,其投标无效[二]。

联合体各方在同一招标项目中以自己名义单独投标或者参加其他联合体投标的,相关投标均无效[三]。

(一)联合体的概念

联合体,是招标投标活动中一种特殊的投标人形式。《招标投标法》第31条第1款规定,两个以上法人或者其他组织可以组成一个联合体,以一个投标人的身份共同投标。

1. 联合体主体说明

(1)联合各方为法人或者法人以外的其他组织。形式可以是两个以上法人组成的联合体,两个以上非法人组织组成的联合体,或者是法人与其他组织组成的联合体。

(2)联合体是为共同投标并在中标后共同完成中标项目而组成的临时性的组织,不具有法人资格。如果属于共同注册并进行长期经营活动的"合资公司"等法人形式的联合体,则不属于本条所称的联合体。组成联合体的目的是增强投标竞争能力,弥补有关各方技术力量的相对不足,提高共同承担项目的可靠性,同时还可分散联合体各方的投标风险。

(3)联合体的组成是"可以组成",因此也可以不组成,是否组成联合体由拟组建联合体的各方自行决定。联合体的组成属于各方自愿的、共同的、一致的法律行为。招标人或者其他任何组织或者个人,不得强制组成联合体投标。这是因为,"强制"组成联合体的做法与市场经济的法则相悖,难以体现招标中的平等竞争原则;被招标人"强制"组成联合体,往往会被招标人内定为中标人,存在串通投标的可能性,对其他投标人显然是不公平的。

(4)联合体对外"以一个投标人的身份共同投标"。也就是说,联合体虽然不是一个法人组织,但是对外投标应以所有组成联合体各方的共同名义进行,不能以其中一个参与方或者部分参与方的名义进行,要由联合体各方"共同与招标人签订合同"。这里需要说明的是,联合体内部之间权利、义务、责任的承担等问题需要以联合体各方订立的联合体共同投标协议为依据。

2. 联合体各方应当具备的条件

(1)联合体各方均应具备承担招标项目的相应能力。这是《招标投标法》对于联合体各方的基本要求。此处“承担招标项目的相应能力”,是指根据联合体各方所签订的共同投标协议中的职责分工,联合体各方在其职责分工范围内完成招标项目所需要的技术、资金、设备、管理等方面的能力。不具备承担招标项目的相应能力的各方组成的联合体,招标人不得确定其为中标人。

(2)国家有关规定或者招标文件对投标人资格条件有规定的,联合体各方均应当具备相应资格条件。这一要求实际是为了保证“联合体各方均应具备承担招标项目的相应能力”的规定得以落实。此处投标人的“资格条件”分为两类:一类是“国家有关规定”确定的资格条件。这里的“国家有关规定”包括四个方面:一是《招标投标法》和其他有关法律的规定;二是行政法规的规定;三是国务院有关行政主管部门(如国家发改委、住建部等)的部门规章的规定;四是国家强制性标准的规定。另一类是“招标文件”规定的投标人资格条件,招标文件的要求条件一般包括国家规定的条件和国家规定的条件以外的其他特殊条件。关于投标人的“资格条件”,不能因为是联合体投标就降低对投标人的要求。

(3)由同一专业的单位组成的联合体,按照资质等级较低的单位确定联合体的资质等级。该规定是为了防止资质等级较低的潜在投标人借用联合体的形式以其他资质等级较高的潜在投标人的资质参加投标,避免联合体中标后无法保证工程项目的质量。

【问题45】不同专业的联合体各方的资质认定。

《招标投标法》已经明确规定,对于同一专业的联合体各方的资质,以低的为准。对于不同专业的联合体各方的资质,由于不存在高低之分,在认定时,以所提供的资质证明为准,将各方的资质作为联合体的资质进行评审。需要注意的是,由于联合体各方内部存在职责分工,在认定时,应当根据联合体各方共同投标协议中的职责分工,对相应专业的联合体各方的资质进行认定。

3. 联合体的内外关系

(1)联合体的内部关系,根据联合体各方共同签订的联合体共同投标协议确定。为此,各方在组成联合体时,应当依据《招标投标法》和有关合同立法的规定共同订立联合体共同投标协议。《招标投标法》对联合体投标协议的内容有两项特殊要求:一是应当在协议中约定联合体各方拟承担的具体工作内容,即各方的职责分工;二是约定各方应承担的责任,此处的责任是指在中标后对中标项目有什么样的权利、义务和违反义务后应当承担的责任等内容。上述两项要求均应当明确无误。联合体共同投标协议应当以书面形式订立。

(2)联合体对外的关系包括两个方面:第一,中标的联合体各方应当共同与招标人签订合同。此处的“共同签订合同”,是指联合体各方均应在合同书上签字或者盖章,受生效合同的约束。第二,联合体各方应当就中标项目向招标人承担“连带责任”。此处的“连带责任”:一是指在同一类型的债权、债务关系中,联合体的任何一方均有义务履行招标人提出的债权要求;二是指招标人可以要求联合体的任何一方履行全部的义务,被要求的一方不得以内部的职责分工为由拒绝履行。当然,联合体中代他人履行义务的一方,仍有权依据联合体共同投标协议的约定,向他人追偿。

(3)联合体对外开展具体活动。为了便于参加投标和执行合同,联合体各方可以共同指定联合体中的一方作为联合体的牵头方,并在联合体共同投标协议中共同授权牵头方代表所有联合体各方,从事参加投标和执行合同等具体工作,包括委托牵头方提交投标保证金、编制投标文件、参加开标仪式、澄清投标文件等具体事务。联合体牵头方,应当向招标人提交由所有联合体各方法定代表人签署的授权委托书。当然,联合体各方也可以不确定牵头方,而是由全体联合体各方共同从事具体的投标活动和合同执行活动。

4. 关于是否接受联合体的规定

招标人应当在资格预审公告、招标公告或者投标邀请书中载明是否接受联合体投标。招标文件也要明确是否接受联合体投标。在确定是否接受联合体投标之前,招标人最好对潜在投标人的相关情况进行调研,摸清潜在投标人的资质、业绩、生产能力等情况。确定接受联合体的,招标文件还要对联合体各方的具体的资质和业绩的分配情况予以明确的规定,以此作为评标的依据,也方便投标人遵照执行。

【问题46】招标人是否可以拒绝接受联合体投标?

《招标投标法》和《招标投标法实施条例》没有禁止招标人拒绝接受联合体投标。因此,招标人如果不希望联合体投标,可以在资格预审公告、招标公告或者投标邀请书以及招标文件中明确规定不接受联合体投标,并在招标文件中将该项规定确定为实质性的条件,联合体投标的,评标委员会有权据此对其作否决投标处理。

【问题47】招标人拒绝接受联合体投标的,是否构成以所有制形式等不合理的条件限制、排斥潜在投标人投标?

联合体是临时组成的投标人形式,对外视为同一个投标人,内部相互之间存在连带责任关系。联合体并不是一种所有制或者组织形式,与公司的所有制和组织形式不同。因此，招标文件规定不接受联合体投标的，不能被视为采用所有制和组织形式限制和排斥潜在投标人投标。

【问题48】招标文件对接受联合体未置可否，能否接受联合体投标？

可以接受联合体投标。这是因为，如果招标文件规定不接受联合体投标，该条件实为否决投标条件；联合体投标的，评标委员会可以据此对其作出否决投标处理。如果招标文件对接受联合体投标未置可否，则招标文件中没有明确规定该项否决投标条件；联合体投标的，评标委员会将缺少否决投标依据（包括法定的和招标文件规定的否决投标依据），不得对联合体投标作否决投标处理。因此，招标人可以接受联合体投标。

（二）资格预审中的联合体

招标人接受联合体投标并且招标项目设置了资格预审程序的，投标人应当在提交资格预审申请文件之前组成联合体，投标人在资格预审申请后再去组成联合体的，视为投标人资格的变动，投标无效。

由于联合体属于临时性的投标人形式，在投标过程中可能发生联合体成员变动的情况，通常情况下，在设置了资格预审程序的招标项目中，联合体成员的变动，必须在提交资格预审申请文件之前进行，在没有设置资格预审程序的招标项目中，联合体的变动必须在递交投标文件的截止时间之前进行。《招标投标法实施条例》明确规定，资格预审后联合体增减、更换成员的，不管变更后的联合体是否削弱了竞争实力，其投标均为无效。

（三）联合体利害关系限制

联合体各方在同一招标项目中以自己名义单独投标或者参加其他联合体投标的，相关投标均无效。这是因为，联合体各方视为联合体的共同组成部分，对外代表联合体本身，如果再以自己名义单独投标，或者参加其他联合体投标，那么构成自我竞争，存在利害关系，因此，《招标投标法》和《招标投标法实施条例》禁止该种行为的发生。需要说明的是，此处的同一招标项目，是指最小的招标单位，即同一标段、标包（子包）投标或者未划分标段的同一招标项目投标，在划分多个标段、标包（子包）的招标项目中，联合体各方有权在联合体已经参加的标段、标包（子包）之外，参加其他标段、标包（子包）的投标。

【提示43】需要采取必要措施，避免联合体与其参与方共同投标。

联合体各方在同一招标项目中以自己名义单独投标或者参加其他联合体投标

的情况,多为疏忽大意或者管理不善造成的。实践中,有的特大型企业,内部分公司众多,内部管理不善,多个分公司分别以该公司的名义与其他公司组成联合体投标,而分公司之间均不知情,结果产生“投标冲撞”的现象,导致所有涉及的投标人的投标均为无效。因此,存在“投标冲撞”隐患的公司,应该加强内部的信息沟通和管理,通过公章管理、资质文件管理、销售规划管理等方式,充分流通投标计划信息,避免联合体与其参与方在同一个招标项目中共同投标。

第三十八条 【投标人重大变化】

投标人发生合并、分立、破产等重大变化的,应当及时书面告知招标人[一]。投标人不再具备资格预审文件、招标文件规定的资格条件或者其投标影响招标公正性的,其投标无效[二]。

(一)投标人重大变化告知义务

“合并”,是指两个或者两个以上的法人或者其他组织通过订立合并协议,根据公司法等有关法律的规定,合并为一个法人或者其他组织的行为。“分立”,是指一个法人或者其他组织依照法律的规定,分成两个或者两个以上的法人或者其他组织的行为。“破产”,是指当债务人的全部资产无法清偿到期债务时,债权人通过一定法律程序将债务人的全部资产供其平均受偿,从而使债务人免除不能清偿的其他债务。除合并、分立、破产外,投标人的重大变化还包括:重大财务变化、项目经理等主要人员变动、被吊销营业执照、取消一定期限内的投标资格等。发生足以影响投标人资格的重大变化后,投标人有义务及时通知招标人。需要说明的是,联合体投标的,联合体任何成员发生合并、分立、破产等重大变化的,联合体各成员均有义务及时通知招标人。

另外,笔者认为,投标人负有告知义务的重大变化的发生时间具有一定的范围。在设置资格预审程序的招标项目中,应当是在资格预审之后发生重大变化,在没有设置资格预审程序的招标项目中,应当是在递交投标文件的截止时间之后发生了重大变化。在这两个时间之前发生重大变化的,重大变化发生在评审之前,投标人应当以重大变化之后的新的资格条件参加投标,新的资格条件作为评审依据的,不会影响招标人评审结果的变动,此时,投标人也就不负有告知重大变化的义务。

投标人在履行告知义务时,应当采用书面通知书的形式。为了控制或者消除重大变化对招标人的影响,投标人应当在发生重大变化的第一时间通知招标人,以便招标人能够采取相应的补救措施,将不利影响控制在最小范围内。

（二）投标人重大变化的后果

通过资格预审的申请人或者投标人发生本条款规定的重大变化，是否影响其资格条件，对于设置了资格预审程序的国有资金占控股或者主导地位的必须招标项目，应当由招标人依法组建的资格审查委员会评审认定，对于其他设置了资格预审程序的招标项目，由招标人或者招标人委派的人员认定，对于其他没有设置资格预审程序的招标项目，由评标委员会评审认定。资格审查委员会、招标人或者其委派人员、评标委员会应当依据资格预审文件或者招标文件规定的标准和方法进行复核。

经资格复核，通过资格预审的申请人或者投标人不再具备资格预审文件、招标文件规定的资格条件或者其投标影响招标公正性的，其投标无效。通过资格预审的申请人在提交投标文件截止时间前被认定无效的，不再具备投标资格，投标人在提交投标文件的截止时间后被认定无效的，其投标文件作否决投标处理。

经资格复核，通过资格预审的申请人或者投标人仍然具备资格预审文件、招标文件规定的资格条件或者其投标不影响招标公正性的，其投标仍然有效，继续招标投标活动即可。

【问题49】投标人合并使其资格条件增强的，其投标有效吗？

投标人发生合并的，虽然符合甚至是超过了资格预审文件和招标文件所规定的资格条件，但是，由于其资格条件的增强，有可能对招标公正性造成影响。如果经复核，该投标人因其竞争性的提高影响了招标活动的公正性，应被认定为无效。如果不影响招标活动的公正性，应被认定为有效，继续进行招标投标活动即可。

第三十九条 【投标人串通投标情形】

禁止投标人相互串通投标[一]。

有下列情形之一的，属于投标人相互串通投标：

（一）投标人之间协商投标报价等投标文件的实质性内容；

（二）投标人之间约定中标人；

（三）投标人之间约定部分投标人放弃投标或者中标；

（四）属于同一集团、协会、商会等组织成员的投标人按照该组织要求协同投标；

（五）投标人之间为谋取中标或者排斥特定投标人而采取的其他联合行动[二]。

（一）投标人相互串通投标

投标人相互串通投标，是指投标人之间相互约定，一致以提高或压低投标报价、内定中标人后参加投标、在招标项目中轮流中标、共同排挤其他竞争对手等方式,为规避竞争、谋取中标或者排斥特定投标人而采取的人为操纵投标活动的违法行为。这种行为的投标人中标后,往往给予其他未中标的投标人一定好处,或者以分包形式将中标项目的一部分交由其他投标人完成,共同分享中标收益,这将严重损害招标人或者其他投标人的合法权益,损害国家利益、社会公共利益或者他人的合法权益,破坏招标投标活动应当遵守的公平竞争的原则,同时也会助长腐败现象蔓延,应当予以严厉禁止。鉴于串通投标行为的严重性,多部法律均对其作出禁止性规定。《招标投标法》第 32 条规定:“投标人不得相互串通投标报价,不得排挤其他投标人的公平竞争,损害招标人或者其他投标人的合法权益。投标人不得与招标人串通投标,损害国家利益、社会公共利益或者他人的合法权益……”该法第 53 条规定了串通投标的法律责任。《中华人民共和国刑法》(以下简称《刑法》)第 223 条规定了串通投标的刑事责任。

(二)属于投标人相互串通投标的情形及其特点

1. 投标人之间协商投标报价等投标文件的实质性内容

投标报价等投标文件的实质性内容,最能体现投标人的竞争性,投标人之间就投标报价等投标文件的实质性内容互相串通、协调一致,将直接干扰招标人对投标文件的评审,实现规避竞争的目的。通常认为主要包括两种情况:一是投标人之间相互约定,一致抬高或者压低投标报价;二是投标人之间相互约定,在招标项目中轮流以高价位或者低价位中标。除此之外,投标人对一些重要技术参数、规格或者技术指标等实质性内容的协商,也属于串通投标文件实质性内容的行为。

2. 投标人之间约定中标人

招标的目的,是通过法定程序比选出最优中标人。投标人通过事先约定的方式内定中标人,将使招标活动失去意义,严重侵害招标人和其他投标人的合法权益。与投标人之间协商投标报价等实质性内容相比,该种行为使招标人更加难以控制评标结果,危害性更大。

3. 投标人之间约定部分投标人放弃投标或者中标

投标人之间约定部分投标人放弃投标或者中标,其实质是反向约定中标人,通过剥离陪标投标人的方式,凸显出目标投标人的优势,为其中标创造条件。与投标人之间约定中标人一样,该种行为也应当被严格禁止。

4. 属于同一集团、协会、商会等组织的投标人按照该组织要求协同投标

所谓的同一组织包括协会、商会等社会团体以及集团公司等法人组织,同一组织的成员,则是指同一协会或者商会的会员以及集团公司的子公司及其控股公司。需要指出的是,并不是同一组织的成员共同投标就必然属于串通投标,构成串通投

标还需要存在以下两个方面的因素:一是该组织针对特定招标项目采取协同投标;二是该组织的成员按照要求实施了协同投标。本项所谓的协同投标是指按照预先确定的报价策略报价或者按照预先确定的投标策略投标,以确保由该组织特定或者不特定成员中标。

5. 投标人之间为谋取中标或者排斥特定投标人而采取的其他联合行动

该项规定为兜底条款。实践中发生的其他行为,属于上述四种情形以外的为谋取中标或者排斥特定投标人而采取的联合行动的,均构成串通投标行为。

6. 该类情形的共同特点

(1)该类情形只发生在投标人或者潜在投标人之间,与招标人、招标代理机构、评标专家、行政监督部门等组织或者个人无关。

(2)主观意识方面,该类情形的目的是谋取中标或者排斥特定投标人。

(3)该类情形通过协商、约定等方式指挥协调各投标人或者潜在投标人之间的行为,使各投标人或者潜在投标人作出预先安排好的规定动作,从而为其预定目的服务。

第四十条 【视为投标人串通投标的情形】

有下列情形之一的,视为投标人相互串通投标:

(一)不同投标人的投标文件由同一单位或者个人编制;

(二)不同投标人委托同一单位或者个人办理投标事宜;

(三)不同投标人的投标文件载明的项目管理成员为同一人;

(四)不同投标人的投标文件异常一致或者投标报价呈规律性差异;

(五)不同投标人的投标文件相互混装;

(六)不同投标人的投标保证金从同一单位或者个人的账户转出。

与第39条规定的"属于"投标人相互串通投标的情形不同,本条款规定的是"视为"投标人相互串通投标的情形。本条款中的"视为"作为一项立法技术,赋予评标委员会、行政监督部门、司法和仲裁机关直接认定满足某项法定条件的投标人构成串通投标行为的权力,能够更直接有效地打击串通投标行为。

1. 不同投标人的投标文件由同一单位或者个人编制

此处的"不同投标人"是指两个或者两个以上的参加同一个标段、标包(子包)或者不划分标段、标包(子包)的招标项目的独立投标人;此处的"投标文件的编制",不仅仅指全部投标文件的编制,也包括部分投标文件,如投标报价文件的编制;此处的"单位",既包括投标人自身,也包括社会中介组织或者其他组织机构,没有组织形式或者所有制形式的限制,只要能从登记机构认定为同一单位即可;此处的“个人”,既包括投标人的工作人员,也包括其他人员,对其身份、单位等没有限制要求。只要不同投标人的投标文件或者其中的部分内容由同一单位或者个人编制,就视为该种串通投标的情形。

2. 不同投标人委托同一单位或者个人办理投标事宜

所谓的“办理投标事宜”,是指参加投标的具体工作,包括购买资格预审文件或者招标文件、对资格预审文件或者招标文件提出异议、编制资格预审申请文件或者投标文件、参加踏勘项目现场和投标准备会、递交资格预审申请文件或者投标文件、提交投标保证金、参加开标仪式、对开标提出异议、进行资格预审申请文件或者投标文件的澄清答复、对评标结果公示的异议、接收中标通知书、合同谈判和签订合同等。不同投标人委托同一单位或者个人办理上述事宜的,视为串通投标行为。需要说明的是,不同投标人分别委托同一单位或者个人办理同一招标项目的不同环节的投标事宜,也属于本项规定的情形。

【技巧30】委托他人办理投标事宜时,应当要求受托人出具书面承诺。

投标人委托他人办理投标事宜的,应当要求受托人出具书面承诺,声明受托人不存在并且将来也不接受同一个招标项目其他投标人的委托,以避免构成串通投标行为。

3. 不同投标人的投标文件载明的项目管理成员为同一人

项目管理成员配置是勘察、设计、监理、施工等招标项目通常要求投标文件载明的重要内容,也是衡量投标人承担招标项目能力的重要因素。此处的“项目管理成员”既包括行使主要管理职能的人员,也包括仅执行辅助性管理工作的人员,只要不同的投标文件列出的项目管理成员为同一人,就视为该种串通投标的情形。

【提示44】招标文件应要求投标人递交管理人员身份证明和资质证书。

为了确认管理人员身份及其资质情况,同时也为了避免因管理成员重名或者其他原因造成误判,建议招标文件规定,投标人在递交管理成员名单时,应当将管理成员的身份证复印件及其个人相关资质证明文件作为投标文件的一部分一并递交。

4. 不同投标人的投标文件异常一致或者投标报价呈规律性差异

所谓“异常一致”,是指在相互隔离的情况下根本不会产生或者产生的可能性极小的内容的一致性。主要表现形式包括:投标文件错误表述、错误计算或者笔误的雷同,投标人自行编制文件的格式相同,属于投标人特有的标准、编号、标识等出现在其他投标人的投标文件中等。此处的“投标报价呈规律性差异”,笔者认为,是指不同的投标人的投标报价的规律呈现一致性。在通常情况下,投标人是在保密的条件下编制投标文件的，投标人之间禁止交流信息，在互相隔绝的情况下所编制的投标文件应当各有差异，如果不同投标人的投标文件存在惊人的一致性，极有可能是因串通投标所致。需要说明的是，实践中确有投标人之间曾就类似招标项目组成联合体投标，导致本次招标项目中所递交的投标文件存在异常一致的情况，对此，应由评标委员会根据具体情况要求投标人进行澄清、说明，确定是否属于串通投标的情形。

【提示45】建议招标文件明确认定标准和依据。

对投标文件“异常一致”和“投标报价呈规律性差异”的认定，主观因素和弹性都比较大，而且，投标文件一旦被认定为“异常一致”和“投标报价呈规律性差异”将被作否决投标处理，严重者甚至要承担串通投标的行政和刑事法律责任，对投标人的影响深远。为了便于评标委员会的认定，警示投标人的违法行为，避免不必要的争议，建议招标文件明确“异常一致”和“投标报价呈规律性差异”的认定标准和依据，评标时由评标委员会遵照执行。

5. 不同投标人的投标文件相互混装

该种情形是指两个或者多个投标人的投标文件相互装订、彼此夹带，你中有我，我中有你。只有一方投标人混装夹带了其他投标人的投标文件，而被混装夹带的投标人没有混装夹带该投标人的投标文件，不属于该种串通投标的情形。具体的认定标准，建议由招标人在招标文件中确定。

6. 不同投标人的投标保证金从同一单位或者个人的账户转出

《招标投标法实施条例》第26条第2款规定，现金或者支票形式的投标保证金应当从投标人的基本账户转出，其主要目的是遏制串通投标行为，本项规定与之相对应。一般情况下，确定单位账户比较容易，在确定个人账户时，还需核实个人具体信息，避免因重名造成误判。另外，《招标投标法实施条例》规定，必须招标项目的投标保证金应当从基本账户转出，因此，在认定必须招标项目中投标保证金是否从同一个账户转出时，还可以根据投标人提供的银行证明或者开户的回执凭证予以认定。

7. 该类情形的共同特点

本条款中的6种情形，存在以下共同特点。

(1) 主体为两家或者两家以上的投标人，招标人、招标代理机构、评标专家、行政监督部门等组织或者个人不适用本条款的规定。

(2) 主观方面，出现该类情形多因投标人的疏忽大意造成的。

(3) 客观方面，这些情形已经发生，并且记载于投标文件、财务记录等文件资料中。

第四十一条 【招标人与投标人串通投标情形】

禁止招标人与投标人串通投标。

有下列情形之一的,属于招标人与投标人串通投标:

(一)招标人在开标前开启投标文件并将有关信息泄露给其他投标人;

(二)招标人直接或者间接向投标人泄露标底、评标委员会成员等信息;

(三)招标人明示或者暗示投标人压低或者抬高投标报价;

(四)招标人授意投标人撤换、修改投标文件;

(五)招标人明示或者暗示投标人为特定投标人中标提供方便;

(六)招标人与投标人为谋求特定投标人中标而采取的其他串通行为。

1. 招标人在开标前开启投标文件并将有关信息泄露给其他投标人

根据《招标投标法》第36条的规定,投标文件应当在开标时经过投标人、其推选的代表或者招标人委托的公证机构检查密封情况后当众拆封,以确保文件内容不被提前泄露。招标人在开标前开启投标文件,将应当予以保密的信息泄露给其他投标人,将会使获得信息的投标人赢得更多的中标机会,严重损害其他投标人的合法权益。认定该种情形时,需要同时满足两个条件:一是招标人在开标前开启投标文件;二是招标人将相关信息泄露给其他投标人。

2. 招标人直接或者间接向投标人泄露标底、评标委员会成员等信息

招标过程中,为了保证招标项目的竞争性,招标人应当保守招标项目的重要信息。这些信息包括招标项目的标底、评标委员会成员的组成、评标的地点、评标组织情况等。如果招标人将上述需要保密的信息泄露给投标人,那么将严重影响招标项目的公平性和竞争性。需要注意的是,该种情形包括招标人主观方面的直接或者间接两种情况,直接泄露比较直观,便于认定;间接泄露往往比较隐蔽,通常通过第三方转达,如将信息先泄露给第三人,经由第三人泄露给投标人等,认定起来更加困难,但是,无论哪种情形,都构成串通投标的行为。

3. 招标人明示或者暗示投标人压低或者抬高投标报价

投标报价是投标文件最重要的内容,应当由投标人根据自身技术、经济实力和市场竞争状况自主报价。招标人明示或者暗示投标人压低或者抬高投标报价,操纵投标活动,所形成的招标结果将背离市场竞争机制,侵害国家利益、社会公共利益或者其他投标人的合法权益。此处的“压低或者抬高投标报价”是指与市场正常价格相比较低或者较高。该种行为主要发生在递交投标文件的截止时间之前,递交投标文件的截止时间之后,投标人将没有机会变更投标报价。

4. 招标人授意投标人撤换、修改投标文件

该情形应同时具备招标人的授意和投标人撤换或者修改投标文件的行为。此

处的“投标文件”,既包括投标文件的全部,还包括投标文件的部分内容。需要说明的是,关于撤换或者修改投标文件的行为,应当发生在递交投标文件的截止时间之前,递交投标文件的截止时间后,投标人无权撤换或者修改已经递交的投标文件。

5. 招标人明示或者暗示投标人为特定投标人中标提供方便

该情形是指招标人协同其他投标人为预先确定的特定投标人的中标提供方便。协调的方式包括明示和默示两种。此处的“方便”,包括上述压低或者抬高投标报价、撤换修改投标文件之外的能够协助特定投标人中标的情形。

6. 该类情形特点

上述5种招标人与投标人串通投标的情形,具备以下共同特点:

(1)主体方面由招标人与投标人共同实施。

(2)组织方面,通常由招标人发起,当然也存在投标人发起的可能性,一般情况下,招标人起到组织协调的主导作用,投标人按照招标人的信息或者授意从事串通投标的行为。

(3)所实施的具体内容为招标人泄露信息或者作出引导或者协调性的授意,投标人按照招标人的信息或者要求和授意实施具体行为。

(4)这些情形既有主观的意识表示,也有客观的事实情况的发生,应当是主观和客观相结合的行为。

第四十二条 【虚假投标情形】

使用通过受让或者租借等方式获取的资格、资质证书投标的,属于招标投标法第三十三条规定的以他人名义投标[一]。

投标人有下列情形之一的,属于招标投标法第三十三条规定的以其他方式弄虚作假的行为:

(一)使用伪造、变造的许可证件;

(二)提供虚假的财务状况或者业绩;

(三)提供虚假的项目负责人或者主要技术人员简历、劳动关系证明;

(四)提供虚假的信用状况;

(五)其他弄虚作假的行为[二]。

(一)以他人名义投标

《招标投标法》第33条规定,投标人不得以低于成本的报价竞标,也不得以他人名义投标或者以其他方式弄虚作假,骗取中标。此处的“以他人名义投标”,在实践中多表现为一些不具备法定的或者投标文件规定的资格条件的单位或者个人,采取"挂靠"甚至直接冒名顶替的方法,以其他具备资格条件的企业、事业单位的名义进行投标。我国《中华人民共和国行政许可法》《建筑法》等相关法律规定,资格和资质不能转让和出借。我国现行的资格和资质管理制度也规定,取得资格和资质必须具备规定的条件,且资格和资质均与特定的主体不可分割。本条款将使用通过受让或者租借等方式获取的资格、资质证书并以他人名义投标的行为,规定为典型的弄虚作假行为。这是因为,这种弄虚作假的行为严重扰乱了招标投标的正常秩序,如果让这类"以他人名义"的投标人中标,将严重影响招标项目的质量,损害招标人的利益,给国家利益和社会公共利益造成危害。

(二)弄虚作假情形

投标活动中任何形式的弄虚作假行为都严重违背诚实信用原则,严重破坏招标投标活动的正常秩序,必须予以禁止。《招标投标法实施条例》列举了 4 种弄虚作假情形。

1. 使用伪造、变造的许可证件

该情形是指投标人伪造从来没有获取过的许可证件或者篡改已经获取的许可证件的许可范围、等级或有效期限等信息,使其投标文件满足甚至是超过招标文件的要求。此处的许可证件,既包括投标人单位应当具备的许可证件,也包括投标人从业人员需要获得的执业资格等许可证件。

2. 提供虚假的财务状况或者业绩

该情形是指投标人虚构了并不存在的财务状况或者业绩,所提供的财务状况或者业绩与实际情况不符。财务状况和业绩情况是考核投标人履约能力的重要指标,资格预审文件或者招标文件中一般要求投标人提交能够证明其财务状况和业绩情况的证明材料,并将其列为重要的资格审查或者评标的因素和标准。投标人提供虚假的财务状况或者业绩,将严重干扰资格审查或者评标活动的评审结果,侵害招标人和其他投标人的合法权益。

3. 提供虚假的项目负责人或者主要技术人员简历、劳动关系证明

项目负责人或者主要技术人员简历,是考核投标人资格能力的常用指标。投标人提供虚假项目负责人或者主要技术人员简历、劳动关系证明,必然影响资格审查或者评标活动的评审结果,应当予以禁止。

4. 提供虚假的信用状况

信用状况是考察投标人历史记录的重要指标。投标人提供虚假的信用状况,将干扰资格审查委员会或者评标委员会对投标人履约能力的判断,应该明令禁止。

需要说明的是,弄虚作假与一般性的失误存在较大差异。弄虚作假具有主观恶性,而一般性的失误则为无意中的疏忽,两者存在本质区别。另外,串通投标和

弄虚作假的法律责任存在差异，两者竞合时，应当按照《招标投标法》和《招标投标法实施条例》的规定，适用两者法律责任中较为严厉的规则。

【技巧31】如何认定弄虚作假行为？

可以向相关部门或者组织核实确认潜在投标人提供的资质、业绩等证明文件的真实性和有效性。具体而言，对于许可证件，可向发证机关咨询确认；对于财务状况或者业绩，可以审查其财务报告和业绩证明，其中，业绩证明应当包括合同和中标通知书等文件资料；对于项目负责人或者主要技术人员简历、劳动关系证明，可以向简历中提及的相关部门查询，劳动关系可以向社保部门查询；对于信用状况，可以向相关信用认定机构查询确认。

第四十三条 【资格预审申请人规定】

提交资格预审申请文件的申请人应当遵守招标投标法和《招标投标法实施条例》有关投标人的规定。

本条款是关于对资格预审申请人规范性要求的规定。此处的“资格预审申请人”除包括参加资格预审的申请人外，还包括购买资格预审文件并编制了部分或者全部资格预审申请文件，但是最终没有提交资格预审申请文件或者提交后又撤回的潜在投标人。资格预审申请人在编制或者提交资格预审申请文件时，也应当遵守《招标投标法》和《招标投标法实施条例》的规定。提交资格预审申请文件的申请人应当遵守《招标投标法》和《招标投标法实施条例》有关投标人的规定，主要包括：

1. 权利方面

(1)资格预审申请人享有参加资格预审的权利(《招标投标法》第6条,《招标投标法实施条例》第33条)；

(2)资格预审申请人享有组成联合体提交资格预审申请文件的权利(《招标投标法》第31条,《招标投标法实施条例》第37条)；

(3)资格预审申请人享有对资格预审活动提出异议和投诉的权利(《招标投标法》第65条,《招标投标法实施条例》第60条)。

2. 义务方面

(1)资格预审申请人应当具备招标项目所需的资格和能力(《招标投标法》第26条)；

(2)资格预审申请人不得与其他资格预审申请人和招标人串通投标(《招标投标法》第32条,《招标投标法实施条例》第39条、第40条、第41条)；

(3)资格预审申请人不得弄虚作假(《招标投标法》第33条,《招标投标法实施条例》第42条);

(4)资格预审申请人有根据资格审查委员会的要求对资格预审申请文件进行澄清、说明的义务(《招标投标法》第39条,《招标投标法实施条例》第52条);

(5)资格预审申请人在发生合并、分立、破产等重大变化时应当书面告知招标人(《招标投标法实施条例》第38条)。

3. 法律责任方面

(1)资格预审申请人串通投标、以向招标人或者资格审查委员会成员行贿谋取通过资格预审的,应当承担《招标投标法》第53条规定的法律责任(《招标投标法》第53条,《招标投标法实施条例》第67条);

(2)资格预审申请人以他人名义提交资格预审申请文件或者以其他方式弄虚作假骗取通过资格预审的,应当承担《招标投标法》第54条规定的法律责任(《招标投标法》第54条,《招标投标法实施条例》第68条);

(3)资格预审申请人捏造事实、伪造材料或者以非法手段取得证明材料进行投诉,给他人造成损失的,依法承担赔偿责任(《招标投标法实施条例》第77条)。

第四章　开标、评标和中标

第四十四条　【开标】

招标人应当按照招标文件规定的时间、地点开标[(一)]。

投标人少于3个的，不得开标；招标人应当重新招标[(二)]。

投标人对开标有异议的，应当在开标现场提出，招标人应当当场作出答复，并制作记录[(三)]。

（一）开标

开标，是指由招标人主持，邀请所有投标人按照招标文件预先载明的开标时间和地点参加开标仪式，在仪式上公开宣布全部投标人的名称、投标价格及投标文件主要内容，使招标投标当事人了解每份投标文件关键信息的过程。开标是招标投标公开原则的重要体现。

1. 开标时间和地点

《招标投标法》规定，开标应当在招标文件确定的提交投标文件截止时间的同一时间公开进行。依据《招标投标法实施条例》的规定，招标人和招标代理机构必须按照招标文件规定的时间开标，不得擅自提前或者延后，更不能不开标就进行评标。为了使投标人按时到达开标地点，开标地点必须在招标文件中明确规定。开标地点可以是招标人的办公地点，也可以是其他地点。招标文件可以同时规定提前接收投标文件的时间和地点，接收时间和地点与开标时间和地点不同的，招标文件应当明确两者之间的关系，以方便投标人执行，避免投标人出现偏差，延误投标事宜。

【技巧32】招标文件中如何规定开标时间和地点？

招标文件规定的开标时间和地点必须清晰明确。其中，开标时间（提交投标文件的截止时间）应当精确到分、秒，以整点或者半点为宜，以便招标人和投标人遵守执行，避免发生不必要的争议。开标应当选择交通便利的地点进行，表述时以详细的地址为宜，需要明确到具体的房间号，以便招标人和投标人准时参加。

2. 开标时间和地点的修改

开标时间和地点确定后，招标人可以修改开标时间和地点，但是，修改后的开标时间和地点,作为对招标文件的澄清和修改文件,应当以书面通知书的形式告知所有招标文件的收受人。另外,在房屋建筑和市政基础设施工程施工招标项目中,根据《房屋建筑和市政基础设施工程施工招标投标管理办法(2019 年修正)》第 19 条的规定,招标文件的澄清和修改均应在通知招标文件收受人的同时,报工程所在地的县级以上地方人民政府建设行政主管部门备案。

3. 开标中的人员

(1)开标人员。开标人员通常包括主持人、拆封人、唱标人、记录人等。《招标投标法》第 35 条规定,开标由招标人主持,邀请所有投标人参加。开标只能由招标人主持,在自行招标中,主持以外的其他具体事宜需要由招标人亲自办理;在委托招标中,招标人可以委托招标代理机构按照委托代理协议的约定,代为办理拆封、唱标、记录等具体开标事宜。

(2)投标人。开标应当邀请所有投标人参加,以确保开标在所有投标人监督下公开、透明地进行,防止开标中的"暗箱操作"。参加开标是每一个投标人的法定权利,招标人不得强迫投标人参加,也不得以任何理由排斥、限制投标人参加。

(3)其他参与人员。实践中,开标还应当在监督人员的监督下进行。监督人员通常为招标人委派的人员,在行政监督部门、纪检监察部门参加开标的情况下,监督人员通常为监督部门、纪检监察部门人员。在大型复杂招标项目中,招标人也可以委托律师、公证人员参加开标。

【技巧 33】评标委员会成员不得参加开标。

由于招标人邀请所有投标人参加开标,为了避免泄露评标委员会成员的名单,同时防止评标委员会成员事先了解到各投标人的报价情况后,掺入主观印象,影响此后的评标打分活动,招标人应当禁止评标委员会成员参加开标。

4. 开标对象

招标人在招标文件要求提交投标文件的截止时间前收到的所有投标文件,经检查符合密封条件的,都为开标对象,应当当众予以拆封、唱标,不得遗漏。提交投标文件的截止时间以后递交的投标文件,招标人不予接收,更不予开标,应当原封不动地退回投标人。

5. 开标的程序和内容

《招标投标法》第 36 条规定:"开标时,由投标人或者其推选的代表检查投标文件的密封情况,也可以由招标人委托的公证机构检查并公证;经确认无误后,由工作人员当众拆封,宣读投标人名称、投标价格和投标文件的其他主要内容。招标人在招标文件要求提交投标文件的截止时间前收到的所有投标文件,开标时都应当当众予以拆封、宣读。开标过程应当记录,并存档备查。"根据该规定,开标程序分为4个步骤。

(1)检查投标文件密封情况。开标开始后,由投标人或者其推选的代表检查投标文件的密封情况,也可以由招标人委托的公证机构检查并公证。投标人数较少时,可由投标人自行检查。投标人数较多时,可由投标人推举代表检查。实践中,通常由监督或者公证人员与投标人或者投标人推荐的代表一同检查投标文件的密封情况。经检查发现密封被破坏的投标文件,不得对其拆封唱标,也不得进入下一阶段的评标,应当交由招标人根据具体情况处理。

(2)拆封。密封完好的投标文件,交由工作人员当众拆封。

(3)唱标。投标文件经拆封以后,交由唱标人员高声宣读投标人名称、投标价格和投标文件的其他主要内容。其他主要内容,主要是指投标报价折扣或者价格修改条件等。如果要求递交投标保证金,实践中,通常还要宣读投标保证金的递交情况。

【问题50】招标文件允许提交备选方案的,备选方案报价应当宣读吗?

笔者认为,《招标投标法》规定,开标时应当宣读投标价格,在招标文件允许提交备选方案的情况下,备选方案的报价也是投标报价的一部分,应当宣读,这也有利于对备选方案的监督管理,促使评标委员会公平地评审备选方案。需要注意的是,虽然备选方案报价被宣读了,但是,根据《评标委员会和评标方法暂行规定》,评标委员会只对中标人所提出的备选方案进行评审,以决定是否采纳备选方案,不符合中标条件的投标人的备选方案不予考虑。

(4)记录存档。开标过程重要事项应当适当记录。开标记录的内容包括开标时间、开标地点、开标的人员组成、投标人的参加情况、唱标的内容、开标过程是否经过公证等具体事项。记录文件应当作为档案保管,以便日后查询。

(二)投标人少于3个应当重新招标

根据《招标投标法》第28条以及《招标投标法实施条例》的规定,投标人少于3个的,不得开标,招标人应当重新招标。此处认定的时间节点为递交投标文件的截止时间到期,此处的"投标人"是指已经递交投标文件的投标人,"少于3个"是指2个、1个或者没有的情况,不包括3的本数。在递交投标文件的截止时间后,已经递交投标文件的投标人少于3个的,不能保证必要的竞争性,原则上应当重新招标。此处的"重新招标",是指必须招标项目中,必须重新组织招标,非必须招标项目中,可以重新招标,也可以不再招标而采取其他方式进行采购。

投标人少于3个,主要源于递交合格投标文件的投标人少于3个。投标人少于3个的情形主要包括以下几种。

1. 通过资格预审的潜在投标人少于3个

设置了资格预审程序的招标项目中,购买资格预审文件和递交资格预审申请文件的潜在投标人不足3个,导致通过资格预审并且购买招标文件的投标人少于3个,递交投标文件的投标人必然少于3个。资格预审失败,招标人不得发售招标文件、组织开标,应当重新招标。在重新招标中,招标人可以重新组织资格预审,也可以取消资格预审,直接改用资格后审的方式进行招标。

2. 购买招标文件的投标人少于3个

设置了资格预审程序的招标项目中,通过资格预审的潜在投标人数量超过3个,但是购买招标文件的潜在投标人少于3个,导致递交投标文件的投标人少于3个,招标失败,此时,招标人不得开标,需要重新招标。

3. 递交投标文件的投标人少于3个

在资格后审的招标项目中,购买招标文件的潜在投标人超过3个,但是最终递交投标文件的投标人少于3个的,或者购买招标文件的潜在投标人少于3个,并且,最终递交投标文件的投标人也少于3个的,则招标人不得开标,需要重新招标。

【问题51】招标文件停止发售时购买招标文件的潜在投标人少于3个,此时,能否直接认定招标失败,提前组织重新招标?

购买招标文件的潜在投标人少于3个时,通常情况下,递交投标文件的投标人也会少于3个,但是理论上也不能排除没有购买招标文件的投标人参加投标的可能性,如果该类投标人在投标截止时间前递交了投标文件,招标人也应当接收(如果该投标人响应的内容不能满足招标文件的实质性要求,那么可以在评标阶段对其作否决投标处理),此时投标人数量满足开标要求,应当开标。因此,在不排除没有购买招标文件的投标人参加投标的前提下,招标人不能够仅仅依据招标文件的发售情况来判断递交投标文件的投标人的数量,即使购买招标文件的潜在投标人少于3个,招标人也不能直接确定招标失败,提前组织重新招标,还要等到投标截止时间时才能够确定递交投标文件的投标人是否确实少于3个,才能够最终确定招标失败。

【技巧34】购买招标文件的潜在投标人少于3个的,招标人希望提前重新招标,如何处理?

为了排除没有购买招标文件的投标人参加投标的可能性,招标人可以在招标文件中明确规定,没有购买招标文件的潜在投标人不得参加投标,该种潜在投标人递交投标文件的,招标人有权拒绝接受。在这种情况下,招标人在招标文件停止发售时就能够提前确定最终递交投标文件的投标人的数量,此时,购买招标文件的潜在投标人少于3家的，招标人可以直接认定招标项目失败，提前重新组织招标。

4. 两阶段招标中第一阶段递交技术建议的潜在投标人少于3家

在两阶段招标项目中，如果第一阶段中递交技术建议的潜在投标人少于3个，由于第二阶段时，招标人只能够接收第一阶段递交了技术建议的投标人的投标文件，在这种情况下，投标人的数量必然少于3个。此时，招标人不得开标，应当重新招标，而且，在第一阶段的投标人递交技术建议的截止时间时就可以提前确定。

（三）开标异议的提出及问题处理

1. 异议的提出

投标人如果对开标有异议，必须在开标现场及时提出。此处的"现场"是指开标仪式所在地，并且要在开标开始后、结束前提出。与其他程序相比，开标阶段相对较短，《招标投标法实施条例》之所以如此规定，就是为了促使投标人及时行使异议权利，避免将异议拖到此后的阶段处理。同其他异议的提出一样，开标异议的提出也受到时限的限制，错过开标现场，投标人将失去异议的权利。另外，与资格预审文件和招标文件异议的提出以及评标结果异议的提出不同的是，开标异议只能由投标人提出，其他利害关系人无权提出。

【技巧35】招标文件要求投标人以书面形式提出异议。

开标异议的提出，存在一定的即时性，投标人口头提出的，有可能无法清楚地表达异议内容，而且口头形式无法记载其内容，不利于存档备查。为了避免争议，建议招标人在招标文件中规定，投标人对开标事项有异议的，应当以书面形式提出，需要加盖投标人公章或者由投标人代表签字确认。

2. 异议的答复

开标异议应当当场答复并制作记录。此处的"答复"并不一定是针对异议的实质性内容的答复，可以是形式上的回复，或者是一些指引信息的告知。例如，"开标人已将投标人的异议记录在案，该问题交由评标委员会予以处理和认定，处理和认定后，将由招标人或者委托招标代理机构予以回复"。开标现场的异议答复，不能代表对开标问题的结论性意见，也不作为对开标结果的认定，这是因为，开标现场时间紧迫，如果因为某个问题影响整个开标进程，将侵害其他未提出异议的投标人的利益，而且，开标人员不具备评标的权利，也没有专业化的知识储备，无法完成问题的评审，其身份决定了不能对实质性问题发表结论性意见。

【技巧36】在开标现场，开标人员不能提供结论性的意见。

开标现场最大的忌讳，是开标人员提供结论性的意见。这是因为，首先，开标人员不具备对投标文件进行评价的资格,投标文件的评审只能由评标委员会负责。其次,投标文件具有一定的复杂性,在开标现场仅能够对开标文件(开标文件只是投标文件的一小部分,并不代表投标文件的全部,有时遗漏的开标文件会被投标人错误地编制到其他投标文件中,此时,不能认定投标人遗漏了投标文件)仔细审查和反复查看,不足以出具结论性意见。最后,对投标文件的评审及其结论,需要在保密的情况下进行,开标人提前认定并当众予以公示,违背了保密原则,向其他投标人泄露了保密信息。因此,开标人不能在开标现场对投标文件出具结论性的意见,如遇问题,将其记录在案,告知投标人由评标委员会对其进行评审即可。

【问题52】唱标中发现投标文件缺少报价,唱标人能否直接否决投标?

不可以。否决投标只能发生在评标过程之中,且由评标委员会行使,唱标过程只是公开投标人的主要投标信息,不具有评审的功能,唱标人也不具备评标的资格,而且,投标文件具有一定的复杂性,在未经仔细查看其余全部内容的情况下,不能轻易认定缺少投标报价。在此种情况下,唱标人可以宣布在开标文件中没有找到投标文件报价,对此,将有评标委员会对其进行评审,记录人员将该过程如实记录即可。

第四十五条 【评标专家库】

国家实行统一的评标专家专业分类标准和管理办法。具体标准和办法由国务院发展改革部门会同国务院有关部门制定(一)**。**

省级人民政府和国务院有关部门应当组建综合评标专家库(二)**。**

(一)评标专家专业分类标准和管理办法

评标专家专业分类标准是评标专家库设置的依据,分类标准是否科学规范,直接影响能否从专家库中抽取到适宜的评标专家。国家实行统一的评标专家专业分类标准,能够有效解决评标专家库相对闭塞、专家资源分散、专业分类缺乏针对性的问题,为实现各评标专家库之间的互联互通奠定基础。为了规范和统一评标专家专业分类标准,推动实现全国范围内评标专家资源共享,国家发改委等十部委共同颁布了《评标专家专业分类标准(试行)》,要求各类评标专家库都要按照这一标准对评标专家进行分类。为了加强评标专家和评标专家库的管理,实现评标专家资源共享,提高评标专家职业道德和业务水平,确保评标专家独立进行评标,有必要在全国范围内实行统一的评标专家管理办法。据悉,统一的评标专家管理办法正在制定当中,近期颁布实施。

（二）评标专家库

1. 评标专家库

根据《招标投标法》第37条的规定，评标专家应当由招标人从国务院有关部门或者省、自治区、直辖市人民政府有关部门提供的专家名册或者招标代理机构的专家库内的相关专业的专家名单中确定。评标专家库的组建主体有两类：一类是国务院有关部门和省级人民政府有关部门，另一类是招标代理机构。

国务院有关部门和省级人民政府有关部门（本条款中简称省级以上人民政府有关部门）应当建立专家名册，进入名册的专家是政府有关部门通过一定的程序选择的在专业知识、实践经验和人品等方面比较优秀的专家。专家名册中所涉及的专业范围比较广泛，方便不同种类和行业的招标项目从中选出能够胜任的评标专家。政府投资项目的评标专家，必须从政府有关部门组建的评标专家库中抽取。省级以上人民政府有关部门组建评标专家库，应当有利于打破地区封锁，实现评标专家资源共享，省级以上人民政府可组建跨部门、跨地区的综合性评标专家库。需要说明的是，省级以上人民政府有关部门只是提供专家名册，由招标人从中确定评标专家，政府有关部门不得直接指定评标专家，否则，有可能非法干涉招标投标活动，这是法律所不允许的。

招标代理机构应当具备符合法定条件的专家库，招标人也可以从招标代理机构的专家库中确定评标专家。

2. 综合评标专家库

综合评标专家库的组建主体，只能是国务院相关部门和省级人民政府相关部门。此处的“组建”是指由国务院有关部门或者省级人民政府相关部门内部进行联合组建，并不是指各部门各自为政、分别单独组建。其他级别的国家机关和非国家机关的企事业单位、社会团体等组织机构均无权组建综合性的评标专家库。

综合评标专家库，是指按照国家发改委等十部委共同颁布的《评标专家专业分类标准（试行）》中的专业分类标准组建的，包括各种专业和行业种类的综合性评标专家库，有别于专业性或者行业性的评标专家库。

综合评标专家库有利于整合评标专家资源，避免行业保护和地区封锁，综合评标专家库能够满足重大和技术复杂招标项目评标的需要，能够为各类招标项目提供高质量的评标专家资源，有其组建的时代必要性。

【问题53】《招标投标法实施条例》颁布后，招标代理机构还有权组建评标专家库吗？

《招标投标法实施条例》规定，只有国务院相关部门和省级人民政府相关部门才有权组建综合性的评标专家库,招标代理机构无权组建综合性的评标专家库。但是,对于综合性评标专家库以外的评标专家库,根据《招标投标法》的规定,招标代理机构还是有权组建的,这与《招标投标法实施条例》的规定并不矛盾。

第四十六条 【评标委员会成员的确定】

除招标投标法第三十七条第三款规定的特殊招标项目外,依法必须进行招标的项目,其评标委员会的专家成员应当从评标专家库内相关专业的专家名单中以随机抽取方式确定。任何单位和个人不得以明示、暗示等任何方式指定或者变相指定参加评标委员会的专家成员[一]。

依法必须进行招标的项目的招标人非因招标投标法和《招标投标法实施条例》规定的事由,不得更换依法确定的评标委员会成员。更换评标委员会的专家成员应当依照前款规定进行[二]。

评标委员会成员与投标人有利害关系的,应当主动回避[三]。

有关行政监督部门应当按照规定的职责分工,对评标委员会成员的确定方式、评标专家的抽取和评标活动进行监督[四]。行政监督部门的工作人员不得担任本部门负责监督项目的评标委员会成员。

(一)评标专家的确定方式

1. 从评标专家库内相关专业的专家中确定

评标委员会中的专家成员,占评标委员会总人数的2/3以上,对评标委员会整体水平的发挥起到至关重要的作用。为防止招标人选取评标专家的主观随意性,保证评标的公正性和权威性,评标委员会中的专家成员,由招标人从评标专家库内相关专业的专家名单中确定。

【问题54】评标委员会中非专家成员如何确定?

评标委员会中,专家成员以外的评标人员(占评标委员会总人数1/3以内)属于招标人代表,可以由招标人直接指定或者委派。

需要说明的是,《招标投标法实施条例》没有明确此处的“相关专业”应当细分到什么程度。笔者认为,应当细分到最后一个级别的专业标准较为适宜,这样选择的评标专家,比上一级别的专家范围更为集中,更加胜任招标项目的评审。

【提示46】本条款中的“评标专家库”是指所有的评标专家库。

本条款中的“评标专家库”,包括招标代理机构的专家库和省级人民政府有关部门和国务院有关部门组建的评标专家库,既包括专业性的评标专家库,也包括综合性评标专家库,是指所有符合条件的评标专家库。

2. 采用随机抽取方式

为了保证专家的产生符合客观、公正的原则,避免人为因素的干扰,评标委员会中的专家成员,应当从专家库中随机抽取产生。此处的“随机抽取”,有别于直接指定,其抽取的范围,应当是评标专家库中该专业的所有评标专家,而不是选择专业中某一部分专家,然后再从这一小范围内抽取确定。

3. 评标专家不得指定

任何单位和个人不得以明示、暗示等任何方式指定或者变相指定参加评标委员会的专家成员。禁止任何人以任何方式指定评标委员会中的专家成员。需要注意的是,此处禁止指定的是评标委员会中占总人数 2/3 以上的专家成员,不包括另外的占总人数 1/3 以内的非专家成员。非专家成员,可以由招标人直接委派或者指定。

【问题 55】非必须招标项目中的评标专家可以指定吗?

可以。《招标投标法》第 37 条和本条款所规定的抽取评标专家的规则,主要适用于必须招标项目,非必须招标项目不受限制。因此,非必须招标项目的评标委员会中的专家成员,不必随机抽取产生,可以通过指定的方式确定。

(二)评标专家的更换

为了维持评标委员会的稳定性,保证评标委员会成员正常行使评标权利,一般情况下,招标人不得更换评标委员会成员。但是,《招标投标法实施条例》规定,招标人可以更换符合《招标投标法》和《招标投标法实施条例》规定的更换事由的评标委员会成员。这些更换事由包括两种情形:一是《招标投标法》第 37 条中规定,与投标人有利害关系的人不得进入相关项目的评标委员会,已经进入的应当更换。二是根据《招标投标法实施条例》第 48 条第 3 款的规定,评标过程中,评标委员会成员有回避事由、擅离职守或者因健康等原因不能继续评标的,应当及时更换。按照本条款的规定,招标人更换评标委员会专家成员的,应当从评标专家库内相关专业的专家名单中以随机抽取方式确定。招标人更换非专家成员的,可以由招标人直接委派或者指定,无须通过随机抽取的方式确定。

(三)评标专家的回避

评标委员会成员与投标人有利害关系的,应当主动回避。与投标人有利害关系的人,包括三类:一是投标人或者投标人主要负责人的近亲属,主要包括与投标人有劳动、聘用、委托等关系的工作人员或者投标人主要负责人的配偶、父母、子女、兄弟姐妹、祖父母、外祖父母、孙子女、外孙子女等近亲属。二是与投标人有经济利益关系、可能影响对投标公正评审的人,主要是与评标结果存在经济利益关系,任其参加评标有可能影响评标公正性的人员,如投标人的债权人、股东等。三是招标项目主管部门或者行政监督部门的人员,这些部门主要是指《招标投标法实施条例》第4条提到的所有参与招标投标活动行政监督的部门,既包括行业主管部门,也包括项目审批核准部门、财政部门、监察部门等。其工作人员主要是担任具体招标项目行政管理和行政监督职能的国家机关工作人员。当然,对于由其他行政管理和行政监督部门负责的招标项目,如果不属于该行政管理和行政监督部门的职责范围,那么其工作人员可以担任评标委员会成员。

【提示47】正确把握行政监督部门工作人员的回避义务。

行政监督部门的工作人员不得担任本部门负责监督项目的评标委员会成员,此处的"本部门"不能作扩大性的理解,而应将其细化到具体的行政监督部门。本条款中的回避义务只存在于接受具体行政监督部门监督的招标项目,对于由其他行政监督部门监督的招标项目,如果不属于该行政监督部门的监督范围,那么其工作人员可以担任评标委员会成员。

(四)对确定评标委员会成员的监督

有关行政监督部门应当按照规定的职责分工,对评标委员会成员的确定方式、评标专家的抽取和评标活动进行监督。此处的"职责分工"详见《招标投标法实施条例》第4条的规定。此处的监督方式,可以采用多种途径,既可以是现场监督,也可以是事前批准、事后审查等。

第四十七条 【特殊招标项目的认定】

招标投标法第三十七条第三款所称特殊招标项目,是指技术复杂、专业性强或者国家有特殊要求,采取随机抽取方式确定的专家难以保证胜任评标工作的项目。

本条是关于特殊招标项目认定的规定。

根据《招标投标法》第37条第3款的规定,对于评标委员会中评标专家的确定,一般招标项目可以采取随机抽取方式,特殊招标项目可以由招标人从专家库或者专家名册中直接确定。本条款将"特殊招标项目"界定为技术复杂、专业性强或者国家有特殊要求,采取随机抽取方式确定的专家难以保证胜任评标工作的项目。

第四十八条 【评标中招标人的责任】

招标人应当向评标委员会提供评标所必需的信息，但不得明示或者暗示其倾向或者排斥特定投标人[（一）]。

招标人应当根据项目规模和技术复杂程度等因素合理确定评标时间。超过1/3的评标委员会成员认为评标时间不够的，招标人应当适当延长[（二）]。

评标过程中，评标委员会成员有回避事由、擅离职守或者因健康等原因不能继续评标的，应当及时更换。被更换的评标委员会成员作出的评审结论无效，由更换后的评标委员会成员重新进行评审[（三）]。

（一）评标信息的提供

为了方便评标委员会成员及时了解招标项目情况，保障其正确履行评标职责，评标开始前，招标人应当向评标委员会成员提供评标所必需的信息。对于提供评标信息的形式，《招标投标法》和《招标投标法实施条例》没有明确规定，可由招标人自行确定。实践中，招标人既可以采用评标预备会的形式，向评标委员会成员全面介绍招标项目的情况，然后再分发相关的书面资料供其参考使用，也可以不召开会议，仅发放评标相关的书面资料。评标信息的提供对象，应当是评标委员会的全体成员，既包括评标委员会中的专家成员，也包括评标委员会中的招标人代表。

招标人提供的信息应当是评标所必需的信息，主要包括以下7项内容：

（1）招标的目标；

（2）招标项目的范围和性质；

（3）招标文件中规定的主要技术要求、标准和商务条款；

（4）招标文件规定的评标标准、评标方法和在评标过程中考虑的相关因素；

（5）开标会议记录；

（6）投标文件；

（7）采用资格预审的，还包括资格预审文件和资格预审申请文件。

招标人提供评标信息时，应当提供客观公正的信息，不得以明示或者暗示方式提供倾向或者排斥特定投标人的评标信息。

【技巧37】投标报价无须提供给评标委员会成员。

如果投标报价提供给评标委员会成员，那么评标委员会成员在正式评标前将会了解到各投标人的投标报价情况，有可能留下排名印象，影响其此后的评标打分活动。因此，为了保证评标委员会成员客观、公正地履行评标职责，招标人无须将投标报价提供给评标委员会成员。

(二)评标时间的确定及延长

如果确定的评标时间太长,那么有可能延迟招标项目的进度,增加工程项目的成本;如果太短,那么无法满足评标活动的需要,不能保证评标工作的质量。因此,招标人应当根据项目的相关情况,合理确定评标时间。招标人确定评标时间应当考虑以下主要因素:

(1)招标项目的规模和技术复杂程度;

(2)招标项目的投标有效期和工程项目进度;

(3)投标人的数量;

(4)评标委员会成员的人数;

(5)评标委员会成员的评标熟练程度;

(6)评标标准和办法;

(7)是否采用电子评标手段。

招标人确定评标时间的具体阶段,既可以在开标前,也可以在开标后。需要注意的是,评标时间应当尽量在投标有效期内结束,并且还要额外预留一定的定标时间和合同签订的时间。评标以及后续的定标、签订合同等活动不能在投标有效期内结束的,招标人需要请求投标人延长投标有效期和投标保证金的有效期,不同意延长的,其投标无效,有可能降低招标项目的竞争性。对于招标人所确定的评标时间的具体长度,法律层面没有强制要求,也没有要求必须在招标文件中予以明确规定,但是,招标人确定评标时间后,必须告知评标委员会成员,以便遵照执行。

如果超过1/3的评标委员会成员认为招标人所确定的评标时间不足,可以请求招标人适当延长,招标人应当延长。但是,对于评标委员会成员在什么时候、通过什么方式提出延长评标时间的请求,以及招标人如何确定延长的具体时间、采用什么形式延长评标时间,《招标投标法实施条例》均没有明确规定,可以由招标人自行确定。对于延长评标时间的规则,建议招标人在提供评标信息时,一并告知评标委员会成员,以便共同遵守。

(三)评标委员会成员的更换

评标过程中,评标委员会成员有回避事由、擅离职守或者因健康等原因不能继续评标的,应当及时更换。评标时发现需要更换的事由时,招标人应当及时更换,更换评标委员会成员的原因应当是客观存在严重影响评标正常进行的事由,招标人不得因为评标委员会成员坚持己见,不执行招标人的不正当要求而滥用更换权,从而到达操纵评标委员会的目的。招标人更换评标委员会成员的,被更换的评标委员会成员作出的评审结论无效,由更换后的评标委员会成员重新进行评审。

【问题56】决定更换评标委员会成员的主体是谁?

有权决定更换评标委员会成员的主体是招标人、招标代理机构、评标委员会还是行政监督人员?对此,《招标投标法实施条例》没有明确规定。笔者认为,由于招标项目是由招标人提出的,评标委员会也是由招标人依法组建的,既然一部分评标委员会评标专家由招标人抽取产生,另一部分评标委员会成员由招标人直接指定,评标委员会成员均由招标人确定,那么对于是否更换评标人员的决定权,也应当由招标人享有。但是,其他主体可以向招标人提出更换评标委员会成员的建议,由招标人决定是否采纳。行政监督部门认为应当更换评标委员会成员的,有权要求招标人更换,招标人不更换的,行政监督部门有权依据《招标投标法实施条例》第70条的规定对其进行处罚。

第四十九条 【评标委员会成员的职责】

评标委员会成员应当依照招标投标法和《招标投标法实施条例》的规定,按照招标文件规定的评标标准和方法,客观、公正地对投标文件提出评审意见。招标文件没有规定的评标标准和方法不得作为评标的依据(一)。

评标委员会成员不得私下接触投标人,不得收受投标人给予的财物或者其他好处,不得向招标人征询确定中标人的意向,不得接受任何单位或者个人明示或者暗示提出的倾向或者排斥特定投标人的要求,不得有其他不客观、不公正履行职务的行为(二)。

(一)评标依据

评标委员会应当按照招标文件中确定的评标标准和方法,对投标文件进行评审和比较。为保证招标投标活动符合公开、公平和公正的原则,评标委员会对各投标人提交的投标文件进行评审、比较的唯一标准和评审方法,只能是招标文件中载明的评标标准和方法。招标人或评标委员会都不能在评标过程中对评标标准和方法加以修改。招标文件以外的评标标准和方法不能作为评标的依据。

(二)评审纪律

评标过程中,评标委员会成员应当遵守四不准纪律要求:

1. 不得私下接触投标人

为防止评标委员会成员与投标人相互串通,影响评标活动的公正性,本条款规定,评标委员会成员不得私下接触投标人。笔者认为,此处的“私下”,是指工作场合之外的不受监督和约束的接触,其方式包括会见、通信联络、文件传递等。评标过程中的澄清,不属于私下接触。

2. 不得收受投标人给予的财物或者其他好处

评标委员会成员收受投标人的财物或者其他好处的,极有可能为投标人出具倾向性的评审意见,为投标人谋取利益,这将严重影响评标委员会成员的独立性和公正性,破坏评标纪律。此处的"财物或者其他好处"形式多样,包括现金、购物卡、有价证券、房产、车辆、物品、有偿服务等。评标委员会成员收受投标人的任何财物或者其他好处的,都属于法律禁止的行为,将承担相应的法律责任。

3. 不得向招标人征询确定中标人的意向、不得接受任何单位或者个人明示或者暗示提出的倾向或者排斥特定投标人的要求

评标委员会成员应当独立履行职责,不得受任何单位和个人的干扰。反之,评标委员会成员也不应当主动迎合任何单位和个人的倾向性意见,征询确定中标人的意向或者接受任何单位或者个人明示或者暗示选择或者排斥特定投标人的要求。

4. 不得有其他不客观、不公正履行职务的行为

评标委员会成员,应当客观公正地对投标文件提出评审意见。此处的"客观",是指评标委员会成员在对投标文件进行评审时,必须以事实为依据,做到实事求是,不带主观偏见,能够严格按照招标文件确定的标准和方法对投标文件作出不掺杂任何倾向性意见的评审结论。此处的"公正",就是要求评标委员会成员一视同仁、不偏不倚地评审,对同类问题、同类情形能够作出同等的处理结果。

除以上四点要求外,评标委员会成员还负有保密义务,不得泄露评标过程中所知悉的评标信息以及国家秘密和商业秘密,否则,将有可能承担相应的法律责任。

第五十条 【标底】

招标项目设有标底的,招标人应当在开标时公布(一)。标底只能作为评标的参考,不得以投标报价是否接近标底作为中标条件,也不得以投标报价超过标底上下浮动范围作为否决投标的条件(二)。

(一)标底公布的时间

"标底",是指招标人根据招标项目的具体情况所编制的完成招标项目所需要的基本概算。标底价格由成本、利润、税金等组成,一般应控制在批准的总概算及投资包干的限额范围内。招标项目设有标底的,标底应当在开标时公布。对于具体的公布时间是在拆封前,还是在唱标后,抑或在开标过程中的任何时候都可以公布,《招标投标法》和《招标投标法实施条例》对此没有明确规定。笔者认为,招标人在开标开始后,正式拆封投标文件之前予以公布比较适宜,这一环节,投标文件

尚未拆封,投标报价尚未公布,而投标文件已经全部递交,投标人已经不具备修改和替换投标报价的机会,该阶段公布标底,既能够体现出公开透明性,又能够防止投标人修改投标报价,较为合适。

(二)标底的作用

标底只能作为评标的参考使用,不得以投标报价是否接近标底作为中标条件,也不得以投标报价超过标底上下浮动范围作为否决投标的条件。标底作为评标的参考依据,其作用主要表现在:

1. 作为发现不合理投标报价的参考依据

标底由招标人或其委托的中介机构编制,通常能够较为客观合理地反映市场价格,因此,可以作为分析判断投标报价可靠性、平衡性、合理性的依据,通过对照标底,可以发现投标报价是否存在低于成本报价、不平衡报价以及不合理报价等情况。

2. 能够帮助招标人纠正招标文件中的错误

通过编制和使用标底,能够及时发现和纠正招标文件、设计图纸以及工程量清单存在的差错、疏漏,以减少招标和评标的失误。

3. 威慑串通投标和不合理报价行为

招标人编制标底的,虽然不能够直接用来否决投标,但是可以向潜在的不法投标人展示招标人对招标项目价格构成的了解程度,威慑潜在的不法投标人,促使其放弃串通投标和不合理报价的企图。

第五十一条 【否决投标的情形】

有下列情形之一的,评标委员会应当否决其投标:

(一)投标文件未经投标单位盖章和单位负责人签字[一];

(二)投标联合体没有提交共同投标协议[二];

(三)投标人不符合国家或者招标文件规定的资格条件[三];

(四)同一投标人提交两个以上不同的投标文件或者投标报价,但招标文件要求提交备选投标的除外[四];

(五)投标报价低于成本或者高于招标文件设定的最高投标限价[五];

(六)投标文件没有对招标文件的实质性要求和条件作出响应[六];

(七)投标人有串通投标、弄虚作假、行贿等违法行为[七]。

(一)投标文件未经投标单位盖章和单位负责人签字

1. 投标文件未经投标单位盖章

投标文件未经投标单位盖章,是指投标文件没有按照招标文件的规定在必须加盖公章的内容页(通常是投标函)上加盖公章。此处的“盖章”,应当理解为加盖单位的公章。所谓公章,是指国家机关、社会团体、企事业单位用自己法定主体名称制作的签名印章。我国有健全的公章管理体系,私刻、伪造、变造公章的行为有可能构成犯罪。合同、财务、税务、发票、投标等业务专用章,经加盖公章的授权书授权后,在相应的业务范围内具有与公章同等的法律效力。投标文件加盖公章和负责人签字,并不是要求投标文件的每一页都要加盖公章和负责人签字,而是通常指在投标函上加盖公章和负责人签字。这是因为,投标函是投标文件最重要的组成部分,投标函中一般包括投标人接受招标投标规则以及中标后按照招标文件和投标文件签订合同等重要事项的承诺条款,在投标函上加盖公章和负责人签字,视为投标人接受这些承诺条款,投标函未经投标单位盖章和单位负责人签字,将缺乏评标的基础,评标委员会有权否决其投标。当然,招标文件另有规定的,应当从其规定。

【提示48】投标函以外的文件也有可能被要求加盖公章和负责人签字。

投标函并不是唯一的被要求加盖公章和负责人签字的文件。根据实际需要,招标文件通常还可以要求投标文件的投标报价、开标文件、法定代表人授权委托书等内容页上加盖公章和负责人签字。对这些文件效力的认定规则,与对投标函的认定一致,即只有加盖公章和负责人签字两者同时都不具备时,才可以认定无效,两者具备其一的,不能认定为无效。当然,招标文件另有规定的,应当从其规定。另外,需要说明的是,这些根据招标文件的要求加盖公章和负责人签字的文件被认定无效后,并不必然导致投标文件无效,还需要根据招标文件的具体规定来确认,这与投标函被认定无效而直接导致投标文件无效的结果是不一样的,这一点需要加以区别对待。

2. 投标文件未经单位负责人签字

投标文件未经单位负责人签字,是指投标文件没有按照招标文件的规定在必须由单位负责人签字的内容页(通常为投标函)上亲笔签字或者加盖姓名印章。此处的“单位负责人”,是指单位的法定代表人或者法律、行政法规规定代表单位行使职权的主要负责人。投标文件中由单位负责人签字的文件范围,与加盖公章的范围相同,通常是指在投标函上由负责人签字。单位负责人的签字,通常是亲笔签字,但是单位负责人有姓名印章的,加盖姓名印章与亲笔签字具有同等的法律效力。

【提示49】单位负责人授权代理人签字的,应当附上授权委托书。

投标人的单位负责人授权代理人签字的,应当在投标文件中附上对代理人代为签字的授权委托书。该份授权委托书上,单位公章和负责人签字两者至少要具备其一。投标文件没有附上授权委托书的,代理人不具有代表负责人签字的权利,此时,代理人签字而负责人没有签字的,视为缺少负责人的签字,在这种情况下,如果同时缺少投标人的公章,评标委员会有权对其作否决投标处理。

3. 条款适用

在通常情况下,投标文件上同时缺少公章和负责人签字的,才符合否决投标的条件,两者具备其一的,不能否决投标文件。也就是说,如果已经加盖了公章但是没有负责人的签字,或者负责人已经签字但没有同时加盖公章的,不能作否决投标处理。当然,招标文件的规定可以严于法律的规定,如果招标文件明确规定加盖公章和负责人签字必须同时具备,缺少其一将否决投标文件,应当按照招标文件的规定执行。

(二)投标联合体没有提交共同投标协议

根据《招标投标法》第31条第3款的规定,联合体投标的,联合体各方应当签订共同投标协议,明确约定各方拟承担的工作和责任,并将共同投标协议连同投标文件一并提交招标人。所谓的“共同投标协议”,是指联合体各方为了参加投标在组建联合体时共同签订的关于职责分工、资质业绩情况、责任承担、投标组织事宜、牵头方与其他成员方的身份确认以及承诺对外承担连带责任的协议文件。联合体各成员方发生纠纷的,可以依据共同投标协议加以解决。联合体共同投标协议是联合体从事投标活动的基础性文件,不但明确了联合体成员在投标阶段的责任、权利和义务,而且也明确了联合体成员在合同履行阶段的职责分工和权益分配,缺少该份文件的,评标委员会将无法判断联合体是否满足招标文件规定的资格条件、是否具备承担招标项目的能力。投标联合体没有提交共同投标协议,评标委员会有权否决其投标文件。

(三)投标人不符合国家或者招标文件规定的资格条件

《招标投标法》第26条规定:“投标人应当具备承担招标项目的能力;国家有关规定对投标人资格条件或者招标文件对投标人资格条件有规定的,投标人应当具备规定的资格条件。”投标人的资格条件包括国家规定的资格条件和招标文件规定的资格条件。招标文件应当根据招标项目的具体情况和要求,在专业资质、技术能力、业绩、信誉、财务状况、管理能力等方面提出投标人应当具备的条件,用于判断投标人是否具有履行招标项目的资格及能力。招标人可以在招标文件中自行确定投标人应当具备的资格条件,但是,所确定的资格条件不得违反国家的规定,不得排斥或者限制潜在投标人。否则,归于无效。为方便评审,通常情况下,招标文件中一并载明国家规定的资格条件。对于国家规定的资格条件,即使招标文件没有载明,由于具有一定的强制性,投标人不符合的,评标委员会也应当直接引用国家规定否决其投标文件。

(四)提交两个以上不同的投标文件或者投标报价,但提交备选投标的除外

1. 投标人提交了两个或者两个以上投标文件或者投标报价

根据《招标投标法》第27条的规定,投标人应当按照招标文件的要求编制投标文件,并对招标文件的实质性要求和条件作出响应。因此,投标人按照招标文件要求所编制的投标文件应当是确定不变的,投标价格也是唯一的、确定的。如果同一个投标人提交了两份或者两份以上内容不同的投标文件或者投标报价,而且没有明确哪一份是主方案,哪一份是备选方案,评标委员会在评审时,将不能确定以哪一份为准,无法进行评标。对此,评标委员会只能对其作否决投标处理。

2. 对于"招标文件要求提交备选投标的除外"的理解

为了充分调动投标人的内在潜力,使招标项目的实施方案更为科学合理,招标文件可以要求投标人提交备选投标方案。招标文件要求投标人提交备选投标方案的,投标人可以提交两份或者两份以上内容不同的投标文件和投标报价,并且投标文件应当明确哪一份是主方案,哪一份是备选方案。招标文件要求投标人提交备选投标方案时,还应当明确规定投标人如何编制、提交备选投标方案,以及对备选投标方案的评审办法等。

需要说明的是,某些国有大型企业招标时,由于项目种类数量庞大,招标时根据特定条件划分较多标包,甚至有的标包会进一步划分多个子包,并将大量标包(子包)捆绑在一起集中招标。对于这种情况,每个标包(子包)视为一个独立的招标项目,则投标人针对每一个标包(子包)的报价,也是独立的报价,不能被认定为投标人的多个报价。

【问题57】招标文件规定不接受备选方案,投标人提交的,如何处理?

由于招标文件明确规定不接受备选方案,投标人提交了备选方案的,即使已经明确了主方案和备选方案,也符合招标文件规定的否决投标条件,评标委员会应当依据招标文件的规定,对其作否决投标处理。

【问题58】招标文件要求提交备选方案,投标人提交了但是没有明确主方案和备选方案,如何处理?

投标人提交了两份或者两份以上的投标文件和投标报价,但是没有明确哪一份是主方案,哪一份是备选方案,根据本条款的规定,评标委员会应当否决其投标

文件。

【问题59】招标文件对于提交备选方案未置可否，投标人提交了两份方案并且明确了主方案和备选方案的，如何处理？

招标文件对于提交备选方案未置可否，视为招标文件没有明确禁止提交备选方案。在这种情况下，如果投标人递交了两份方案并且明确了主方案和备选方案，那么评标委员会对其作否决投标处理，将缺乏明确的法律依据和招标文件的依据，因此，不能作否决投标处理。正确的处理方法是，评标委员会先评审主方案，如果主方案符合中标条件，再评审其备选方案。

【技巧38】招标人不接受备选方案的，必须在招标文件中明确规定。

招标文件对于提交备选方案未置可否的，视为不拒绝接受备选方案。因此，招标人如果不接受备选方案，必须在招标文件中明确规定，并将该项要求作为否决投标文件的条件，当投标人递交备选方案时，才能够依据招标文件规定的该项否决投标条款对其作否决投标处理。

（五）投标报价低于成本或者高于招标文件设定的最高投标限价

1. 投标报价低于成本

此处的“低于成本”，不是行业平均成本，而是指低于投标人为完成投标项目所需支出的个别成本。由于每个投标人的管理水平、技术能力与条件不同，即使完成同样的招标项目，其个别成本也不可能完全相同，管理水平高、技术先进的投标人，生产、经营成本低，有条件以较低的报价参加投标竞争，这是其竞争实力的体现。实行招标投标的目的正是通过投标人之间的竞争，特别在投标报价方面的竞争，择优选择中标者，因此，只要投标人的报价不低于自身的个别成本，即使是低于行业平均成本，也是完全可以的。

本条款禁止投标人以低于其自身完成投标项目所需成本的报价进行投标竞争，主要目的是避免投标人以低于成本的报价中标后，再以粗制滥造、偷工减料等违法手段不正当地降低成本，挽回其低价中标的损失，给工程质量造成危害，同时也是为了维护正常的投标竞争秩序，防止投标人以低于其成本的报价进行不正当竞争，损害其他正常报价投标人的利益。

至于对“低于成本”的判定，在实践中是比较复杂的问题，需要根据每个投标人的不同情况加以确定。《评标委员会和评标方法暂行规定》第21条中规定的认定标准和程序为：在评标过程中，评标委员会发现投标人的报价明显低于其他投标报价或者在设有标底时明显低于标底，使其投标报价可能低于其个别成本的，应当要求该投标人作出书面说明并提供相关证明材料,投标人不能合理说明或者不能提供相关证明材料的,由评标委员会认定该投标人以低于成本报价竞标,其投标应作否决投标处理。

2. 最高投标限价

最高投标限价是招标人能够承受的最高价格,超过最高投标限价的投标人中标的,招标人将没有充足的资金完成招标项目。根据《招标投标法实施条例》第 27 条的规定,最高投标限价应当在招标文件中公布,即向潜在投标人明示招标人能够承受的最高价格。潜在投标人的投标报价高于最高投标限价的,可以放弃投标,潜在投标人的报价在最高投标限价范围内的,可以参加投标。但是,如果潜在投标人仍然以超过最高投标限价的报价投标,根据本条款的规定,评标委员会有权对其投标文件作否决投标处理。

(六)投标文件没有对招标文件的实质性要求和条件作出响应

根据《招标投标法》第 27 条的规定,投标文件应当对招标文件提出的实质性要求和条件作出响应。

对招标文件提出的实质性要求和条件作出响应,是指投标文件的内容应当对招标文件规定的实质要求和条件作出一对一的答复,不能存有遗漏或重大的偏差。否则,评标委员会有权否决其投标文件。招标人设立实质性要求和条件时,应当注意以下两点:(1)对于《招标投标法》和《招标投标法实施条例》规定的投标人必须满足的法定实质性要求和条件,招标文件可以列明,也可以不列明,笔者建议招标文件予以列明,以方便评标委员会的查找和适用,当然,招标文件不列明时,评标委员会也可以直接援引法律的规定对符合条件的投标文件作否决投标处理;但是,对于招标人在法定条件之外提出的实质性要求和条件,招标文件必须列明,并且明确为实质性要求和条件,如果不列明,那么评标委员会不得据此作出否决投标处理。(2)招标人应当根据招标项目的具体特点和需要设置实质性要求和条件,所设置的实质性要求和条件主要是对合同履行有重大影响的内容或者因素,如招标项目的质量要求、进度要求、技术标准要求、合同的主要条款、投标有效期等,建议招标人不要过分关注投标文件的签字、包装、密封等形式条件,尽量不要将其设置为实质性要求和条件,否则,有可能因为过度否决投标而降低招标项目的竞争性。

【问题 60】如何认定投标文件没有响应招标文件规定的实质性要求和条件?

投标文件没有响应招标文件规定的实质性要求和条件,主要表现在 3 个方面:一是明确表示不接受实质性要求和条件;二是虽然没有明确表示不接受实质性要求和条件,但是消极对待,没有积极地作出接受和响应的回复;三是虽然接受了实质性要求和条件，但是所响应的内容存在重大偏差，背离了招标文件设置实质性要求和条件的初衷。由于对是否响应实质性要求和条件的认定具备一定的专业性要求，需要评标委员会成员根据具体情况评析和判断后，再加以认定。

（七）投标人有串通投标、弄虚作假、行贿等违法行为

投标人串通投标是指投标人彼此之间或者投标人与招标人之间以口头或者书面形式，就投标情况互相通气，达到避免相互竞争，共同损害招标人和其他投标人的合法权益，损害国家和社会公共利益的行为。关于串通投标的具体行为，《招标投标法实施条例》第 39 条、第 40 条列明了 11 种投标人相互串通投标的情形。第 41 条列明了 6 种投标人与招标人串通投标的情形。

弄虚作假，是指投标人通过伪造、变造招标文件要求提交的资质、资格等证明文件参加投标并骗取中标。实践中，主要的表现形式有：使用伪造、变造的许可证件；提供虚假的财务状况或者业绩；提供虚假的项目负责人或者主要技术人员简历、劳动关系证明；提供虚假的信用状况等。

行贿中标，是指投标人以谋取中标为目的，给予招标人（包括工作人员）、招标代理机构（包括工作人员）或者评标委员会成员财物或者其他好处的行为。

以上 3 种违法行为，严重破坏了招标投标活动的竞争规则，损害招标人和其他投标人的合法权益，损害国家和社会公共利益，必须坚决予以禁止。

【问题 61】如何认定投标人存在上述违法行为？

投标人有串通投标、弄虚作假、行贿等违法行为存在 3 个层面的含义：

第一，对于本次招标项目中投标人出现串通投标、弄虚作假、行贿等违法行为，只要存在，必须予以否决。

第二，虽然不是在本次招标项目中被发现，但是投标人存在串通投标、弄虚作假、行贿的违法行为处罚记录，在处罚期内，而且也存在于应当处罚的适用地域的，也要否决。

第三，投标人存在串通投标、弄虚作假、行贿的违法行为处罚记录，尚在处罚期限内，而且限定在某一地域范围内，投标人在所受处罚的地域范围外投标的，如果招标文件明确规定不接受任何受到处罚的投标人的投标，那么也应当否决投标。这种情况，是对投标人信誉方面的规定，只要招标文件有明确的规定，并且将其作为否决投标条件，评标委员会也可以否决其投标。

在具体适用时，评标委员会应当根据招标文件的具体规定加以判断和认定。

【技巧 39】如何拒绝受到行政处罚的投标人的投标？

招标人不希望因串通投标、弄虚作假、行贿等违法行为受到行政处罚的投标人

参加招标项目的投标的,可以在招标文件中明确规定:本招标项目不接受在全国范围内遭受处罚并且没有超出处罚期限的投标人的投标,该类投标人参加投标的,评标委员会有权否决其投标文件。

【提示50】否决投标的法定情形汇总表,详见附录2。

《招标投标法实施条例》规定了上述7种否决投标的情形。除此之外,《招标投标法》和相关的部门规章也规定了相应的否决投标文件的情形,这些情形构成了法定否决投标条件。对于法定否决投标条件,招标文件即使没有明确规定的,评标委员会仍然有权引用,作为否决投标的依据。为了方便适用、避免遗漏,我们制作了否决投标的法定情形汇总表,见附录2。

除法定的否决投标条件外,招标文件还可以根据项目的具体情况和要求,设置相应的否决投标条件,只要这些否决投标条件符合法律、行政法规的规定,并且不会限制、排斥潜在投标人,就可以作为评标委员会否决投标的依据。

第五十二条 【投标文件的澄清和说明】

投标文件中有含义不明确的内容、明显文字或者计算错误,评标委员会认为需要投标人作出必要澄清、说明的(一),应当书面通知该投标人。投标人的澄清、说明应当采用书面形式(二),并不得超出投标文件的范围或者改变投标文件的实质性内容(三)。

评标委员会不得暗示或者诱导投标人作出澄清、说明,不得接受投标人主动提出的澄清、说明(四)。

(一)澄清的条件

《招标投标法》第39条中规定,评标委员会可以要求投标人对投标文件中含义不明确的内容作必要的澄清或者说明。评标委员会在对投标人的投标文件进行评审和比较时,遇到投标文件中所载事项内容不清楚、不明确的地方,可以要求投标人对此予以说明,以便客观地对投标文件进行审查和比较,准确地了解投标人的真实意思表示。当评标委员会要求投标人对投标文件中含义不明确的内容加以澄清或者说明时,投标人应当如实加以澄清或者说明。投标人拒绝作出必要的澄清或说明的,评标委员会将无法判定其投标文件的确切含义,评标委员会有权将其作否决投标处理。

按照《招标投标法》《招标投标法实施条例》以及相关部门规章的规定,并不是所有投标文件中的问题都可以进行澄清或者说明,澄清和说明的问题是有限制性要求的。

1. 投标文件含义不明确

投标文件中含义不明确的内容是指投标文件中意思表示不清晰，有可能产生歧义、造成误解的内容。评标委员会对投标文件中含义明确的内容，不得要求投标人作出解释、阐述，不得以任何明示或暗示的方式要求投标人以澄清或说明为借口，表达与其投标文件原意不同的新意见。需要注意的是，应当将“含义不明确”与“关键字迹模糊、无法辨认”作严格的区分，“含义不明确”为澄清的条件，而“关键字迹模糊、无法辨认”应为否决投标条件。

2. 有明显的文字或者计算错误

“文字或者计算错误”多为笔误，或者因疏忽大意所造成的计算错误。“明显的”，是指正常情况下可以根据语境、表述目的、语言习惯等可以比较容易推断为文字或者计算错误。根据《评标委员会和评标方法暂行规定》的规定，补正文字或者计算错误的规则是，投标文件中的大写金额和小写金额不一致的，以大写金额为准；总价金额与单价金额不一致的，以单价金额为准，但单价金额小数点有明显错误的除外。

3. 对同类问题表述不一致

除上述两项澄清的条件外，《评标委员会和评标方法暂行规定》规定，投标文件对同类问题表述不一致的，可以进行必要的澄清、说明或者补正。需要说明的是，此处的“对同类问题表述不一致”主要指的是非实质性的问题或者细微偏差，如果投标文件中的实质性内容不一致，如报价不一致，并且没有说明哪一个是主选报价，哪个是备选报价，则不得澄清，构成否决投标条件的，应当作否决投标处理。

4. 评标委员会认为需要澄清说明的

对于以上 3 项澄清的条件，还需要评标委员会的认定才能够进行澄清。如果评标委员会认为不进行澄清将无法判断投标文件的本意，则可以通过澄清方式要求投标人进行澄清，如果评标委员会认为通过其他途径也可以了解投标文件的意图和真实意思，无须进行澄清，也可以不进行澄清。

另外，需要注意的是，细微偏差不影响投标文件的有效性，补正这些细微偏差不会对其他投标人造成不公平的结果，因此，澄清、说明或者补正只能针对细微偏差，对于重大偏差不得进行澄清。

（二）澄清的形式

澄清应当以书面形式通知投标人，投标人的澄清、说明也应当采用书面形式。这是因为，评标委员会以书面形式通知投标人有关澄清的内容，有利于准确传递信息，保证投标人的正确理解和回复；投标人以书面形式对投标文件进行澄清、说明，有利于将澄清、说明的信息固定，并作为其投标文件的一部分进行评审。根据《民法典》第 469 条的规定，书面形式是合同书、信件、电报、电传、传真等可以有形地表现所载内容的形式;以电子数据交换、电子邮件等方式能够有形地表现所载内容,并可以随时调取查用的数据电文,视为书面形式。实践中,传统招标中发出的对投标文件的澄清多采用传真形式进行,电子招标投标中的澄清,通常通过电子招标投标交易平台进行。

【问题62】可以采用会议的形式当面澄清吗?

虽然《招标投标法实施条例》要求招标人和投标人以书面形式传递澄清内容,但是这并不意味着不得采用会议的形式当面澄清。招标人采用会议形式当面澄清时,应当按照《招标投标法实施条例》的要求,将需要澄清的内容以书面形式通知投标人,投标人在澄清会议上对这些问题当面进行澄清说明后,还需将所澄清的结果形成文字,以书面形式提交给招标人。另外,采取会议形式澄清的,还需要做好保密工作。一是评标专家的身份不得暴露,因此,会议需要采取一些技术手段,如单向视频会议形式等;二是须避免评标委员会在澄清过程中泄露对投标文件评审的相关信息;三是采用会议形式澄清时,应当与投标人一对一地进行轮流交流,避免多家投标人在同一现场同时澄清说明,进而导致澄清信息交叉泄露。

(三)投标人澄清的禁止性规定

投标人对于投标文件的澄清或者说明不得超出投标文件的范围或者改变投标文件的实质性内容,这一规定从两个方面对投标人澄清和说明投标文件的行为进行了限制。

首先,投标人对于投标文件的澄清或者说明只能限于投标文件已经记载的内容,不得超出投标文件的范围。如果某些投标人因其投标文件编写不完整,以图借评标过程中澄清、说明的机会补充甚至修改投标文件的内容,则是法律所不允许的。

其次,投标人对于投标文件的澄清或者说明不得改变投标文件的实质性内容。这一规定存在三层含义:一是评标委员会不得对投标文件的实质性内容提出澄清要求,投标人也就没有机会对实质性内容进行澄清说明;二是投标人不得在回复非实质性内容的澄清说明时对投标文件的实质性内容进行澄清;三是投标人不得在没有招标人澄清要求时主动地对其投标文件的实质性内容进行澄清和说明。总之,投标人不得通过澄清和说明,改变投标文件原来已经存在的实质性内容。此处的"实质性内容",包括投标文件中记载的投标报价、主要技术参数、交货或竣工日期等主要内容。

本条款对投标人对其投标文件进行澄清和说明的情形加以限制,目的是确保评标的公平和公正。因为,如果投标人对其投标文件的澄清或说明能够超出投标文件的范围或者改变投标文件的实质内容,实际上是补充或修改了自己的投标文件,而按照《招标投标法》第29条的规定,投标人只能在提交投标文件的截止时间前才可以对投标文件进行补充或修改。开标后投标人已经掌握了其他投标人的投标信息，如果允许投标人在开标后的评标阶段利用澄清、说明的机会对自己的投标文件进行补充、修改，这将必然违反评标的公平、公正原则。

（四）评标委员会要求澄清时的禁止性规定

评标委员会不得暗示或者诱导投标人作出澄清、说明，不得接受投标人主动提出的澄清、说明。投标人澄清、说明的内容应当真实反映投标人的本意，评标委员会的诱导或者暗示可能导致投标人借机表达与原投标文件不同的意思或者内容，获取不正当利益。因此，评标委员会对投标文件进行澄清时，不得暗示或者诱导投标人作出澄清、说明，在提出澄清要求时，不得带有诱导或者倾向性的意见。另外，在评标委员会没有发出澄清要求的情况下，投标人不能主动提出对其投标文件的内容进行澄清和说明。否则，视为投标人在投标截止时间后变更投标文件的行为。投标人主动进行澄清说明的，评标委员会应当拒绝接受。

【问题63】投标人不按照要求澄清或者拒绝澄清的如何处理？

根据《评标委员会和评标方法暂行规定》第22条的规定，投标人拒不按照要求对投标文件进行澄清、说明或者补正的，评标委员会可以否决其投标。投标人拒绝澄清的，属于不按要求澄清的情形，评标委员会可以否决其投标。

第五十三条 【评标报告】

评标完成后，评标委员会应当向招标人提交书面评标报告和中标候选人名单[一]。中标候选人应当不超过3个，并标明排序[二]。

评标报告应当由评标委员会全体成员签字。对评标结果有不同意见的评标委员会成员应当以书面形式说明其不同意见和理由，评标报告应当注明该不同意见。评标委员会成员拒绝在评标报告上签字又不书面说明其不同意见和理由的，视为同意评标结果[三]。

（一）评标报告的提交

评标委员会的工作成果，最终要以书面评标报告的形式体现。根据《招标投标法》第40条第2款中的规定，招标人应当根据评标委员会提出的书面评标报告和推荐的中标候选人确定中标人。据此，书面评标报告是招标人确定中标人的依据。评标委员会完成评标后，应当向招标人提交书面报告，为招标人定标提供依据。无论是招标人、招标代理机构，还是行政监督部门，都无权剥夺评标委员会推荐中标候选人的法定权利，招标人也不得脱离书面评标报告，在中标候选人之外确定中标人。

评标完成后,由评标委员会向招标人提交书面评标报告,内容包括推荐的中标候选人名单等。根据《评标委员会和评标方法暂行规定》,评标报告应当如实记载以下内容:

(1)招标项目基本情况和数据表;

(2)评标委员会成员名单;

(3)开标记录;

(4)符合要求的投标一览表;

(5)否决投标情况说明;

(6)评标标准、评标方法或者评标因素一览表;

(7)经评审的价格或者评分比较一览表;

(8)经评审的投标人排序;

(9)推荐的中标候选人名单(列明排序);

(10)签订合同前要处理的事宜;

(11)澄清、说明、补正事项纪要。

(二)中标候选人数量和排序

评标报告中推荐的中标候选人数量应当不超过3个。也就是说,可以是1个、2个或者3个,推荐的中标候选人是1个以上的,应当标明排列顺序。《招标投标法》和《招标投标法实施条例》之所以规定中标候选人的数量为1~3个,是因为实践中排序第一的中标候选人可能存在放弃中标、因不可抗力不能履行合同、不按照招标文件要求提交履约保证金,或者经查证存在影响中标结果的违法行为等情况,在这种情况下,推荐的中标候选人为1名以上的,招标人还有选择其他中标候选人为中标人的余地,避免重新组织招标而浪费时间和精力。而且根据《招标投标法实施条例》的规定,除国有资金占控股或者主导地位的必须招标项目外,招标人有权根据招标项目的特点和需要从中标候选人中确定中标人,而不是必须确定排序第一的中标候选人为中标人。中标候选人限定在3个以内,是因为推荐过多的中标候选人并允许招标人自由选择的,将有可能失去招标活动的意义。

【技巧40】评分完全相同时,如何推荐中标候选人和排序?

目前,对于投标人的评分完全相同的情况下,如何推荐中标候选人和进行排序的问题,法律层面上没有明确的规定。笔者认为,为了避免发生评分完全相同的情况,建议招标文件明确规定评分相同时的中标候选人的排序规则。例如,总分相同的,以技术得分高者排序在先;技术得分也相同的,以价格得分高者排序优先;价格得分也相同的,以业绩多者排序优先;等等。如果招标文件没有明确规定在总分相同时的排序规则，评标委员会应当将所有中标候选人全部列出，然后，对于评分相同的投标人的主要情况进行详细说明，交由招标人决定。

（三）评标报告的签署

在一般情况下，评标报告应当由评标委员会全体成员签字。对评标结果有不同意见的评标委员会成员应当以书面形式说明其不同意见和理由，评标报告应当注明该不同意见，供招标人参考使用。评标委员会成员拒绝在评标报告上签字又不书面说明其不同意见和理由的，视为同意评标结果。

【问题 64】少数评标成员有不同意见的，评标结果可作为定标依据吗？

《招标投标法》和《招标投标法实施条例》对此没有明确的规定。笔者认为，该评标结果可以作为定标依据。这是因为，根据评标委员会成员的组成规定，必须招标项目的评标委员会应当由 5 人以上单数组成，这就是为了在意见不统一时按照少数服从多数的规则确定最终的意见。该问题中，如果多数评标人员签字同意了评标结果，那么，这个结果也是有效的，可以作为最终的定标依据。

第五十四条 【公示中标候选人】

依法必须进行招标的项目，招标人应当自收到评标报告之日起 3 日内公示中标候选人，公示期不得少于 3 日[一]**。**

投标人或者其他利害关系人对依法必须进行招标的项目的评标结果有异议的，应当在中标候选人公示期间提出[二]**。招标人应当自收到异议之日起 3 日内作出答复；作出答复前，应当暂停招标投标活动**[三]**。**

（一）公示的范围、时间、内容及媒介

1. 范围

必须招标项目的中标候选人必须进行公示，非必须招标项目的中标候选人是否公示，《招标投标法实施条例》没有明确规定，可由招标人自行确定。需要注意的是，招标人在公示中标候选人时，应当公示全部的中标候选人，而不是仅限于排名第一的中标候选人。相应地，投标人和其他利害关系人对公示的中标候选人有异议的，也不限于排名第一的中标候选人，对其他的中标候选人也可以提出异议。

2. 公示的时间

招标人应当自收到评标报告之日起 3 日内公示，公示不得少于 3 日。需要注意的是，收到评标报告的时间，是由招标人以及评标委员会内部把握的，除此之外

的人员不得而知。因此,实践中对于招标人是否在收到评标报告之日起3日内进行了公示,对于该时间的把握,投标人和其他利害关系人无从监督。

【问题65】节假日期间公示的,如何计算公示时间?

《招标投标法实施条例》规定,公示不得少于3日,此处的"日"是日历日,而非工作日。因此,如果招标人在法定节假日或者休息日期间公示中标候选人的,从《招标投标法实施条例》的规定来看,所占用的节假日也应当计算在公示时间内。

3. 公示的内容

公示的主要内容,为中标候选人的名称。公示时,如果中标候选人是1人以上,还需要列明中标候选人的排列顺序。

【问题66】在有多名中标候选人的情况下,能否仅公示第1名?

笔者认为,条例中规定的"公示中标候选人"是指全部的"中标候选人",而不是部分的"中标候选人"。中标候选人应当为1名至3名,具体数量由招标文件规定。当招标文件规定的中标候选人为1名时,可以仅公示第1名中标候选人,当招标文件规定的中标候选人为2名或者3名的,应当将全部中标候选人予以公示。

4. 公示的媒介

《招标投标法》和《招标投标法实施条例》,没有明确中标候选人的公示媒介。笔者认为,根据公示制度的设置初衷,这里的媒介至少要包括招标公告的发布媒介。对于必须进行招标的邀请招标项目,由于没有发布招标公告的媒介,公示中标候选人的媒介可以由招标人在招标文件中明确规定,如果招标文件没有规定,建议招标人尽量选择能够覆盖全体投标人的媒介公示中标候选人。

(二)公示中标候选人的异议

对中标候选人的异议主体,只能是投标人或者其他利害关系人。"投标人"即《招标投标法》第25条规定的已对招标项目作出响应,提交投标文件,参加投标竞争的法人或者其他组织,以及参加科研招标项目投标的个人。"其他利害关系人",主要是指投标人以外的,与中标结果存在利害关系的法人、其他组织或者个人。提出异议的时间为公示期间[如图12中"公示期(异议期)"所示]。如果公示的时间为法定节假日或者休息日,那么投标人也应当在公示期间提出异议。同其他异议的提出一样,公示中标候选人异议的提出也受到时限的限制,中标候选人公示期间没有提出异议的,投标人或者其他利害关系人将失去提出异议的权利。

【技巧41】法定节假日期间,招标人已经放假的,如何提出异议?

法定节假日期间,如果招标人已经放假,没有安排负责接收异议的工作人员,投标人需要提出异议,可以通过邮寄送达的方式提出。这种情况下,将以交邮的时间作为提出异议的时间,因此,只要在公示期间寄出含有异议内容的邮件,即视为在法定期间提出异议,该异议应当是符合时间要求的有效的异议。

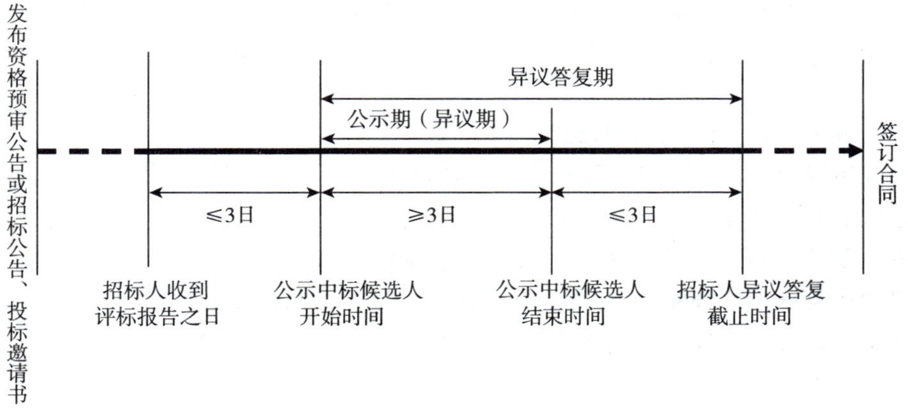

图 12　中标候选人公示及异议答复时间关系

【技巧 42】为避免错过公示期,建议投标人关注招标人的公示活动。

由于评标委员会什么时候提交评标报告,投标人及利害关系人无从知晓,对于招标人什么时候公示中标候选人,投标人和其他利害关系人也是没有预期的。因此,招标人公示中标候选人后,投标人比较容易错过公示期,从而失去对公示的中标候选人提出异议的机会。为避免错过公示期,建议投标人关注招标人的公示活动,如有必要,可以主动询问招标人或者招标代理机构有关公示中标候选人的时间安排等情况。

(三)异议答复的时间以及异议答复对招标投标活动的影响

1. 答复时间

招标人自收到异议之日起3日内作出答复(答复期如图12中“异议答复期”所示)。此处的“日”与公示中标候选人中的“日”性质相同,也属于日历日,包括法定节假日和休息日。因此,即使招标人在法定节假日或者休息日收到异议,也应当及时答复。当然,与异议的提出不同,此处,招标人未及时答复超过公示期的,作出答复前应当暂停招标投标活动,而不会丧失答复的权利。

2. 答复异议对招标投标活动的影响

招标人作出答复前,应当暂停招标投标活动。在中标候选人公示期间有关中标候选人的异议成立的,招标人应当组织原评标委员会对有关问题予以纠正,招标人无法组织原评标委员会予以纠正或者原评标委员会无法自行纠正的,招标人应当报告行政监督部门,由行政监督部门依法作出处理。

【提示51】投标人对答复不满意的,可以通过投诉或者诉讼方式解决。

招标人对投标人或者其他利害关系人提出的异议回复后,投标人或者其他利害关系人对回复不满意的,可以通过投诉或者诉讼方式解决。投标人或者其他利害关系人选择投诉或者诉讼方式解决的,不影响招标投标活动的继续进行。

第五十五条 【中标人的确定】

国有资金占控股或者主导地位的依法必须进行招标的项目,招标人应当确定排名第一的中标候选人为中标人(一)。排名第一的中标候选人放弃中标、因不可抗力不能履行合同、不按照招标文件要求提交履约保证金,或者被查实存在影响中标结果的违法行为等情形,不符合中标条件的,招标人可以按照评标委员会提出的中标候选人名单排序依次确定其他中标候选人为中标人(二),也可以重新招标(三)。

(一)适用的范围

应当确定排名第一的中标候选人为中标人的项目,为国有资金占控股或者主导地位的必须招标项目。该类项目的范围,是指在必须招标项目中,资金使用方面国有资金占控股或者主导地位的项目。该类项目的范围,比必须招标项目的范围有所缩小,而且也比使用国有资金投资或者国家融资项目范围要小,强调的是国有资金占控股或者主导地位。

【提示52】部分部门规章根据本条的规定进行了相应修改。

2013年5月1日起实施的《关于废止和修改部分招标投标规章和规范性文件的决定》,根据《招标投标法实施条例》的规定,对部分部门规章中确定排名第一的中标候选人为中标人的项目范围进行了调整。其中,将原《工程建设项目施工招标投标办法》第58条第2款删除并将第1款“依法必须进行招标的项目,招标人应当确定排名第一的中标候选人为中标人……”修改为“国有资金占控股或者主导地位的依法必须进行招标的项目,招标人应当确定排名第一的中标候选人为中标人……”将原《工程建设项目货物招标投标办法》第48条第1款“使用国有资金投资或者国家融资的项目,招标人应当确定排名第一的中标候选人为中标人……”修改为“国有资金占控股或者主导地位的依法必须进行招标的项目,招标人应当确定排名第一的中标候选人为中标人……”将原《工程建设项目勘察设计招标投标办法》第40条第1款“使用国有资金投资或国家融资的工程建设项目,招标人一般应当确定排名第一的中标候选人为中标人……”修改为“国有资金占控股或者主导地位的依法必须招标的项目,招标人应当确定排名第一的中标候选人为中标人……”上述规定均将确定排名第一的中标候选人为中标人的适用范围调整为“国有资金占控股或者主导地位的依法必须招标的项目”。

【问题67】哪些项目不强制确定排名第一的中标候选人为中标人？

国有资金占控股或者主导地位的必须招标项目应当确定排名第一的中标候选人为中标人。除此之外的项目，即非必须招标项目以及必须招标项目中国有资金不占控股或者主导地位的项目，招标人在确定中标人时，不是必须确定排序第一的中标候选人为中标人，而是在推荐的1～3名中标候选人范围内自行确定中标人。

（二）中标人的确定

1. 确定的主体

根据《招标投标法》第40条第2款的规定，招标人根据评标委员会提出的书面评标报告和推荐的中标候选人确定中标人，招标人也可以授权评标委员会直接确定中标人。也就是说，确定中标人的主体包括两类：招标人和评标委员会。在一般情况下，由招标人根据评标委员会提供的评标报告，对评标委员会推荐的中标候选人进行比较分析，从中确定中标人。招标人也可以将确定中标人的权利委托评标委员会行使，在招标人授权评标委员会的情况下，评标委员会也可以根据招标文件的规定、评标结果、确定中标人的规则直接确定中标人。

【问题68】中标候选人放弃中标的，评委会可以再次确定中标人吗？

对于该问题，《招标投标法》和《招标投标法实施条例》都没有明确规定。笔者认为，《招标投标法》第40条规定，招标人可以授权评标委员会直接确定中标人。如果招标人已经将再次确定中标人的权利授权给评标委员会，那么评标委员会有权再次确定中标人。在没有授权的情况下，评标委员会不得擅自代替招标人再次确定中标人。

2. 确定的顺序

国有资金占控股或者主导地位的必须招标项目，招标人应当确定排名第一的中标候选人为中标人。若出现排名第一的中标候选人放弃中标、因不可抗力不能履行合同、不按照招标文件要求提交履约保证金，或者被查实存在影响中标结果的违法行为等情形，不符合中标条件的，招标人可以按照评标委员会提出的中标候选人名单排序依次确定其他中标候选人为中标人。

【问题69】不属于国有资金占控股或者主导地位的必须招标项目，首次确定的中标人不符合中标条件，再次确定中标人时必须按照推荐顺序吗？

对于该问题,《招标投标法》和《招标投标法实施条例》没有明确规定。笔者认为,既然在不属于国有资金占控股或者主导地位的必须招标项目中,招标人不是必须确定排名第一名的中标候选人为中标人。那么,当首次确定的中标人不符合中标条件时,招标人再次确定中标人时,同样可以在推荐的中标候选人范围内任意确定其他中标候选人为中标人,不必按照推荐顺序依次确定。

3. 重新确定中标人的条件

排名第一的中标候选人放弃中标、因不可抗力不能履行合同、不按照招标文件要求提交履约保证金,或者被查实存在影响中标结果的违法行为等情形,只要出现上述四种情形之一的,排名第一的原中标候选人不符合中标条件,招标人可以按照评标委员会推荐的中标候选人名单,依次确定其他中标候选人为中标人。此处的"放弃中标"既可以是明确表示放弃中标,拒绝签订合同,也可以表现为在签订合同时向招标人提出附加条件,或者提出变更合同的实质性内容。此处的"不可抗力",是指不能预见、不能避免并且不能克服的客观情况,包括自然灾害和社会突发事件等。此处的"不按照招标文件要求提交履约保证金"包括没有提供,也包括提供的履约保证金的金额、形式、担保条件等不符合招标文件的要求。此处的"违法行为"包括串通投标、弄虚作假、行贿中标,或者招标文件规定的属于必须被否决的其他违法行为,这些违法行为一般发生在本次招标项目中,但是,招标文件另有规定的也应当包括在内。需要说明的是,与部门规章相比,《招标投标法实施条例》增设了"不符合中标条件的"规定,从严把握了重新确定中标人的条件。当然,如果符合上述的四种情形之一,也从客观上失去了符合中标条件的可能性。

(三)处理方法

原排名第一的中标候选人不符合中标条件的,招标人有两种处理方法:重新确定中标人或者重新招标。《招标投标法实施条例》之所以作出"重新招标"的规定,是为了给重新确定中标人多一个选择的余地,因为,如果必须确定排序第二的中标候选人为中标人,则在排序第一的中标候选人与排序第二的中标候选人的中标价格差额较大时,两者有可能串通投标,促使排序第一的中标候选人放弃中标,从而分享价差利益。规定招标人可以选择重新招标的,将大大降低该种串通投标的可能性。

排名第一的中标候选人放弃中标的,还要承担投标保证金不予退还的后果。《招标投标法实施条例》取消投标保证金的上限,也是为了尽量限制排名第一的中标候选人放弃中标。

另外,招标人虽然具有选择重新招标的权利,但是,招标人应当理性行使该项权利,在其他中标候选人符合中标条件、能够承担中标项目时,应当尽量避免重新招标,从而提高招标采购的效率,节约时间和成本支出。

1. 重新招标概念

重新招标,是指首次招标因出现法定重新招标的情形,招标人重新组织招标的行为。重新招标一般发生在必须招标项目中。招标人重新招标的,是重新组织招标投标活动,而不是从头开始招标活动,无须再次办理招标审批手续。因为,审批手续是针对招标活动所在的工程建设项目的,审批手续办理后,招标活动所在的工程建设项目符合招标的条件,可以进行招标活动;至于出于某种原因招标失败,并不影响招标活动所在的工程建设项目符合项目审批条件的客观事实,故无须再次办理审批手续,直接组织重新招标即可。

2. 重新招标的情形

《招标投标法》《招标投标法实施条例》以及相关部门规章,对重新招标的情形作了明确规定。主要包括以下几种情况:

(1)设置资格预审程序的招标项目,通过资格预审的潜在投标人少于3家的;

(2)递交投标文件的投标人少于3家的;

(3)经评审后,所有的投标文件被否决的,或者经否决后合格投标人少于3家,评标委员会认为缺乏竞争性的;

(4)因违反法律规定中标无效的;

(5)招标人编制的资格预审文件、招标文件的内容违反法律规定,影响资格预审结果或者潜在投标人投标的;

(6)国有资金占控股或者主导地位的必须招标项目,排名第一的中标候选人放弃中标、因不可抗力不能履行合同、不按照招标文件要求提交履约保证金,或者被查实存在影响中标结果的违法行为等情形,招标人选择重新招标的;

(7)招标人或者招标代理机构违反法律规定导致招标无效的;

(8)同意延长投标有效期的投标人少于3个的,招标人应当重新招标。

【提示53】重新招标情形汇总表,详见附录3。

我们汇总了《招标投标法》《招标投标法实施条例》《工程建设项目施工招标投标办法》《工程建设项目货物招标投标办法》《工程建设项目勘察设计招标投标办法》《评标委员会和评标方法暂行规定》《机电产品国际招标投标实施办法(试行)》《政府采购货物和服务招标投标管理办法》等常用规范性文件中需要重新招标的情形,详见附录3,供读者参考使用。

3. 六种易混淆重新招标情形的处理意见

重新招标时,通常会面临以下六种容易混淆的情形,笔者在此逐一厘清:

(1)首次招标,递交投标文件的投标人不足3家的,如何处理?

【相关规定】

①投标人少于3个的,招标人应当依照本法重新招标。(《招标投标法》第28条)

②投标人少于3个的,不得开标;招标人应当重新招标。(《招标投标法实施条例》第44条)

③依法必须进行施工招标的项目提交投标文件的投标人少于3个的,招标人在分析招标失败的原因并采取相应措施后,应当依法重新招标。(《工程建设项目施工招标投标办法》,本条款中简称《施工办法》第38条)

④依法必须进行招标的项目,提交投标文件的投标人少于3个的,招标人在分析招标失败的原因并采取相应措施后,应当依法重新招标。(《工程建设项目货物招标投标办法》,本条款中简称《货物办法》第34条)

⑤在下列情况下,必须招标项目的招标人在分析招标失败的原因并采取相应措施后,应当依照本办法重新招标:在投标截止时间前提交投标文件的投标人少于3个的。(《工程建设项目勘察设计招标投标办法》,本条款中简称《勘察设计办法》第48条)

【处理意见】

可以看出,对于这一情况,相关规范性文件的规定趋于一致,即必须招标项目,在分析招标失败的原因并采取相应措施后应当依法重新招标;非必须招标项目,可以由招标人自行决定招标还是不招标,不招标的,可以改为其他方式进行采购。

(2)首次招标,递交投标文件的投标人不足3家,重新招标后,递交投标文件的投标人仍然不足3家,如何处理?

【相关规定】

①重新招标后投标人仍少于3个的,属于必须审批、核准的工程建设项目,报经原审批、核准部门批准后可以不再进行招标;其他工程建设项目,招标人可自行决定不再进行招标。(《施工办法》第38条)

②重新招标后投标人仍少于3个,按国家有关规定需要履行审批、核准手续的依法必须进行招标的项目,报项目审批、核准部门审批、核准后可以不再进行招标。(《货物办法》第34条)

③在下列情况下,必须招标项目的招标人在分析招标失败的原因并采取相应措施后,应当依照本办法重新招标:在投标截止时间前提交投标文件的投标人少于3个的。(《勘察设计办法》第48条)

招标人重新招标后,发生本办法第48条情形之一的,属于按照国家规定需要政府审批、核准的项目,报经原项目审批、核准部门审批、核准后可以不再进行招标;其他工程建设项目,招标人可自行决定不再进行招标。(《勘察设计办法》第49条)

【处理意见】

可以看出,各主要部门规章规定这种情况下均可以不再招标,对于需要政府审批、核准的项目,报经原项目审批、核准部门审批、核准后可以不再进行招标,其他项目,招标人可以自行决定不再招标。

(3)首次招标,递交投标文件的投标人不足3家,重新招标后,虽然递交投标文件的投标人满足3家的要求,但是,经评审合格的投标人不足3家,如何处理?

【相关规定】

①在下列情况下,必须招标项目的招标人在分析招标失败的原因并采取相应措施后,应当依照本办法重新招标:评标委员会否决不合格投标后,因有效投标不足3个使投标明显缺乏竞争,评标委员会决定否决全部投标的。(《勘察设计办法》第48条)

招标人重新招标后,发生本办法第48条情形之一的,属于按照国家规定需要政府审批、核准的项目,报经原项目审批、核准部门审批、核准后可以不再进行招标;其他工程建设项目,招标人可自行决定不再进行招标。(《勘察设计办法》第49条)

②评标委员会根据本规定否决不合格投标后,因有效投标不足3个使投标明显缺乏竞争的,评标委员会可以否决全部投标。投标人少于3个或者所有投标被否决的,招标人应当依法重新招标。(《评标委员会和评标方法暂行规定》,本条款中简称《评标暂行规定》第27条)

除上述规定外,《招标投标法》《招标投标法实施条例》和其他主要部门规章,对该种情形没有明确的规定。

【处理意见】

笔者认为,在这种情况下,勘察设计类的招标项目,适用《勘察设计办法》,属于按照国家规定需要政府审批、核准的项目,报经原项目审批、核准部门审批、核准后可以不再进行招标,其他的勘察设计项目,招标人可自行决定不再进行招标。其他种类的必须招标项目,主要适用《评标暂行规定》的规定,评标委员会否决不合格投标后,有效投标不足3个,经评审委员会认定,具有竞争性的,可以继续进行评审,不具有竞争性或者否决了所有投标的,必须招标项目,还需要重新招标,非必须招标项目,由招标人自行决定是否再次招标。

(4)首次招标中,评标委员会否决所有投标的,或者评标委员会否决一部分投标后其他有效投标不足3个使投标明显缺乏竞争,决定否决全部投标的,如何处理?

【相关规定】

①依法必须招标的项目评标委员会否决所有投标的,或者评标委员会否决一

部分投标后其他有效投标不足3个使投标明显缺乏竞争,决定否决全部投标的,招标人在分析招标失败的原因并采取相应措施后,应当重新招标。(《货物办法》第41条)

②在下列情况下,必须招标项目的招标人在分析招标失败的原因并采取相应措施后,应当依照本办法重新招标:评标委员会否决不合格投标后,因有效投标不足3个使投标明显缺乏竞争,评标委员会决定否决全部投标的。(《勘察设计办法》第48条)

③评标委员会根据本规定第20条、第21条、第22条、第23条、第25条的规定否决不合格投标后,因有效投标不足3个使投标明显缺乏竞争的,评标委员会可以否决全部投标。投标人少于3个或者所有投标被否决的,招标人在分析招标失败的原因并采取相应措施后,应当依法重新招标。(《评标暂行规定》第27条)

除上述规定外,招标投标法、《招标投标法实施条例》和其他主要部门规章,对该种情形没有明确的规定。

【处理意见】

笔者认为,对于这种情况,虽然招标投标法和《招标投标法实施条例》没有明确的规定,但是各类部门规章的规定比较一致:必须招标项目,招标人在分析招标失败的原因并采取相应措施后,应当依法重新招标,非必须招标项目,由招标人自行决定是否重新招标。

(5)首次招标中,评标委员会否决所有投标的,或者评标委员会否决一部分投标后其他有效投标不足3个使投标明显缺乏竞争,决定否决全部投标的重新招标后,递交投标文件的潜在投标人不足3家,如何处理?

【相关规定】

①在下列情况下,必须招标项目的招标人在分析招标失败的原因并采取相应措施后,应当依照本办法重新招标:在投标截止时间前提交投标文件的投标人少于3个的;所有投标均被否决的;评标委员会否决不合格投标后,因有效投标不足3个使投标明显缺乏竞争,评标委员会决定否决全部投标的。(《勘察设计办法》第48条)

招标人重新招标后,发生本办法第48条情形之一的,属于按照国家规定需要政府审批、核准的项目,报经原项目审批、核准部门审批、核准后可以不再进行招标;其他工程建设项目,招标人可自行决定不再进行招标。(《勘察设计办法》第49条)

②投标人应当在招标文件要求提交投标文件的截止时间前,将投标文件送达投标地点。招标人收到投标文件后,应当签收保存,不得开启。投标人少于3个的,招标人应当依照本法重新招标。(《招标投标法》第28条)

③投标人少于3个的,不得开标;招标人应当重新招标。(《招标投标法实施条例》第44条)

④依法必须进行施工招标的项目提交投标文件的投标人少于3个的,招标人在分析招标失败的原因并采取相应措施后,应当依法重新招标。(《施工办法》第38条)

⑤依法必须进行招标的项目,提交投标文件的投标人少于3个的,招标人在分析招标失败的原因并采取相应措施后,应当依法重新招标。(《货物办法》第34条)

⑥投标人少于3个的,不得开标,招标人应当依照本办法重新招标。[《机电产品国家招标投标实施办法(试行)》第46条]

【处理意见】

笔者认为,勘察设计招标项目中,发生该种情形的,属于按照国家规定需要政府审批、核准的项目,报经原项目审批、核准部门审批、核准后可以不再进行招标,其他不属于按照国家规定需要政府审批、核准的勘察设计招标项目,招标人可以自行决定不再进行招标。勘察设计招标项目以外的其他种类的招标项目,如果属于必须招标项目,招标人在分析招标失败的原因并采取相应措施后,那么应当重新招标,不属于必须招标项目的,可由招标人自行决定是否招标。

(6)首次招标中,评标委员会否决所有投标的,或者评标委员会否决一部分投标后其他有效投标不足3个使投标明显缺乏竞争,决定否决全部投标的,重新招标后,评标委员会依然否决所有投标的,或者评标委员会否决一部分投标后其他有效投标不足3个使投标明显缺乏竞争,再次决定否决全部投标的,如何处理?

【相关规定】

①在下列情况下,必须招标项目的招标人在分析招标失败的原因并采取相应措施后,应当依照本办法重新招标:在投标截止时间前提交投标文件的投标人少于3个的;所有投标均被否决的;评标委员会否决不合格投标后,因有效投标不足3个使投标明显缺乏竞争,评标委员会决定否决全部投标的。(《勘察设计办法》第48条)

招标人重新招标后,发生本办法第48条情形之一的,属于按照国家规定需要政府审批、核准的项目,报经原项目审批、核准部门审批、核准后可以不再进行招标;其他工程建设项目,招标人可自行决定不再进行招标。(《勘察设计办法》第49条)

②依法必须招标的项目评标委员会否决所有投标的,或者评标委员会否决一部分投标后其他有效投标不足3个使投标明显缺乏竞争,决定否决全部投标的,招标人在分析招标失败的原因并采取相应措施后,应当重新招标。(《货物办法》第

41条)

③投标人少于3个或者所有投标被否决的,招标人在分析招标失败的原因并采取相应措施后,应当依法重新招标。(《评标暂行规定》第27条)

【处理意见】

笔者认为,勘察设计招标项目中,发生该种情形的,属于按照国家规定需要政府审批、核准的项目,报经原项目审批、核准部门审批、核准后可以不再进行招标,其他不属于按照国家规定需要政府审批、核准的勘察设计招标项目,招标人可以自行决定不再进行招标。勘察设计招标项目以外的其他种类的招标项目,如果属于必须招标项目,招标人在分析招标失败的原因并采取相应措施后,那么应当重新招标,不属于必须招标项目的,可以由招标人自行决定是否招标。

第五十六条 【履约能力审查】

中标候选人的经营、财务状况发生较大变化或者存在违法行为,招标人认为可能影响其履约能力的(一),应当在发出中标通知书前(二)由原评标委员会按照招标文件规定的标准和方法审查确认(三)。

(一)履约能力审查

招标投标活动中,投标人递交投标文件到中标并签订合同,需要经历一段时间,在此期间,投标人的经营状况、财务状况可能会发生较大变化,投标人也有可能因为违法行为而受到停产停业整顿、吊销营业执照等处罚,或者被采取查封冻结财产和账户等强制措施,这些重大变化,均可能影响投标人的履约能力。

为了避免投标人中标后无法按约履行合同,招标人有权对因重大变化可能影响履约能力的中标候选人进行履约能力审查。

关于履约能力审查的启动,笔者认为,招标人需要取得中标候选人存在经营状况、财务状况重大变化以及违法行为的信息、资料或者相关证明文件,使其有理由相信中标候选人发生重大变化或者存在违法行为有可能影响其履约能力。但是,如何了解到中标候选人的重大变化情况呢?笔者认为,主要靠《招标投标法实施条例》第38条规定的投标人对重大变化的告知义务,即投标人的主动披露,还有其他投标人的投诉或者异议所反映的情况,以及招标人主动收集的信息。

履约能力审查的对象是中标候选人。笔者倾向于,此处的中标候选人,主要为第一名的中标候选人,即符合发出中标通知书条件的中标候选人,其他中标候选人因未取得中标通知书和签订合同,履约能力审查实无必要。

履约能力审查的内容主要是中标候选人的现状,即重大变化后的经营状况、财务状况以及违法行为是否影响其履行合同。

(二)时间环节

履约能力审查,应当在发出中标通知书之前进行。该项制度的设计,是为了在确定中标人以后发出通知书以前对投标人进行审查,将投标人不能履行合同的风险控制在投标有效期内解决。《招标投标法》第45条第2款规定:“中标通知书对招标人和中标人具有法律效力。中标通知书发出后,招标人改变中标结果的,或者中标人放弃中标项目的,应当依法承担法律责任。”中标通知书发出后,合同成立,对双方产生约束力。如果等到中标通知书发出后再进行履约能力审查,那么一旦认定中标人不具备履约能力并改变中标结果,招标人将比较被动,甚至有可能承担相应的法律责任。

(三)履约能力审查的主体和依据

为了尽量保持评审尺度一致性,本条款规定,履约能力审查由原评标委员会按照招标文件规定的标准和方法进行评审。此处的标准和方法,笔者认为,不是招标文件重新规定的关于履约审查的标准和方法,而是招标文件原来规定的对所有投标文件进行评审的标准和方法。

第五十七条 【签订合同与退还投标保证金】

招标人和中标人应当依照招标投标法和本条例的规定签订书面合同,合同的标的、价款、质量、履行期限等主要条款应当与招标文件和中标人的投标文件的内容一致。招标人和中标人不得再行订立背离合同实质性内容的其他协议[(一)]。

招标人最迟应当在书面合同签订后5日内向中标人和未中标的投标人退还投标保证金及银行同期存款利息[(二)]。

(一)签订合同

根据《招标投标法实施条例》的规定,招标人和中标人应当依照《招标投标法》和《招标投标法实施条例》的规定签订书面合同。《招标投标法》规定,招标人和中标人应当自中标通知书发出之日起30日内,按照招标文件和中标人的投标文件订立书面合同。招标人和中标人不得再行订立背离合同实质性内容的其他协议。必须招标项目,招标人应当自确定中标人之日起15日内,向有关行政监督部门提交招标投标情况的书面报告。

1. 订立合同的时间

为了尽快实施合同、提高采购效率、避免因市场行情发生变化给当事人造成经济损失,招标人与中标人应当自中标通知书发出之日起30日内订立合同。招标人与中标人订立合同还应当在投标有效期内进行,如果超过投标有效期双方无法订立合同,那么招标人有权要求所有投标人延长投标有效期,投标人同意延长的,不得要求或被允许修改其投标文件的实质性内容,但应当相应延长其投标保证金的有效期;投标人拒绝延长的,其投标失效,但投标人有权收回其投标保证金。

2. 订立合同的形式

招标人与中标人应当订立书面合同。根据《民法典》第 469 条的规定,书面形式是合同书、信件、电报、电传、传真等可以有形地表现所载内容的形式;以电子数据交换、电子邮件等方式能够有形地表现所载内容,并可以随时调取查用的数据电文,视为书面形式。

3. 订立合同的内容

招标人与中标人所订立合同的标的、价款、质量、履行期限等主要条款,应当与招标文件和中标人的投标文件的内容一致。《招标投标法实施条例》采用列举的方式规定了上述 4 种主要条款,但是,《民法典》第 470 条规定的合同条款一般包括:当事人的姓名或者名称和住所;标的;数量;质量;价款或者报酬;履行期限、地点和方式;违约责任;解决争议的方法。对此,笔者认为,根据合同的性质等具体情况,上述《民法典》规定的主要条款中对合同的履行产生实质性影响的条款,也是不得改变的。另外,从《招标投标法》和《招标投标法实施条例》规定的“招标人和中标人不得再行订立背离合同实质性内容的其他协议”来看,招标文件和中标人的投标文件中的实质性内容也是不得改变的。因为,如果允许招标人和中标人再行订立背离合同实质性内容的其他协议,则违背了招标投标活动的初衷,整个招标过程也就失去了意义,对其他投标人也不公平。但是,对于可以细化和补充的非实质性内容,在签订合同时,允许招标人和中标人对其补充和更正。

4. 行政监督

招标投标活动是十分复杂的过程,有关行政监督管理部门不可能每个项目都要主动进行全过程监督,所以《招标投标法》规定,必须招标项目,招标人应当自确定中标人之日起 15 日内,向有关行政监督部门提交招标投标情况的书面报告。书面报告的内容通常包括招标过程、投标过程、评标过程和签订合同等招标投标的情况。需要说明的是,提交书面报告的规定主要适用于必须招标项目,非必须招标项目签订合同后,招标人不必向有关行政监督部门提交招标投标情况的书面报告。

(二)投标保证金的退还

1. 退还时间

招标人最迟应当在书面合同签订后 5 日内退还投标保证金及利息。

【提示54】投标保证金退还时间为5个日历日而不是5个工作日。

2013年5月1日起实施的《关于废止和修改部分招标投标规章和规范性文件的决定》,将原《工程建设项目施工招标投标办法》第63条、原《工程建设项目货物招标投标办法》第52条、原《工程建设项目勘察设计招标投标办法》第44条中"招标人与中标人签订合同后5个工作日内,应当向未中标的投标人退还投标保证金"中的"5个工作日"统一改为"5日"。目前,投标保证金的退还时间为5个日历日而不是5个工作日。

2. 退还对象

签订书面合同后,招标人应当退还所有投标人的投标保证金和利息。所有的投标人,既包括中标人,也包括未中标的投标人;既包括投标文件经评审合格的投标人,也包括经评审投标文件归于无效的投标人。当然,按照《招标投标法》、《招标投标法实施条例》、相关部门规章以及招标文件的规定,投标人出现不予退还投标保证金的情况时,招标人有权不予退还其投标保证金及利息。

3. 退还金额

招标人要退还投标保证金和银行同期存款利息。本条款的这一规定,杜绝了招标人通过提高投标保证金金额来获取利息的可能性,因此,招标人确定的投标保证金金额,会更加合理和公平,减轻了投标人的资金压力。

【问题70】能否将投标保证金折抵履约保证金或者招标代理服务费?

对于能否将投标保证金折抵履约保证金或者招标代理服务费,《招标投标法》和《招标投标法实施条例》都没有明确规定。笔者认为,折抵的行为,其本质也属于退还的行为,与《招标投标法实施条例》退还投标保证金及银行同期存款利息的规定并不矛盾,因此,可以由招标人在招标文件中自行确定。需要注意的是,如果招标文件明确规定中标人的投标保证金可以直接折抵招标代理服务费或者履约保证金,还应当明确折抵的具体操作方法,以防产生不必要的纠纷和争议。

【提示55】《招标投标法实施条例》中退还投标保证金的情形汇总。

《招标投标法实施条例》中的退还投标保证金的情形,如表10所示。

表 10 《招标投标法实施条例》中的退还投标保证金情形汇总

条款	情形	退还时间	退还金额	法律责任
第 31 条	招标人终止招标的,已经收取投标保证金的	终止招标后及时退还	投标保证金及银行同期存款利息	招标人超过本条例规定的比例收取投标保证金、履约保证金或者不按照规定退还投标保证金及银行同期存款利息的,由有关行政监督部门责令改正,可以处 5 万元以下的罚款;给他人造成损失的,依法承担赔偿责任。(本条例第 66 条)
第 35 条	投标人撤回已提交的投标文件,招标人已收取投标保证金的	应当自收到投标人书面撤回通知之日起 5 日内退还	投标保证金	
第 57 条	招标人与中标人签订书面合同的	签订书面合同后 5 日内退还	投标保证金及银行同期存款利息	

【提示 56】《招标投标法实施条例》中不退还投标保证金的情形汇总。

根据《招标投标法实施条例》的规定,投标保证金不予退还的情形包括:

(1)投标截止后投标人撤销投标文件的(第 35 条);

(2)中标人无正当理由不与招标人订立合同的(第 74 条);

(3)中标人在签订合同时向招标人提出附加条件的(第 74 条);

(4)中标人不按照招标文件要求提交履约保证金的(第 74 条)。

另外,招标文件也可以根据相关法律的规定,设置不予退还投标保证金的条款,投标人符合这些条款时,其投标保证金将不予退还。当然,如果招标文件不要求投标人提交投标保证金,也就不存在投标人提交投标保证金和招标人退还或者不予退还其投标保证金的问题。

第五十八条 【履约保证金】

招标文件要求中标人提交履约保证金的,中标人应当按照招标文件的要求提交(一)。履约保证金不得超过中标合同金额的 10%(二)。

(一)履约保证金的提交

履约保证金是招标人要求投标人在接到中标通知后提交的保证履行合同义务的担保,中标人不履行合同义务的,招标人将按照合同约定扣除其全部或者部分履约保证金,或者由担保人承担担保责任。

实践中,有的投标人低价中标后,在履行合同过程中再以种种理由要挟招标人加价,给招标人造成极大损失。为防止中标人不按照合同约定履行义务,《招标投标法》和《招标投标法实施条例》规定,招标人要求中标人提交履约保证金的,中标人应当提交，当出现中标人违约的情况时，履约保证金归招标人所有，中标人无权要求返还。由于履约保证金由投标人依据招标文件的规定提交，招标人必须在招标文件中明确规定提交履约保证金的金额、形式、时间等具体事宜。

履约保证金的形式，通常包括银行保函、银行汇票、现金支票等。招标人在确定履约保证金的形式时，最好规定可以接收多种形式的履约保证金，以便为投标人的及时提交提供便利条件。招标文件要求提交履约保证金，中标人不提交的，将承担《招标投标法实施条例》第55条规定的法律责任：排名第一的中标候选人不按照招标文件要求提交履约保证金，招标人可以按照评标委员会提出的中标候选人名单排序依次确定其他中标候选人为中标人，也可以重新招标。

履约保证金是合同的履约担保，需要规定在合同条款中，而合同条款在合同订立生效后才能产生效力，因此，履约保证金要在合同订立并生效后才能提交。为了对中标人的合同履行义务产生约束效力，选择一个恰当的提交时间尤为重要。

【技巧43】履约保证金的提交时间如何确定？

为了保证不中断招标人对中标人的约束效力，需要将履约保证金的提交时间与投标保证金的退还时间进行衔接，建议招标文件规定履约保证金在合同签订后投标保证金退还之前提交，将履约保证金的提交作为退还投标保证金的前提条件。

【技巧44】建议不要将中标人提交履约保证金作为合同生效的条件。

有人认为，可以在招标文件中将中标人提交履约保证金作为合同生效的条件。对此，笔者认为并不妥当。这是因为，如果将提交履约保证金作为中标合同的生效条件，那么中标合同经双方签字盖章后并未生效，还需要中标人的提交履约保证金的行为才能促使其生效，此时，中标合同是否生效，将取决于中标人是否提交履约保证金。中标人不提交履约保证金的，将承担缔约过失责任，招标人最多不予退还其投标保证金（如果已经退还，将很难实施），但无权要求其承担违约责任，提交违约金。因此，笔者建议招标文件规定履约保证金在合同订立并生效后、退还投标保证金之前提交。这种规定下，中标人不提交履约保证金的，必定可以不予退还其投标保证金，而且还可以主张违约责任，要求中标人支付违约金。

（二）履约保证金的金额

履约保证金的金额，不得超过中标合同金额的10%。《招标投标法实施条例》规定履约保证金的金额上限，是为了减轻中标人的资金压力，防止垫资或者借此排斥投标人的行为。此处的10%是“合同金额”的10%，而非“投标报价”的10%。“合同金额”比较好确定，以所签订合同的总价金额为准。履约保证金的金额大小取决于招标项目的类型与规模,大体上应当保证中标人违约时招标人所受损失能够得以补偿,具体的金额,招标人可以根据招标项目的具体情况,在10%的范围内确定一个合适的比例。

第五十九条 【禁止转包和违法分包】

中标人应当按照合同约定履行义务,完成中标项目。中标人不得向他人转让中标项目,也不得将中标项目肢解后分别向他人转让[(一)]。

中标人按照合同约定或者经招标人同意,可以将中标项目的部分非主体、非关键性工作分包给他人完成。接受分包的人应当具备相应的资格条件,并不得再次分包[(二)]。

中标人应当就分包项目向招标人负责,接受分包的人就分包项目承担连带责任[(三)]。

(一)中标人的履约义务

1. 履约义务

招标投标是一种特殊的签约方式,招标人通过招标投标活动选择了自己需要的中标人,并与之订立合同,中标人应当全面及时地履行合同义务,完成中标项目。所谓全面履行合同义务,是指中标人应当按照合同约定的质量、数量、工期、造价及结算办法等要求,全面及时地履行义务,不得擅自变更或者解除合同。当然,招标人也同样应当按照合同的约定履行其义务。

2. 禁止转让中标项目

中标人不得向他人转让中标项目,也不得将中标项目肢解后分别向他人转让。此处的"向他人转让中标项目",是指中标人将整个中标项目整体转让给同一个主体,属于非法转包行为。此处的"将中标项目肢解后分别向他人转让",是指中标人将中标项目肢解成若干部分,将其分别转让给不同的主体,属于分割后的转包。禁止中标人转让中标项目,主要有4个方面的原因。

(1)维护招标投标活动的有效性。由于招标活动的目的是通过法定规则选出最优中标人并与其签订合同,如果中标人中标后将中标项目整体或者肢解后转让他人,则将失去招标投标活动的意义,严重破坏招标投标制度的有效性。

(2)与下游法律规定衔接。招标投标活动是市场经济条件下进行大宗货物买卖或者建筑工程发包的交易方式,是实施工程项目建设的前置性的流程,经过招标投标程序所确定的中标人,即为下一步实施工程项目的承包人(设备供应商)。对于承包人的禁止转包义务,多部法律也进行了规定。《建筑法》第28条规定:"禁止承包单位将其承包的全部建筑工程转包给他人,禁止承包单位将其承包的全部工程肢解以后以分包的名义分别转包给他人。”《民法典》第791条第2款规定：“……承包人不得将其承包的全部建设工程转包给第三人或者将其承包的全部建设工程支解以后以分包的名义分别转包给第三人。”《招标投标法》第48条第1款规定：“中标人应当按照合同约定履行义务，完成中标项目。中标人不得向他人转让中标项目，也不得将中标项目肢解后分别向他人转让。”《招标投标法实施条例》沿袭了《招标投标法》的规定，与下游的法律规定进行了紧密衔接。

(3)避免产生质量安全隐患。中标人将其中标项目转让给他人，实际上使他人成为中标项目的新的承包人，这将产生很大的危害性。一些中标人将中标项目压价倒手转包给他人，形成“层层转包”现象，最后实际用于工程建设的费用大为减少，导致严重偷工减料；一些中标项目转包后由不具备相应资质条件的实际承包人承揽，留下严重的质量隐患，甚至造成重大质量事故。

(4)维系合同关系的稳定性和严肃性。中标人将中标项目转让，违反了合同法律的规定，破坏了合同关系应有的稳定性和严肃性。从合同法律关系上讲，转让行为属于合同主体变更的行为，中标项目转让后，合同的实际履行人由中标人变更为接受转让的实际承包人，中标人对合同的履行不再承担责任。按照合同法的基本原则，合同一经依法成立，即具有法律约束力，任何一方不得擅自变更合同，这里的变更包括合同内容的变更和主体的变更等。招标投标活动中，招标人经过一系列严格程序后，择优选定中标人并与其订立合同。中标人将中标项目转让给他人，是擅自变更合同主体的行为，违背了合同法的基本原则。

(二)中标人依法分包

中标项目的分包，是指中标项目的总承包人与分包人签订分包合同，将其总承包的中标项目的一部分或者几部分再次发包给分包人完成，此时中标人(总承包人)就成为分包合同的发包人，分包人成为分包项目的承包人。在一般情况下，合同约定的中标人的义务都应当由中标人自行完成，但是，对于一些结构复杂、规模较大的工程建设项目而言，实行总承包与分包相结合的方式，允许总承包人将自己总承包项目中的部分劳务或者专业项目分包给其他具备技术优势或者实施经验的承包人完成，能够发挥分包人的业务优势，减少总承包人的精力投入，这对提高效率、降低造价、保证质量以及缩短工期都有益处。因此，《建筑法》《民法典》《招标投标法》都允许分包。

《建筑法》第29条第1款规定：“建筑工程总承包单位可以将承包工程中的部分工程发包给具有相应资质条件的分包单位；但是，除总承包合同中约定的分包外，必须经建设单位认可。施工总承包的，建筑工程主体结构的施工必须由总承包单位自行完成。”该法第29条第3款规定：“禁止总承包单位将工程分包给不具备相应资质条件的单位。禁止分包单位将其承包的工程再分包。"《民法典》第791条第2款、第3款规定:"总承包人或者勘察、设计、施工承包人经发包人同意,可以将自己承包的部分工作交由第三人完成。第三人就其完成的工作成果与总承包人或者勘察、设计、施工承包人向发包人承担连带责任……禁止承包人将工程分包给不具备相应资质条件的单位。禁止分包单位将其承包的工程再分包。建设工程主体结构的施工必须由承包人自行完成。《招标投标法》也作出了明确规定,中标人按照合同约定或者经招标人同意,可以将中标项目的部分非主体、非关键性工作分包给他人完成。接受分包的人应当具备相应的资格条件,并不得再次分包。因此,《招标投标法实施条例》沿袭《招标投标法》的规定,允许中标人分包,但是,应当具备以下条件:

(1)分包须经招标人同意。为防止中标人擅自分包或者将工程分包给中标人不信任的承包人,《招标投标法实施条例》规定,中标人按照合同约定或者经招标人同意后,才可以分包。

【技巧45】招标人不希望中标项目分包的如何操作?

招标人不希望中标项目分包的,可以在招标文件中明确规定,投标人中标后不得将招标项目进行分包,投标文件不得提出分包请求,否则将被作否决投标处理。当然,招标人在采取这一措施前,还要确定实践中是否多数投标人具备单独承担招标项目的能力,如果实践中具备单独承担招标项目能力的投标人数量较少,招标文件提出该项规定时,有可能因投标人数量不足而招标失败。

(2)主体、关键部分工程不得分包。中标项目的主体、关键部分工程必须由中标人本人完成。为了防止某些中标人在获得中标项目以后以分包的名义转让,损害招标人利益,破坏市场秩序,埋下质量安全隐患,《招标投标法实施条例》规定,中标人可以将中标项目的部分非主体、非关键性工作分包给他人完成,强调中标项目的主体性、关键性工作必须由中标人亲自完成,不得分包。

(3)分包人须满足相应资质。接受分包的承包人(分包人)应当具备相应的资格条件。不具备相应的资格条件的分包人,没有承担分包项目的能力,不得承担分包项目。

(4)分包人不得再次分包。层层分包有可能造成实际用于工程建设的费用大为减少,导致严重偷工减料,留下质量安全隐患,《招标投标法实施条例》规定,分包只能进行一次,分包项目不得再次分包。

(三)分包责任

在总包与分包相结合的承包形式中,存在两个层级的合同关系:总承包合同和分包合同。总承包合同,是指招标人与中标人之间订立的合同,中标人应当就总承包合同的履行向招标人承担全部责任,即使中标人根据合同的约定或者经过招标人的同意,将总承包合同内的部分非主体、非关键性工作分包给他人,中标人也应当就分包工程向招标人负责。这就要求中标人慎重选择分包人,加强对分包项目的管理。分包合同,是指中标人与分包人之间订立的合同,分包人与招标人之间并不存在直接的合同关系,根据合同相对性原则,分包人仅就分包合同的履行向中标人负责,并不直接向招标人承担责任,因分包工程出现的问题,中标人在向招标人承担责任后,可以根据分包合同的约定向分包人追偿。但是,为了维护招标人的权益,适当加重分包人的责任,《招标投标法》和《招标投标法实施条例》均规定,中标人与分包人应当就分包工程对招标人承担连带责任。也就是说,因分包工程出现的问题,招标人既可以要求中标人承担责任,也可以直接要求分包人承担责任,中标人和分包人不得相互推诿。招标人要求中标人承担责任的,中标人承担责任后,可以依据分包合同,向分包人追偿。

【问题 71】联合体和分包相比,哪一种业主承担的风险更小?

根据《招标投标法》的规定,联合体各方应当签订共同投标协议,明确约定各方拟承担的工作和责任,联合体中标的,联合体各方应当共同与招标人签订合同,就中标项目向招标人承担连带责任。也就是说,对内,联合体各方之间按照共同投标协议分工承担项目责任;对外,联合体各方(中标人)共同对招标人(业主)承担连带责任,招标人(业主)有权就中标项目的全部向联合体中的任何一方主张权利。分包中,总承包人应当就分包项目向招标人负责,接受分包的人就分包项目承担连带责任。也就是说,分包中,只有对分包项目,中标人(总承包人)与分包人共同对招标人(业主)承担连带责任,招标人(业主)既可以要求中标人(总承包人)承担责任,也可以直接要求分包人承担责任。但是,对于分包项目以外的部分,招标人(业主)无权要求分包人承担。可以看出,联合体中连带责任适用于项目的整体,而分包中连带责任仅适用于分包项目,采用联合体对业主的风险更小一些。但是,联合体是就投标的主体形式而言的,而分包是就中标项目的完成形式(承包形式)而言的,这是两个层面的问题,两者并不矛盾,有交叉存在的可能。例如,总承包人分包时,分包人也可以是联合体,或者,联合体中标后,可以作为总承包人进行分包,又或是,联合体中标后,作为总承包人分包给另外一个联合体。因此,不能因为联合体与分包存在相似之处,就将两者混淆或者对立起来。

第五章　投诉与处理

第六十条　【投诉的提出】

投标人或者其他利害关系人认为招标投标活动不符合法律、行政法规规定的，可以自知道或者应当知道之日起 **10** 日内向有关行政监督部门投诉（一）。投诉应当有明确的请求和必要的证明材料（二）。

就本条例第二十二条、第四十四条、第五十四条规定事项投诉的，应当先向招标人提出异议，异议答复期间不计算在前款规定的期限内（三）。

（一）投诉的主体、事由、时间、受理部门

1. 投诉的主体

对招标投标活动进行投诉的主体，限于因招标投标活动违反法定规则和程序，已经或者将使其利益受到直接损害的人，包括投标人和其他利害关系人。“投标人”即《招标投标法》第 25 条规定的已对招标项目作出响应，提交投标文件，参加投标竞争的法人或者其他组织，以及参加科研招标项目投标的个人。“其他利害关系人”，是指投标人以外的，与招标项目或者招标活动有直接和间接利益关系的法人、其他组织和自然人。实践中，其他利害关系人主要包括：投标人是代理商时的供应商（生产厂商），与投标人绑定投标的分包商、投标人单位的中标与否将对其产生重大影响的项目负责人等。投诉人既可以直接投诉，也可以委托代理人办理投诉事项。代理人办理投诉事项时，应将授权委托书连同投诉书一并提交给行政监督部门，授权委托书应当明确委托代理的权限和事项。

【提示 57】招标人属于利害关系人，也可以投诉。

招标人是招标投标活动的主要当事人，是招标项目毫无争议的利害关系人，招标人当然可以就招标投标活动中的违法行为向行政监督部门提起投诉。招标人投诉的问题，主要是招标人不能自行处理，需要通过行政救济途径才能够解决的问题。例如，招标人在评标过程中发现投标人存在相互串通投标、弄虚作假骗取中标、行贿评标委员会成员谋取中标等违法行为的，除了由评标委员会对其作否决投标处理外，招标人还可以向行政监督部门投诉，要求取消投标人一定期限的参加必须招标项目投标的资格，甚至吊销其营业执照。

【技巧46】无直接利害关系的其他人可以检举、揭发。

与招标投标活动没有直接利害关系的其他人，不属于投诉的主体，不能向行政监督部门进行投诉，但是，可以对招标投标活动中的违法行为进行检举、揭发。检举、揭发与投诉有所不同，详见表11。

表11 投诉与检举、揭发的差异

差异	投诉	检举、揭发
主体不同	只能是投标人或者其他利害关系人	任何自然人、法人或者其他组织都可以
署名情况不同	必须署名	既可以署名，也可以匿名
时限不同	必须在规定的时限内提出	没有严格的时间限制
提出的事实依据不同	必须明确提出违法事实及投诉人因此受到损害的事实，并提供证明材料	可以只提供相关线索或者充分的怀疑理由

2. 投诉的事由

根据本条款的规定，投诉的事由，是招标投标活动中不符合法律、行政法规规定的行为。由于提出投诉的主体限于投标人或者其他利害关系人，因此，投诉的事由，还须是使投诉人的利益受到损害的招标投标中的违法行为。例如，招标人违反法律的规定，对投标人实行歧视待遇的行为，招标人与投标人或者投标人之间串通投标的行为，招标人不按招标文件规定的评标标准和方法确定中标人的行为，招标人违反开标、评标程序的行为等。有些违反招标投标法规定的行为，不涉及直接损害特定的招标人、投标人或者潜在投标人的利益的，不属于提出投诉的事由。例如，对必须招标项目不进行招标的，任何自然人、法人或其他组织都可以进行检举、揭发，但不属于本条款规定的提出投诉的事由。

【问题72】投标人及其利害关系人有权投诉违反部门规章的行为吗？

投标人及其利害关系人，有权投诉违反部门规章的行为。虽然本条款明确规定投诉事由是“不符合法律、行政法规规定”的行为，但是，笔者认为，既然招标投标活动还应当遵守部门规章、地方性法规、地方政府规章等规范性文件的规定，当事人违反规定的，投标人及其利害关系人应当有权进行投诉，否则将无法保证这些规范性文件的遵守和执行。本条款只规定“法律、行政法规”，是出于立法技术方面的考虑，其立法目的，应不排除对于部门规章、地方性法规、地方政府规章等下位法的投诉。

3. 投诉时间

为了既保证投标人和其他利害关系人的投诉权利，又不影响招标投标活动的正常进行,需要对提出投诉的时间加以限制。《招标投标法实施条例》明确规定:投标人和其他利害关系人自知道或者应当知道违法行为之日起10日内投诉。需要说明的是,对于《招标投标法实施条例》第22条(对资格预审文件、招标文件的异议)、第44条(开标)、第54条(公示中标候选人)规定事项进行投诉的,应当先向招标人提出异议,此处的"10日"并不包括提出异议和答复异议的时间,投诉时间在异议提出和答复时间之外单独计算。此处的"应当知道",是指投诉人根据公布的信息或者参加的活动正常情况下应当能够了解到。例如,资格预审公告和招标公告发布后,投诉人应当知道其是否存在排斥、限制潜在投标人的条款;投标人获得资格预审文件和招标文件后,应当知道其内容是否存在违法规定;开标时,投标人当场应当知道开标环节是否违法;中标候选人公示后,投标人应当知道评标结果是否存在违反招标文件和法律规定的情形;等等。

4.受理投诉的部门

根据《工程建设项目招标投标活动投诉处理办法》的规定,各级发展改革、工业和信息化、住房城乡建设、水利、交通运输、铁道、商务、民航等招标投标活动行政监督部门,依照《国务院办公厅印发国务院有关部门实施招标投标活动行政监督的职责分工的意见的通知》(国办发〔2000〕34号)和地方各级人民政府规定的职责分工,受理投诉并依法作出处理决定。对国家重大建设项目(含工业项目)招标投标活动的投诉,由国家发改委受理并依法作出处理决定。对国家重大建设项目招标投标活动的投诉,有关行业行政监督部门已经受理的,应当通报国家发改委,国家发改委不再受理。具体的受理部门及职责分工,详见《招标投标法实施条例》第4条。

(二)投诉的形式

投诉属于行政救济手段,必须经过法定的调查处理程序,行政监督部门作出投诉处理决定时,需要具有明确的请求,依据客观的证据,而且投诉处理决定一旦作出,有可能对招标投标活动以及相关责任人造成较大影响,必须保证投诉事实的真实性、有效性。因此,投诉人投诉时必须署名,用以证明投诉人与招标投标活动的关系,而且投诉时还需要附上投诉请求和相关的证明材料,用于佐证所投诉事实的客观性、真实性。投诉人匿名投诉,或者投诉时没有附带证明材料的,行政监督部门有权拒绝受理。

《工程建设项目招标投标活动投诉处理办法》规定,投诉人投诉时,应当提交投诉书。投诉书包括下列内容:

(1)投诉人的名称、地址及有效联系方式;

(2)被投诉人的名称、地址及有效联系方式;

(3)投诉事项的基本事实;

(4)相关请求及主张;

(5)有效线索和相关证明材料。

对《招标投标法实施条例》规定应先提出异议的事项进行投诉的,应当附提出异议的证明文件。已向有关行政监督部门投诉的,应当一并说明。

投诉人是法人的,投诉书必须由其法定代表人或者授权代表签字并盖章;其他组织或者自然人投诉的,投诉书必须由其主要负责人或者投诉人本人签字,并附有效身份证明复印件。投诉书有关材料是外文的,投诉人应当同时提供中文译本。

(三)投诉前置性条款及程序

投标人或者其他利害关系人对于《招标投标法实施条例》第 22 条(对资格预审文件、招标文件的异议)、第 44 条(开标)、第 54 条(公示中标候选人)规定事项进行投诉的,应当先向招标人提出异议。具体而言,对于资格预审文件有异议的,应当在提交资格预审申请文件截止时间 2 日前提出,对招标文件有异议的,应当在投标截止时间 10 日前提出,招标人应当自收到异议之日起 3 日内作出答复;对开标有异议的,应当在开标现场提出,招标人当场答复;对必须招标项目的评标结果有异议的,应当在中标候选人公示期间提出,招标人应当自收到异议之日起 3 日内作出答复。投标人或者其他利害关系人对于招标人的答复不满意的,才能够提出投诉。该项规定是为了鼓励投标人和其他利害关系人充分利用异议方式解决争议,提高解决异议的效率,避免将争议遗留到下一个环节解决。

【问题 73】超出异议期限没有提出异议的,能否直接投诉?

异议应当在异议期限内提出,超出异议期限没有提出异议的,投标人和其他利害关系人将丧失提出异议的权利,不得提出异议。由于提出异议是进行投诉的前置性条件,在设置异议程序的事项中,超出异议期限没有提出异议的,不得投诉。

第六十一条 【投诉的受理】

投诉人就同一事项向两个以上有权受理的行政监督部门投诉的,由最先收到投诉的行政监督部门负责处理[一]。

行政监督部门应当自收到投诉之日起 3 个工作日内决定是否受理投诉,并自受理投诉之日起 30 个工作日内作出书面处理决定;需要检验、检测、鉴定、专家评审的,所需时间不计算在内[二]。

投诉人捏造事实、伪造材料或者以非法手段取得证明材料进行投诉的,行政监督部门应当予以驳回[三]。

(一)投诉受理顺序

投诉人就同一事项向两个或者两个以上有权受理的行政监督部门投诉的,由最先收到投诉的行政监督部门负责处理。此处的"收到",是指行政监督部门接收投诉人提交的投诉书及相关证明材料。此处的"处理",是指行政监督部门对投诉人的投诉进行审查后,对符合法定受理条件的投诉决定立案调查,开展投诉调查的行为。《招标投标法实施条例》之所以规定由最先收到投诉的行政监督部门负责处理,是为了提高投诉处理效率,防止不同行政监督部门之间相互推诿。需要说明的是,对于如何确定收到投诉的时间,《招标投标法实施条例》没有规定,相关的投诉管理办法也没有明确规定,还需要后续制定的规范性文件予以完善。需要进一步明确的事项包括收到投诉的时间确认办法、接收投诉的登记或者记录的程序、向投诉人出具接收投诉文件的回执等。只有明确了接收投诉的时间,才能够在两个或者两个以上有权受理的行政监督部门都收到投诉时,确定投诉的受理顺序。

【问题74】投诉可以撤回吗?

投诉是否可以撤回,由行政监督部门视具体情况决定。根据《工程建设项目招标投标活动投诉处理办法》的规定,投诉处理决定做出前,投诉人要求撤回投诉的,应当以书面形式提出并说明理由,由行政监督部门视具体情况决定:已经查实有明显违法行为的,应当不准撤回,并继续调查直至作出处理决定;撤回投诉不损害国家利益、社会公共利益或者其他当事人合法权益的,应当准予撤回,投诉处理过程终止。投诉人不得以同一事实和理由再提出投诉。

(二)投诉受理

1.受理时间

行政监督部门应当自收到投诉之日起3个工作日内决定是否受理投诉。

2.受理决定

《工程建设项目招标投标活动投诉处理办法》规定,行政监督部门收到投诉书后,视情况分别作出以下处理决定:

(1)不符合投诉处理条件的,决定不予受理,并将不予受理的理由书面告知投诉人;

(2)对符合投诉处理条件,但不属于本部门受理的投诉,书面告知投诉人向其他行政监督部门提出投诉;

(3)对于符合投诉处理条件并决定受理的,收到投诉书之日即为正式受理。

该办法同时规定,有下列情形之一的投诉,不予受理:

(1)投诉人不是所投诉招标投标活动的参与者,或者与投诉项目无任何利害关系;

(2)投诉事项不具体,且未提供有效线索,难以查证的;

(3)投诉书未署具体投诉人真实姓名、签字和有效联系方式的;以法人名义投诉的,投诉书未经法定代表人签字并加盖公章的;

(4)超过投诉时效的;

(5)已经作出处理决定,并且投诉人没有提出新的证据;

(6)投诉事项应先提出异议没有提出异议、已进入行政复议或者行政诉讼程序的。

3. 受理

行政监督部门应当自受理投诉之日起 30 个工作日内作出书面处理决定。需要注意的是,对于投诉,行政监督部门在处理后需要通过书面形式对投诉事宜进行认定并形成书面的处理决定。对于该书面处理决定是否应当通知投诉人,《招标投标法实施条例》没有明确的规定。

投诉处理决定应当包括下列主要内容:

(1)投诉人和被投诉人的名称、住址;

(2)投诉人的投诉事项及主张;

(3)被投诉人的答辩及请求;

(4)调查认定的基本事实;

(5)行政监督部门的处理意见及依据。

行政监督部门应当建立投诉处理档案,并做好保存和管理工作,接受有关方面的监督检查。

4. 时间除外规定

根据最高人民法院《关于适用〈中华人民共和国民事诉讼法〉的解释(2022 年修正)》第 243 条的规定,鉴定期间不应计算在审理期限内。参照该规定,投诉处理过程中的检验、检测、鉴定和专家评审所需时间,不应计算在 30 个工作日的投诉处理期限内。

【问题 75】检验、检测、鉴定和专家评审费用由谁承担?

《招标投标法实施条例》没有规定处理投诉过程中的检验、检测、鉴定和专家评审费用由谁承担。但是,参照 2018 年 3 月 1 日起实施的《政府采购质疑和投诉办法》第 41 条规定:“财政部门处理投诉不得向投诉人和被投诉人收取任何费用。但因处理投诉发生的第三方检验、检测、鉴定等费用,由提出申请的供应商先行垫付。投诉处理决定明确双方责任后,按照‘谁过错,谁负担’的原则由承担责任的一方负担;双方都有责任的,由双方合理分担。”笔者认为,该部分费用由过错方承担更为适宜。

(三)投诉受理的驳回

1. 违法投诉行为

投诉人捏造事实、伪造材料或者以非法手段取得证明材料进行投诉的,行政监督部门应当予以驳回。

(1)投诉人捏造事实投诉,是指投诉人编造虚假事实投诉当事人,以期引起行政监督部门对被投诉人作出不利的处理决定。

(2)投诉人伪造材料投诉,是指投诉人伪造、变造文件材料,并以此作为证据投诉当事人。

(3)投诉人以非法手段取得证明材料投诉,是指投诉所依据的证明材料客观真实,但是,投诉人取得证明材料的渠道或者程序不合法。最高人民法院《关于适用〈中华人民共和国民事诉讼法〉的解释》(2022 年修正)第 106 条规定,对以严重侵害他人合法权益、违反法律禁止性规定或者严重违背公序良俗的方法形成或者获取的证据,不得作为认定案件事实的根据。结合本条款的规定,投诉人以严重侵害他人合法权益、违反法律禁止性规定或者严重违背公序良俗的方法形成或者获取的证据投诉的,不但不应被采信,还有可能承担相应的法律责任。

【提示 58】投诉证明材料必须通过合法手段取得。

实践中,有些投诉人投诉心切,为获取证明材料不择手段,尤其是在定标和公示阶段,有的投标人甚至采取欺骗、胁迫、偷窃、抢夺等极端方式从招标人或者其他投标人处获得其他投标人的投标文件,用以证明其投诉理由。这些通过非法手段取得的证明材料不但不被采信,还有可能使投诉人承担《招标投标法实施条例》第 77 条规定的法律责任。投诉人在取证时,一定要重视证明材料来源的正当性和取证程序的合法性。

2. 投诉处理

行政监督部门受理投诉后,经过审查确定投诉人存在捏造事实、伪造材料或者以非法手段取得证明材料行为的,应当驳回投诉。《工程建设项目招标投标活动投诉处理办法》规定,行政监督部门应当根据调查和取证情况,对投诉事项进行审查,按照下列规定作出处理决定:

(1)投诉缺乏事实根据或者法律依据的,或者投诉人捏造事实、伪造材料或者以非法手段取得证明材料进行投诉的,驳回投诉;

(2)投诉情况属实,招标投标活动确实存在违法行为的,依据《招标投标法》

《招标投标法实施条例》及其他有关法规、规章作出处罚。

行政监督部门在处理投诉过程中,发现被投诉人单位直接负责的主管人员和其他直接责任人员有违法、违规或者违纪行为的,应当建议其行政主管机关、纪检监察部门给予处分;情节严重构成犯罪的,移送司法机关处理。对招标代理机构有违法行为,且情节严重的,依法暂停直至取消招标代理资格。

第六十二条 【行政监督措施】

行政监督部门处理投诉,有权查阅、复制有关文件、资料,调查有关情况,相关单位和人员应当予以配合。必要时,行政监督部门可以责令暂停招标投标活动[(一)]。

行政监督部门的工作人员对监督检查过程中知悉的国家秘密、商业秘密,应当依法予以保密[(二)]。

(一)行政监督权限

为了客观公正地处理投诉,行政监督部门在处理投诉过程中,必须查阅核实有关文件、资料。为了保障行政监督部门顺利开展工作,《招标投标法实施条例》规定,行政监督部门处理投诉时有权查阅、复制有关文件、资料,调查有关情况,相关单位和人员应当予以配合。《工程建设项目招标投标活动投诉处理办法》同时规定,行政监督部门受理投诉后,应当调取、查阅有关文件,调查、核实有关情况。对行政监督部门依法进行的调查,投诉人、被投诉人以及评标委员会成员等与投诉事项有关的当事人应当予以配合,如实提供有关资料及情况,不得拒绝、隐匿或者伪报。另外,由于招标投标活动具有很强的时效性,为了防止违法行为的扩大,避免造成无法挽回的损失,《招标投标法实施条例》赋予行政监督部门责令暂停招标投标活动的权力。鉴于暂停招标投标活动会严重影响招标项目的开展,行政监督部门在采取该项措施时,必须慎重。

(二)保密义务

行政监督部门的工作人员对监督检查过程中知悉的国家秘密、商业秘密,应当依法予以保密。此处的"国家秘密",是指关系国家安全和利益,依照法定程序确定,在一定时间内只限一定范围的人员知悉的事项。我国《保守国家秘密法》规定了严格的保密制度和法律责任,一切国家机关、武装力量、政党、社会团体、企业事业单位和公民都应当遵守。此处的"商业秘密",是指不为公众所知悉、能为权利人带来经济利益、具有实用性并经权利人采取保密措施的技术信息和经营信息。我国《民法典》《公司法(2023 年修订)》《中华人民共和国反不正当竞争法(2019

年修正)》《中华人民共和国对外贸易法(2022 年修正)》对于商业秘密的保护,均有规定。国家工商行政管理局《关于禁止侵犯商业秘密行为的若干规定》规定,国家机关及其公务人员在履行公务时,不得披露或者允许他人使用权利人的商业秘密。因此,行政监督部门负责处理投诉的人员应当严格遵守保密规定,对于在投诉处理过程中所接触到的国家秘密、商业秘密应当予以保密,不得将投诉事项透露给与投诉无关的其他单位和个人。

第六章 法律责任

法律责任，是指法律关系中行为人因违反法律规定或者合同约定而应当强制承担的不利后果。法律责任是招标投标法律规范的重要组成部分，是对招标投标活动中当事人违反招标投标法律的强制性处罚。《招标投标法》、《政府采购法》以及《招标投标法实施条例》和各部门规章对招标投标活动中当事人违法行为的法律责任作出了明确规定。依据性质的不同，法律责任分为民事法律责任、行政法律责任和刑事法律责任。

（一）民事法律责任

民事责任，是指当事人不履行民事义务时应当承担的不利后果。民事责任本质上既是对国家的一种责任，也是对当事人的一种补偿责任。民事责任具有强制性和一定程度的任意性，以财产责任为主。《民法典》第 176 条规定："民事主体依照法律规定或者按照当事人约定，履行民事义务，承担民事责任。"因此，民事法律责任是公民、法人不履行债务或者实施其他民事违法行为所必然引发的法律后果。民事法律责任主要以当事人的民事义务为基础，由主体、过错、违约行为、损害事实和因果关系等内容构成。

民事法律责任因当事人违法行为的后果不同而承担责任的方式也不同。按照我国《民法典》第 179 条的规定，承担民事责任的方式主要有：停止侵害；排除妨碍；消除危险；返还财产；恢复原状；修理、重作、更换；继续履行；赔偿损失；支付违约金；消除影响、恢复名誉；赔礼道歉。法律规定惩罚性赔偿的，依照其规定。本条规定的承担民事责任的方式，可以单独适用，也可以合并适用。承担民事责任后，不排除根据违法行为的性质还要承担行政责任和刑事责任。

在招标投标活动中，常见的民事责任方式主要有：赔偿损失、返还财产、恢复原状等。

1. 赔偿损失

赔偿损失是指当事人因违反合同或者侵权行为而给他人造成损害时，应当以其财产赔偿受害人损害的一种责任形式。赔偿损失是适用最广泛的一种责任形式。法律允许受害人作为请求权人向加害人提出赔偿请求，对于有效地保护受害人的利益，维护社会秩序、消除违法行为具有极为重要的意义。在《招标投标法实施条例》中,适用赔偿损失(《招标投标法实施条例》称为赔偿责任)的条款主要有:第66条、第67条(《招标投标法》第53条)、第68条(《招标投标法》第54条)、第73条、第77条。

2. 返还财产、恢复原状

返还财产是一种普遍适用于返还不当得利责任、合同责任、侵权责任的责任方式。《民法典》第157条规定:"民事法律行为无效、被撤销或者确定不发生效力后,行为人因该行为取得的财产,应当予以返还;不能返还或者没有必要返还的,应当折价补偿。有过错的一方应当赔偿对方由此所受到的损失;各方都有过错的,应当各自承担相应的责任。法律另有规定的,依照其规定。"《招标投标法实施条例》中的返还财产,主要基于招标投标活动被确认无效的情形。在《招标投标法实施条例》中,适用返还财产("无效"责任的表现形式)的条款主要有第67条、第68条、第70条、第77条、第81条。

权利人请求返还原物,必须是原物依然存在,如果原物已经灭失,那么返还原物在客观上已经没有可能,所有人只能要求赔偿损失,而不能要求返还原物。如果原物虽然存在,但是已经遭受毁损,则原物所有人可以根据其利益,请求返还原物或者提出恢复原状。

恢复原状,是指所有人的财产在被他人非法侵害遭到损坏时,如果能够修理,则所有人有权要求加害人通过修理,恢复财产原有的状态。在民法领域,恢复原状主要适用于合同无效或者被撤销的场合,当事人可以请求恢复原状,通过恢复原状使当事人达到合同订立前的情形。《招标投标法实施条例》中的恢复原状,主要也是基于招标投标活动被确认无效的情形。与返还财产相同,在《招标投标法实施条例》中,适用恢复原状的条款主要有:第67条、第68条、第70条、第77条、第81条。

需要说明的是,对于招标投标法和《招标投标法实施条例》没有明确规定的情况,招标投标当事人发生违法行为,按照我国《民法典》等法律规范应当承担赔偿损失、返还财产、恢复原状等法律责任的,违法行为人也应当予以承担。

(二)行政法律责任

行政法律责任简称行政责任,是指行政法律关系主体在国家行政管理活动中,因违反行政法律规范所应承受的由国家行政机关或国家授权单位对其依行政程序所给予的制裁。行政责任主体是行政法律关系主体,即行政主体和行政相对方。在行政法律关系中如果行政主体不依法实施行政管理、作出行政行为,就应当承担由此产生的行政责任;如果行政相对方没有履行法定义务,其同样应当承担行政责任。因此,承担行政责任的主体必须是行政法律关系中的主体。

在招标投标活动中,行政主体及行政相对方承担行政责任的方式有两类:

1. 行政处分

行政处分，是指国家工作人员及由国家机关委派到企业、事业单位任职的人员的行政违法行为尚不构成犯罪，依据法律、法规的规定而给予的一种制裁性处理。

虽然行政处分是有隶属关系的上级对下级违反纪律的行为或对尚未构成犯罪的违法行为给予的纪律制裁，属于内部行政行为，但它仍具有强烈的约束力，如被处分人不予履行，行政主体可以强制执行。但因行政处分不受司法审查，故被处分人不服行政处分，只能通过行政复议和行政申诉途径解决，不能提起行政诉讼。根据我国《监察法》第45条的规定，监察机关根据监督、调查结果，有权对违法的公职人员依照法定程序作出警告、记过、记大过、降级、撤职、开除6种政务处分。

《招标投标法实施条例》中，适用行政处分的条款主要有：第63条（援引《招标投标法》第49条）、第64条、第70条、第73条、第79条、第80条。

2. 行政处罚

行政处罚，是指国家行政机关及其他依法可以实施行政处罚权的组织，对违反行政法律、法规、规章，但尚不构成犯罪的公民、法人及其他组织实施的一种制裁行为。

行政处罚是追究行政责任的主要方式，是行政责任中适用最广的一种责任形式。根据《中华人民共和国行政处罚法（2021年修订）》第9条的规定，行政处罚的种类主要有警告、通报批评；罚款、没收违法所得、没收非法财物；暂扣许可证件、降低资质等级、吊销许可证件；限制开展生产经营活动、责令停产停业、责令关闭、限制从业；行政拘留；法律、行政法规规定的其他行政处罚。

招标投标活动中，因招标投标活动的适用范围和招标项目的不同，对招标投标活动当事人行政法律责任的规定比较多，除招标投标法、政府采购法外，还有《招标投标法实施条例》以及各部门规章中对当事人的行政法律责任的规定。但就《招标投标法实施条例》而言，行政处罚的种类包括：

（1）罚款

罚款，是指行政机关依法强制违反行政管理秩序的公民、法人或者其他组织缴纳一定数量的货币的一种行政处罚，是一种财产罚，是行政机关对行政违法行为人强制收取一定数量金钱，剥夺一定财产权利的制裁方法。

罚款既可以只适用于单位，也可以同时适用于单位和单位直接负责的主管人员和其他直接责任人员。此处的“直接负责的主管人员”，是指在单位违法行为中负有直接领导责任的人员，包括违法行为的决策人，事后对单位违法行为予以认可和支持的领导人员，以及由于疏于管理或放任，对单位违法行为负有不可推卸责任的领导人员；“其他直接责任人员”，是指其他直接实施单位违法行为的人员。罚款金额可以是按招标项目合同金额、中标项目金额的比例确定也可以按法律法规直接确定的金额或者金额范围确定。

罚款是招标投标活动最主要的行政处罚措施,适用于对多种行政违法行为的制裁。《招标投标法实施条例》中,适用罚款的条款有:第63条(援引《招标投标法》第49条、第51条)、第64条、第66条、第67条、第68条、第70条、第72条、第73条、第74条、第75条、第76条。

(2)没收违法所得

没收违法所得,是指行政机关根据法律、法规的规定,将行政违法行为人占有的,通过违法途径和方法取得的财产强制无偿收归国有的制裁方法。《招标投标法实施条例》中,适用没收违法所得的条款有:第65条(援引《招标投标法》第50条)、第67条(援引《招标投标法》第53条)、第68条(援引《招标投标法》第54条)、第76条。

(3)责令停产停业

责令停产停业,是指行政机关强制命令行政违法行为人暂时或永久地停止生产经营和其他业务活动的制裁方法。《招标投标法实施条例》中,适用责令停产停业的条款为第76条。

(4)暂扣或者吊销许可证、暂扣或者吊销执照

暂扣或者吊销许可证,暂扣或者吊销执照,是指行政机关暂时或者永久地撤销行政违法行为人拥有的国家准许其享有某些权利或从事某些活动资格的文件,使其丧失权利和活动资格的制裁方法。《招标投标法实施条例》中,适用暂扣或者吊销许可证的条款有:第65条(援引《招标投标法》第50条)。适用暂扣或者吊销执照的条款有:第67条、第68条、第76条。

【提示59】责令改正既不是行政处分也不是行政处罚。

责令改正是行政机关在处罚过程中要求违法行为人停止或改正违法行为,是对违法行为的后果及其违法行为本身纠偏,是对违法行为人发出的一种作为命令,并未科处新的义务。因此,责令改正不是制裁,既不属于行政处分,也不属于行政处罚的种类。《招标投标法实施条例》中,适用责令改正的条款有第63条(援引《招标投标法》第51条)、第64条、第66条、第70条、第71条、第73条、第74条、第75条、第77条。

(三)刑事法律责任

刑事法律责任简称刑事责任,是刑事法律规定的,因实施犯罪行为而产生的,由司法机关强制犯罪人员承担的刑事惩罚措施。

依据《刑法》第32条、第33条和第34条的规定,刑罚主要分为主刑和附加刑

两大类，主刑的种类如下：管制；拘役；有期徒刑；无期徒刑；死刑。附加刑的种类如下：罚金；剥夺政治权利；没收财产。附加刑也可以独立适用。根据犯罪主体的不同，我国刑法中又分为单位犯罪的刑事责任和自然人犯罪的刑事责任两种，其中，对单位犯罪的刑事责任我国采用双罚制方式。双罚制，是指对于实施犯罪行为的单位，既要处罚单位又要处罚单位中的直接责任人员。我国《刑法》第 31 条规定："单位犯罪的，对单位判处罚金，并对其直接负责任的主管人员和其他直接责任人员判处刑罚。本法分则和其他法律另有规定的，依照规定。"

在招标投标活动中，刑事法律责任是招标投标当事人承担的最为严重的法律后果。根据《招标投标法实施条例》以及《刑法》的规定，招标投标活动中主要涉及的罪名包括：侵犯商业秘密罪（《招标投标法实施条例》第 65 条，援引《招标投标法》第 50 条；《刑法》第 219 条、第 220 条）、串通投标罪（《招标投标法实施条例》第 67 条、《刑法》第 223 条）、行贿罪（《招标投标法实施条例》第 67 条，《刑法》第 389 条、第 390 条、第 391 条、第 393 条）、合同诈骗罪（《招标投标法实施条例》第 68 条、《刑法》第 224 条）、非法经营罪（《招标投标法实施条例》第 69 条、《刑法》第 225 条）、受贿罪（《招标投标法实施条例》第 72 条，《刑法》第 163 条、第 385 条、第 386 条、第 388 条）、玩忽职守罪（《招标投标法实施条例》第 80 条、《刑法》第 397 条）等。详见各条款规定。

第六十三条 【违法发布公告法律责任】

招标人有下列限制或者排斥潜在投标人行为之一的，由有关行政监督部门依照招标投标法第五十一条的规定处罚：

（一）依法应当公开招标的项目不按照规定在指定媒介发布资格预审公告或者招标公告；

（二）在不同媒介发布的同一招标项目的资格预审公告或者招标公告的内容不一致，影响潜在投标人申请资格预审或者投标[一]**。**

依法必须进行招标的项目的招标人不按照规定发布资格预审公告或者招标公告，构成规避招标的，依照招标投标法第四十九条的规定处罚[二]**。**

（一）限制排斥潜在投标人及法律责任

1. 违法行为

限制排斥潜在投标人的违法行为有：

（1）不按照规定在指定媒介发布资格预审公告或者招标公告。

招标人不按照规定在指定媒介发布资格预审公告或者招标公告的，将会导致潜在投标人无法获得招标信息，妨碍其参加投标活动，间接剥夺了潜在投标人的投标资格。该行为主要包括以下3种情形。

①应当发布但没有发布资格预审公告或者招标公告。这种情形是指,招标人应当在资格预审或者公开招标中发布资格预审公告或者招标公告,但是招标人却没有发布,直接开展资格预审或者招标活动。

②不在指定媒介发布资格预审公告或者招标公告。国家发改委在《招标公告和公示信息发布管理办法》中指定必须招标项目在"中国招标投标公共服务平台"或者项目所在地省级电子招标投标公共服务平台发布资格预审公告和招标公告。招标人没有在指定媒介发布公告的,应当承担相应的法律责任。

③发布的资格预审公告或者招标公告内容不符合法律规定。《招标投标法》第16条第2款规定,招标公告应当载明招标人的名称和地址、招标项目的性质、数量、实施地点和时间以及获取招标文件的办法等事项。招标人所发布的公告内容应当符合法律规定,否则将承担相应法律责任。

(2)在不同媒介发布的同一招标项目的资格预审公告或者招标公告的内容不一致,影响潜在投标人申请资格预审或者投标。

《招标公告和公示信息发布管理办法》第15条第1款规定,必须招标项目的招标公告和公示信息除在发布媒介发布外,招标人或其招标代理机构也可以同步在其他媒介公开,并确保内容一致。因此,招标人可以在两家或者两家以上媒介同时发布资格预审公告和招标公告,但是,其中最少有一家指定媒介。为了保证投标人的机会均等,招标人或其委托的招标代理机构在两家或者两家以上媒介发布公告时,应当保证公告内容一致。否则,有可能排斥或者限制潜在投标人,影响其申请资格预审或者投标。此处的"一致",《招标投标法实施条例》没有规定应当细致到哪种程度,笔者认为,无须一字不差,只要所传递的信息一致,能够保证潜在投标人或者投标人机会均等的参加资格预审或者投标即可。

2.法律责任

招标人在发布资格预审公告或者招标公告时限制或者排斥潜在投标人的,由有关行政监督部门依照《招标投标法》第51条的规定处罚。

《招标投标法》第51条规定:"招标人以不合理的条件限制或者排斥潜在投标人的,对潜在投标人实行歧视待遇的,强制要求投标人组成联合体共同投标的,或者限制投标人之间竞争的,责令改正,可以处一万元以上五万元以下的罚款。"

具体情况为:

(1)责令改正。本条款中的责令改正,是指行政监督部门强制要求招标人予以纠正。即不按照规定在指定媒介发布资格预审公告或者招标公告的改为严格按照法律规定重新在指定媒介发布资格预审公告或者招标公告;在不同媒介发布的同一招标项目的资格预审公告或者招标公告的内容不一致的重新在媒介发布内容一致的资格预审公告或者招标公告,同时须发布说明予以更正。

(2)罚款。罚款金额为1万元以上5万元以下。具体金额,由作出处罚决定的行政监督部门根据具体情况确定。

(二)规避招标及法律责任

1. 违法行为

必须招标项目的招标人不按照规定发布资格预审公告或者招标公告,包括不发布资格预审公告或者招标公告,以及发布的资格预审公告或者招标公告不符合法律规定(没有在指定媒介发布,没有按照《招标投标法》第16条规定载明招标人的名称和地址、招标项目的性质、数量、实施地点和时间,以及获取招标文件的办法等事项),构成规避招标的,应当承担相应法律责任。规避招标与限制排斥潜在投标人的行为存在一定差异,具体情况详见表12。

表12 限制、排斥潜在投标人与规避招标差异

差异	限制、排斥潜在投标人	规避招标
范围	适用于所有公开招标项目	仅适用于必须招标项目
违法目的	为了减小投标人范围,缩小投标人竞争,为招标人意向中的投标人中标创造条件	目的是不招标。通过各种方式不招标或者导致招标活动的失败,为采购人直接确定供应商提供便利条件
后果	导致潜在投标人丧失投标机会或者竞争优势	导致不招标或者招标失败

2. 法律责任

构成规避招标的,由有关行政监督部门依照《招标投标法》第49条的规定处罚。

《招标投标法》第49条规定:"违反本法规定,必须进行招标的项目而不招标的,将必须进行招标的项目化整为零或者以其他任何方式规避招标的,责令限期改正,可以处项目合同金额千分之五以上千分之十以下的罚款;对全部或者部分使用国有资金的项目,可以暂停项目执行或者暂停资金拨付;对单位直接负责的主管人员和其他直接责任人员依法给予处分。"

具体情况为:

(1)责令改正。本条款中的责令改正,是指行政监督部门强制要求招标人予以纠正,即要求招标人重新按照法律规定发布资格预审公告或者招标公告。

(2)罚款。罚款金额为项目合同金额5‰以上10‰以下。具体金额,由作出处罚决定的行政监督部门根据具体情况确定。

(3)暂停项目执行或者资金拨付。对全部或者部分使用国有资金的项目,可以暂停项目执行或者暂停资金拨付。

(4)给予处分。处分的对象为单位直接负责的主管人员和其他直接责任人员。

第六十四条 【招标人违法行为及法律责任】

招标人有下列情形之一的,由有关行政监督部门责令改正,可以处10万元以下的罚款:

(一)依法应当公开招标而采用邀请招标;

(二)招标文件、资格预审文件的发售、澄清、修改的时限,或者确定的提交资格预审申请文件、投标文件的时限不符合招标投标法和本条例规定;

(三)接受未通过资格预审的单位或者个人参加投标;

(四)接受应当拒收的投标文件[一]**。**

招标人有前款第一项、第三项、第四项所列行为之一的,对单位直接负责的主管人员和其他直接责任人员依法给予处分[二]**。**

(一)违法行为

1. 应当公开招标而采用邀请招标

根据《招标投标法》第11条、《招标投标法实施条例》第8条的规定,国务院发展改革部门确定的国家重点项目和省、自治区、直辖市人民政府确定的地方重点项目,以及国有资金占控股或者主导地位的必须招标项目,应当公开招标。但是,应当公开招标的项目中,技术复杂、有特殊要求或者受自然环境限制只有少量潜在投标人可供选择的以及采用公开招标方式的费用占项目合同金额的比例过大的项目,由相关部门认定后,可以邀请招标。应当公开招标的项目,如果采用邀请招标的,既要满足邀请招标的条件,又要履行邀请招标的认定手续,两者缺一不可。招标人将应当公开招标并且不符合邀请招标条件或者没有办理邀请招标认定手续的项目采用邀请招标方式进行采购的,将排斥未被邀请的其他潜在投标人的投标,限制了投标人的竞争性,降低了招标项目的公开性,应当予以禁止。

2. 未遵守法定时限要求

招标文件、资格预审文件的发售、澄清、修改的时限,或者确定的提交资格预审申请文件、投标文件的时限不符合《招标投标法》和《招标投标法实施条例》规定的,将承担相应的法律责任。招标文件、资格预审文件的发售、澄清、修改的时限,以及确定的提交资格预审申请文件、投标文件的时限,见表13。

表 13 法定时限汇总

事项	时限	条款
资格预审文件发售期	不得少于 5 日	条例:第 16 条
招标文件发售期	不得少于 5 日	条例:第 16 条
资格预审文件澄清、修改时限	在提交资格预审申请文件截止时间至少 3 日前进行,不足 3 日的,顺延提交资格预审申请文件的截止时间	条例:第 21 条
招标文件澄清、修改时限	在投标截止时间至少 15 日前进行,不足 15 日的,顺延投标截止时间	法律:第 23 条 条例:第 21 条
提交资格预审申请文件的时间	非必须招标项目,确定合理时间;必须招标项目,自资格预审文件停止发售之日起不得少于 5 日	条例:第 17 条
提交投标文件的时间	非必须招标项目,确定合理时间;必须招标项目,自招标文件开始发出之日起至投标人提交投标文件截止之日止,不得少于 20 日	法律:第 24 条

招标人违反上述时限要求的,将有可能排斥、限制潜在投标人的投标,影响潜在投标人编制响应文件的质量,降低招标项目的竞争性,应当予以禁止。

3. 接受未通过资格预审单位或者个人参加投标

《招标投标法实施条例》第 36 条第 1 款规定,未通过资格预审的申请人提交的投标文件,招标人应当拒收。招标人接受未通过资格预审的单位或者个人投标文件的,将失去设置资格预审程序的意义,对于其他已经通过资格预审的潜在投标人非常不公平。

4. 接受应当拒收的投标文件

根据《招标投标法》第 36 条的规定,应当拒收的投标文件包括未通过资格预审的申请人提交的投标文件、逾期送达的投标文件、不按照招标文件要求密封的投标文件。另外,采用《招标投标法实施条例》第 30 条规定的两阶段招标程序的,投标人在第一阶段没有提交不带报价的技术建议的,在第二阶段,招标人也应当拒收其投标文件。详见《招标投标法实施条例》第 36 条。在上述应当拒收投标文件的情况下,招标人接受投标文件的,应当承担本条款中的法律责任。

(二)法律责任

1. 责令改正

本条款中的责令改正,是指行政监督部门强制要求招标人予以纠正,即依法应当公开招标而采用邀请招标的改为公开招标;设置的时间不符合法律规定的按照法律规定设置时间;接受未通过资格预审的单位或者个人参加投标的退还不符合条件的投标文件;接受应当拒收的投标文件的予以退回。

2. 罚款

本条款中的罚款,是指行政监督部门有权对其处以罚款,罚款金额为 10 万元以下。具体金额,由作出处罚决定的行政监督部门根据具体情况确定。

3. 给予处分

本条款中的给予处分,是指行政监督部门对于依法应当公开招标而采用邀请招标、接受未通过资格预审的单位或者个人参加投标、接受应当拒收的投标文件的,对其直接负责的主管人员和其他直接责任人员依法给予处分。

第六十五条 【利害冲突行为法律责任】

招标代理机构在所代理的招标项目中投标、代理投标或者向该项目投标人提供咨询的,接受委托编制标底的中介机构参加受托编制标底项目的投标或者为该项目的投标人编制投标文件、提供咨询的(一),依照招标投标法第五十条的规定追究法律责任(二)。

(一)违法行为

1. 招标代理机构利害冲突违法行为

招标代理机构是依法设立、从事招标代理业务并提供相关服务的社会中介组织。招标人和招标代理机构之间属于委托代理关系。招标代理机构可以接受招标人的委托参与招标投标活动,但不得泄露应当保密的与招标投标活动有关的情况和资料。《招标投标法实施条例》第 13 条第 2 款规定,招标代理机构不得在所代理的招标项目中投标或者代理投标,也不得为所代理的招标项目的投标人提供咨询。

(1)招标代理机构不得在所代理的招标项目中投标或者代理投标。由于招标代理机构在代理招标项目时获得了更多招标项目信息,如果允许其参加投标或者代理投标人投标,很容易与其他投标人串通投标,而且将严重破坏公平竞争的机制,侵害其他投标人的合法权益。

(2)招标代理机构不得为所代理的招标项目的投标人提供咨询。允许招标代理机构向所代理招标项目的投标人提供咨询意见的,有可能泄露招标项目信息,帮助接受咨询意见的投标人获得竞争优势,对其他投标人不公平,因此,应当予以禁止。

2. 中介机构利害冲突违法行为

《招标投标法实施条例》第 27 条第 2 款规定,接受委托编制标底的中介机构不得参加受托编制标底项目的投标,也不得为该项目的投标人编制投标文件或者提供咨询。

(1)不得参加受托编制标底项目的投标。由于中介机构在为招标项目编制标底过程中,掌握了价格组成等方面的重要信息,中介机构参加投标的,极易获得竞争优势,对其他投标人非常不公平。而且中介机构参加投标时,很容易与其他投标人串通投标,泄露标底信息,损害国家利益、社会公共利益或者其他投标人的合法权益。因此,应当予以禁止。

(2)不得为投标人编制投标文件。中介机构在编制标底过程中,获得了招标项目的重要信息,允许中介机构为投标人编制投标文件的,极易将其获知的招标项目信息应用于投标文件的编制,对其他投标人非常不公平。

(3)不得为投标人提供咨询。允许编制标底的中介机构为投标人提供咨询的,极有可能泄露招标项目的标底信息,违反了标底保密原则,而且对其他投标人不公平。

【问题76】一律禁止代理机构和中介机构为投标人提供咨询服务吗?

笔者认为,招标代理机构和编制标底的中介机构为其所参与招标项目的投标人单独提供咨询服务的,应当予以禁止。但是,如果招标代理机构和中介机构根据招标人的委托,在公开场合为所有投标人提供咨询服务,如通过投标准备会、异议回复等形式解答投标人的问题,而且咨询内容不包括禁止披露的信息,应当允许。

(二)法律责任

有本条款违法行为的,依照《招标投标法》第50条的规定追究法律责任。

《招标投标法》第50条规定:“招标代理机构违反本法规定,泄露应当保密的与招标投标活动有关的情况和资料的,或者与招标人、投标人串通损害国家利益、社会公共利益或者他人合法权益的,处五万元以上二十五万元以下的罚款,对单位直接负责的主管人员和其他直接责任人员处单位罚款数额百分之五以上百分之十以下的罚款;有违法所得的,并处没收违法所得;情节严重的,禁止其一年至二年内代理依法必须进行招标的项目并予以公告,直至由工商行政管理机关吊销营业执照。前款所列行为影响中标结果的,中标无效。”

1. 罚款

罚款对象为存在违法行为的招标代理机构和中介机构,包括单位和单位直接负责的主管人员和其他直接责任人员。此处“直接负责的主管人员”,是指在单位违法行为中负有直接领导责任的人员,包括违法行为的决策人,事后对单位违法行为予以认可和支持的领导人员,以及由于疏于管理或放任,而对单位违法行为负有不可推卸责任的领导人员;"其他直接责任人员",是指其他直接实施单位违法行为的人员。罚款金额为:对单位处5万元以上25万元以下的罚款,对单位直接负责的主管人员和其他直接责任人员处单位罚款数额5%以上10%以下的罚款。具体金额,由作出处罚决定的行政监督部门根据具体情况确定。

2. 没收违法所得

有违法所得的,没收违法所得。此处的"违法所得",是指招标代理机构和中介机构因违法行为所获得的金钱和其他财物等违法收入。

3. 禁止从事招标代理活动

招标代理机构的违法行为情节严重的,禁止其一年至二年内代理必须招标项目并予以公告,直至由工商行政管理机关吊销营业执照,将其逐出市场。

4. 中标无效

招标代理机构和中介机构的上述违法行为影响中标结果的,中标无效。至于中标无效后的损失处理问题,按照《民法典》第157条的规定处理:"民事法律行为无效、被撤销或者确定不发生效力后,行为人因该行为取得的财产,应当予以返还;不能返还或者没有必要返还的,应当折价补偿。有过错的一方应当赔偿对方由此所受到的损失;各方都有过错的,应当各自承担相应的责任。法律另有规定的,依照其规定。"因招标代理机构和中介机构的违法行为给招标人、其他投标人造成损失的,应当承担赔偿责任;招标人代理机构和中介机构与投标人串通投标,给招标人和其他投标人造成损失的,与串通的投标人承担连带赔偿责任;已经收取的招标代理费应当退还招标人或投标人。

【技巧47】代理机构和中介机构接受委托时应进行利害冲突项目排查。

为了避免因疏忽大意造成的利害关系冲突,防止招标代理机构和中介机构承担不必要的损失,建议招标代理机构和中介机构在接受委托时,与客户确认服务项目的具体信息,了解服务项目的名称、行业领域、业主单位、建设单位等基本情况,并与已经办理的项目进行利害冲突排查,不存在利害冲突的,再正式接受委托。

第六十六条　【违规收费法律责任】

招标人超过本条例规定的比例收取投标保证金、履约保证金或者不按照规定退还投标保证金及银行同期存款利息的(一),由有关行政监督部门责令改正,可以处5万元以下的罚款;给他人造成损失的,依法承担赔偿责任(二)。

（一）违法行为

1. 超过比例收取投标保证金

《招标投标法实施条例》第 26 条第 1 款规定，招标人在招标文件中要求投标人提交投标保证金的，投标保证金不得超过招标项目估算价的 2%。超过比例收取投标保证金的，将增加投标人的负担，有可能限制投标人的数量，不利于招标项目的有效竞争。

2. 超过比例收取履约保证金

《招标投标法实施条例》第 58 条规定，招标文件要求中标人提交履约保证金的，履约保证金不得超过中标合同金额的 10%。履约保证金比例过高的，会增加中标人的资金压力，不利于工程项目的实施。

3. 不按规定退还投标保证金及利息

关于投标保证金的退还，《招标投标法实施条例》有两处规定。《招标投标法实施条例》第 35 条第 1 款规定，投标人撤回已提交的投标文件，招标人已收取投标保证金的，应当自收到投标人书面撤回通知之日起 5 日内退还。《招标投标法实施条例》第 57 条第 2 款规定，招标人最迟应当在书面合同签订后 5 日内向中标人和未中标的投标人退还投标保证金及银行同期存款利息。上述两个条款，对退还投标保证金的适用条件、退还时间、退还对象以及退还的利息予以明确规定，招标人应当严格遵守，否则，将承担相应的法律责任。

（二）法律责任

1. 责令改正

本条款中的责令改正，是指行政监督部门强制要求招标人予以纠正，即超过《招标投标法实施条例》规定的比例收取投标保证金、履约保证金的，要按照规定比例收取投标保证金、履约保证金，多收部分予以退还；不按照规定退还投标保证金及银行同期存款利息的，要按照法定的退还适用条件、退还对象、退还利息等要求予以退还。

2. 罚款

罚款金额为 5 万元以下。具体金额，由作出处罚决定的行政监督部门根据具体情况确定。

3. 承担赔偿责任

给他人造成损失的，依法承担赔偿责任。此处的“他人”，是指投标人、中标人以及承担担保义务的有关单位。

【提示60】《招标投标法实施条例》没有规定违法收取招标代理服务费的法律责任。

《招标投标法实施条例》规定了超出比例收取投标保证金、履约保证金的法律责任,没有规定违法收取招标代理服务费的法律责任。

第六十七条 【串通投标行贿中标法律责任】

投标人相互串通投标或者与招标人串通投标的,投标人向招标人或者评标委员会成员行贿谋取中标的(一),中标无效;构成犯罪的,依法追究刑事责任;尚不构成犯罪的,依照招标投标法第五十三条的规定处罚。投标人未中标的,对单位的罚款金额按照招标项目合同金额依照招标投标法规定的比例计算。

投标人有下列行为之一的,属于招标投标法第五十三条规定的情节严重行为,由有关行政监督部门取消其1年至2年内参加依法必须进行招标的项目的投标资格:

(一)以行贿谋取中标;

(二)3年内2次以上串通投标;

(三)串通投标行为损害招标人、其他投标人或者国家、集体、公民的合法利益,造成直接经济损失30万元以上;

(四)其他串通投标情节严重的行为。

投标人自本条第二款规定的处罚执行期限届满之日起3年内又有该款所列违法行为之一的,或者串通投标、以行贿谋取中标情节特别严重的,由工商行政管理机关吊销营业执照(二)。

法律、行政法规对串通投标报价行为的处罚另有规定的,从其规定。

(一)违法行为

1. 投标人相互串通投标

投标人相互串通投标,是指投标人彼此之间以口头或者书面形式,就投标情况互相通气,达到避免相互竞争,共同损害招标人利益的行为。《招标投标法实施条例》第39条、第40条共计列明了11种投标人相互串通投标的情形:

(1)投标人之间协商投标报价等投标文件的实质性内容;

(2)投标人之间约定中标人;

(3)投标人之间约定部分投标人放弃投标或者中标;

(4)属于同一集团、协会、商会等组织成员的投标人按照该组织要求协同投标;

(5)投标人之间为谋取中标或者排斥特定投标人而采取的其他联合行动;

(6)不同投标人的投标文件由同一单位或者个人编制;

(7)不同投标人委托同一单位或者个人办理投标事宜;

(8)不同投标人的投标文件载明的项目管理成员为同一人;

(9)不同投标人的投标文件异常一致或者投标报价呈规律性差异;

(10)不同投标人的投标文件相互混装;

(11)不同投标人的投标保证金从同一单位或者个人的账户转出。

投标人相互串通投标,破坏了招标投标活动的竞争规则,损害招标人和其他投标人的合法权益,甚至损害国家和社会公共利益,必须绝对禁止。

2. 投标人与招标人串通投标

投标人与招标人串通投标,是指投标人与招标人在招标投标活动中,以不正当的手段从事私下交易,致使招标投标流于形式的行为。《招标投标法实施条例》第41条列明了6种投标人与招标人串通投标的情形:

(1)招标人在开标前开启投标文件并将有关信息泄露给其他投标人;

(2)招标人直接或者间接向投标人泄露标底、评标委员会成员等信息;

(3)招标人明示或者暗示投标人压低或者抬高投标报价;

(4)招标人授意投标人撤换、修改投标文件;

(5)招标人明示或者暗示投标人为特定投标人中标提供方便;

(6)招标人与投标人为谋求特定投标人中标而采取的其他串通行为。

投标人与招标人串通投标的行为共同损害国家利益、社会公共利益或者其他投标人的合法权益,应当予以禁止。

3. 投标人向招标人或者评标委员会成员行贿谋取中标

投标人向招标人或者评标委员会成员行贿谋取中标,是指投标人以谋取中标为目的,给予招标人(包括工作人员)、招标代理机构(包括工作人员)或者评标委员会成员财物或者其他好处的行为。这一行为直接破坏了招标投标活动的市场竞争机制,损害了其他投标人的合法权益,同时,也损害了国家利益和社会公共利益,应当被严格禁止。

(二)法律责任

1. 中标无效

投标人相互串通投标或者与招标人串通投标的,投标人向招标人或者评标委员会成员行贿谋取中标的,中标无效,而且是自始无效,投标文件对招标人不再具有约束力。因中标无效给他人造成损失的,涉及串通投标、行贿中标的投标人、招标人(包括工作人员)、招标代理机构(包括工作人员)、评标委员会成员应当承担赔偿责任。

2. 刑事责任

构成犯罪的,依法追究刑事责任。具体罪名为《刑法》第223条规定的串通投标罪以及第389条、第390条、第391条、第393条规定的行贿罪。

(1)串通投标罪

《刑法》第223条规定:"投标人相互串通投标报价,损害招标人或者其他投标人利益,情节严重的,处三年以下有期徒刑或者拘役,并处或者单处罚金。投标人与招标人串通投标,损害国家、集体、公民的合法利益的,依照前款的规定处罚。"

《最高人民检察院、公安部关于公安机关管辖的刑事案件立案追诉标准的规定(二)(2022年修订)》中对于串通投标罪立案(追诉)标准有了新的规定:根据《刑法》第223条的规定,投标人相互串通投标报价,或者投标人与招标人串通投标,涉嫌下列情形之一的,应予立案追诉:

①损害招标人、投标人或者国家、集体、公民的合法利益,造成直接经济损失数额在50万元以上的;

②违法所得数额在20万元以上的;

③中标项目金额在400万元以上的;

④采取威胁、欺骗或者贿赂等非法手段的;

⑤虽未达到上述数额标准,但2年内因串通投标受过2次以上行政处罚,又串通投标的;

⑥其他情节严重的情形。

(2)行贿罪

《刑法》第389条规定:"为谋取不正当利益,给予国家工作人员以财物的,是行贿罪。在经济往来中,违反国家规定,给予国家工作人员以财物,数额较大的,或者违反国家规定,给予国家工作人员以各种名义的回扣、手续费的,以行贿论处。因被勒索给予国家工作人员以财物,没有获得不正当利益的,不是行贿。"

《刑法》第390条规定:"对犯行贿罪的,处五年以下有期徒刑或者拘役;因行贿谋取不正当利益,情节严重的,或者使国家利益遭受重大损失的,处五年以上十年以下有期徒刑;情节特别严重的,处十年以上有期徒刑或者无期徒刑,可以并处没收财产。行贿人在被追诉前主动交代行贿行为的,可以减轻处罚或者免除处罚。"

《刑法》第391条规定:"为谋取不正当利益,给予国家机关、国有公司、企业、事业单位、人民团体以财物的,或者在经济往来中,违反国家规定,给予各种名义的回扣、手续费的,处三年以下有期徒刑或者拘役。单位犯前款罪的,对单位判处罚金,并对其直接负责的主管人员和其他直接责任人员,依照前款的规定处罚。"

《刑法》第393条规定:"单位为谋取不正当利益而行贿,或者违反国家规定,给予国家工作人员以回扣、手续费,情节严重的,对单位判处罚金,并对其直接负责的主管人员和其他直接责任人员,处五年以下有期徒刑或者拘役。因行贿取得的违法所得归个人所有的,依照本法第三百八十九条、第三百九十条的规定定罪处罚。”

3. 依据《招标投标法》第 53 条的规定处罚

不构成犯罪的,依照《招标投标法》第 53 条的规定处罚。

《招标投标法》第 53 条规定:“投标人相互串通投标或者与招标人串通投标的,投标人以向招标人或者评标委员会成员行贿的手段谋取中标的,中标无效,处中标项目金额千分之五以上千分之十以下的罚款,对单位直接负责的主管人员和其他直接责任人员处单位罚款数额百分之五以上百分之十以下的罚款;有违法所得的,并处没收违法所得;情节严重的,取消其一年至二年内参加依法必须进行招标的项目的投标资格并予以公告,直至由工商行政管理机关吊销营业执照;构成犯罪的,依法追究刑事责任。给他人造成损失的,依法承担赔偿责任。”

(1)罚款

罚款对象为涉及串通投标或者行贿的招标人和投标人,包括单位和单位直接负责的主管人员和其他直接责任人员。此处“直接负责的主管人员”,是指在单位违法行为中负有直接领导责任的人员,包括违法行为的决策人,事后对单位违法行为予以认可和支持的领导人员,以及由于疏于管理或放任,对单位违法行为负有不可推卸责任的领导人员;“其他直接责任人员”,是指其他直接实施单位违法行为的人员。罚款金额为:对单位处中标项目金额 5‰以上 10‰以下的罚款,对单位直接负责的主管人员和其他直接责任人员处单位罚款数额 5% 以上 10% 以下的罚款。具体金额,由作出处罚决定的行政监督部门根据具体情况确定。

(2)没收违法所得

有违法所得的,没收违法所得。此处的“违法所得”,是指投标人相互串通或者与招标人串通以及投标人向招标人或者评标委员会成员行贿,取得中标后获得的金钱收入和其他财物。投标人相互串通或者与招标人串通以及投标人以行贿的手段谋取中标的目的是获取不正当利益,违法所得必须予以没收。

(3)取消投标资格

情节严重的,取消投标人 1 年至 2 年内参加必须招标项目的投标资格并予以公告,也就是在 1 年至 2 年内禁止投标人参加必须招标项目的投标活动,并公之于众。

根据本条第 2 款的规定,情节严重的情形包括:

①以行贿谋取中标;

②3 年内 2 次以上串通投标;

③串通投标行为损害招标人、其他投标人或者国家、集体、公民的合法利益,造成直接经济损失30万元以上;

④其他串通投标情节严重的行为。

【提示61】此处仅取消投标人参加必须招标项目的投标资格。

根据本条款的规定,投标人违法行为情节严重的,由有关行政监督部门取消其1年至2年内参加必须招标项目的投标资格,非必须招标项目不在禁止范围,被处罚后,投标人依然可以参加非必须招标项目的投标。

【技巧48】行政监督部门可以根据情节确定处罚的地域范围。

《招标投标法》和《招标投标法实施条例》规定了取消投标人投标资格的期限和项目范围,但是,对于所适用的地域范围,却没有明确的规定。行政监督部门可以将地域范围这一变量引入处罚措施中,根据投标人违法行为的严重程度,综合考虑期限、地域范围变量,作出具体的处罚决定。

(4)吊销营业执照

营业执照是行为人从事经营活动的凭证,吊销营业执照,将会剥夺行为人从事生产经营活动的权利,是比取消投标资格更加严厉的行政处罚,适用于情节特别严重的违法行为。根据本条第3款的规定,情节特别严重的情形为:投标人自本条第2款规定的处罚执行期限届满之日起3年内又有该款所列违法行为(以行贿谋取中标;3年内2次以上串通投标;串通投标行为损害招标人、其他投标人或者国家、集体、公民的合法利益,造成直接经济损失30万元以上;其他串通投标情节严重的行为)之一的,或者串通投标、以行贿谋取中标情节特别严重的行为。该项处罚措施,由作出处罚决定的行政监督部门确定,由营业执照的颁发和管理机关工商行政管理部门具体实施。

(5)承担赔偿责任

给他人造成损失的,依法承担赔偿责任。这是指投标人相互串通投标,给招标人或者其他投标人造成损失的,应当共同承担赔偿责任,投标人与招标人串通投标,给其他投标人造成损失的,投标人与招标人共同承担赔偿责任。

【提示62】招标文件可以规定投标人违法的不退还投标保证金。

根据《招标投标法》第53条的规定,投标人相互串通投标或者与招标人串通投标的,投标人以向招标人或者评标委员会成员行贿的手段谋取中标的,给他人造成损失的,依法承担赔偿责任。为了便于及时挽回招标人的损失,招标文件可以明确规定,投标人出现上述违法行为的,不退还其投标保证金,造成的损失超过投标保证金数额的,投标人还应当赔偿超过部分的损失。

4. 罚款

投标人存在上述3项违法行为的,即使没有中标,也应承担相应的法律责任。根据本条款规定,应对单位处以罚款,罚款金额按照招标项目合同金额依照《招标投标法》规定的比例计算。此处的"比例",是指《招标投标法》第53条规定的比例,即对单位处招标项目合同金额5‰以上10‰以下的罚款。具体金额,由作出处罚决定的行政监督部门根据具体情况确定。

第六十八条 【虚假投标法律责任】

投标人以他人名义投标或者以其他方式弄虚作假骗取中标的(一),中标无效;构成犯罪的,依法追究刑事责任;尚不构成犯罪的,依照招标投标法第五十四条的规定处罚。依法必须进行招标的项目的投标人未中标的,对单位的罚款金额按照招标项目合同金额依照招标投标法规定的比例计算。

投标人有下列行为之一的,属于招标投标法第五十四条规定的情节严重行为,由有关行政监督部门取消其1年至3年内参加依法必须进行招标的项目的投标资格:

(一)伪造、变造资格、资质证书或者其他许可证件骗取中标;

(二)3年内2次以上使用他人名义投标;

(三)弄虚作假骗取中标给招标人造成直接经济损失30万元以上;

(四)其他弄虚作假骗取中标情节严重的行为。

投标人自本条第二款规定的处罚执行期限届满之日起3年内又有该款所列违法行为之一的,或者弄虚作假骗取中标情节特别严重的,由工商行政管理机关吊销营业执照(二)。

(一)违法行为

1. 投标人以他人名义投标

投标人以他人名义投标,在实践中主要表现为一些不具备法定的或者招标文件规定的资质、资格条件的单位或者个人,采取"挂靠"甚至直接冒名顶替的方法,以及《招标投标法实施条例》第42条中规定的通过受让或者租借等方式获取资格、资质证书,以具备资质、资格条件的企业、事业单位的名义参加投标。这种行为不仅严重扰乱了招标投标的正常秩序,而且如果中标,将可能影响中标项目的质量,侵害招标人权益,给国家和社会公共利益造成危害,必须明确禁止。

2. 投标人以其他方式弄虚作假骗取中标

投标人以其他方式弄虚作假骗取中标,主要是指投标人通过伪造、变造招标文件要求提交的资质、资格等证明文件参加投标并骗取中标。实践中,主要的表现形式有:使用伪造、变造的许可证件;提供虚假的财务状况或者业绩;提供虚假的项目负责人或者主要技术人员简历、劳动关系证明;提供虚假的信用状况等。投标人任何形式的弄虚作假行为都严重违背诚实信用原则,破坏招标投标活动的正常秩序,必须予以禁止。

(二)法律责任

1. 中标无效

投标人以他人名义投标或者以其他方式弄虚作假骗取中标的,中标无效,而且是自始无效,投标文件对招标人不再具有约束力。因中标无效给他人造成损失的,违法投标人应当承担赔偿责任。

2. 刑事责任

投标人以他人名义投标或者以其他方式弄虚作假骗取中标,构成犯罪的,依法追究刑事责任。具体罪名为《刑法》第 224 条规定的合同诈骗罪。

《刑法》第 224 条规定,有下列情形之一,以非法占有为目的,在签订、履行合同过程中,骗取对方当事人财物,数额较大的,处 3 年以下有期徒刑或者拘役,并处或者单处罚金;数额巨大或者有其他严重情节的,处 3 年以上 10 年以下有期徒刑,并处罚金;数额特别巨大或者有其他特别严重情节的,处 10 年以上有期徒刑或者无期徒刑,并处罚金或者没收财产:(1)以虚构的单位或者冒用他人名义签订合同的;(2)以伪造、变造、作废的票据或者其他虚假的产权证明作担保的;(3)没有实际履行能力,以先履行小额合同或者部分履行合同的方法,诱骗对方当事人继续签订和履行合同的;(4)收受对方当事人给付的货物、货款、预付款或者担保财产后逃匿的;(5)以其他方法骗取对方当事人财物的。

3. 按照《招标投标法》第 54 条的规定处罚

投标人以他人名义投标或者以其他方式弄虚作假骗取中标,不构成犯罪的,按照《招标投标法》第 54 条的规定处罚。

《招标投标法》第 54 条第 2 款规定:"依法必须进行招标的项目的投标人有前款所列行为尚未构成犯罪的,处中标项目金额千分之五以上千分之十以下的罚款,对单位直接负责的主管人员和其他直接责任人员处单位罚款数额百分之五以上百分之十以下的罚款;有违法所得的,并处没收违法所得;情节严重的,取消其一年至三年内参加依法必须进行招标的项目的投标资格并予以公告,直至由工商行政管理机关吊销营业执照。"法律责任包括:

(1)罚款

罚款对象是必须招标项目的投标人,包括单位和单位直接负责的主管人员和其他直接责任人员。此处“直接负责的主管人员”，是指在单位违法行为中负有直接领导责任的人员，包括违法行为的决策人，事后对单位违法行为予以认可和支持的领导人员，以及由于疏于管理或放任，对单位违法行为负有不可推卸责任的领导人员；“其他直接责任人员”，是指其他直接实施单位违法行为的人员。罚款金额为：对单位处中标项目金额5‰以上10‰以下的罚款，对单位直接负责的主管人员和其他直接责任人员处单位罚款数额5%以上10%以下的罚款。具体金额，由作出处罚决定的行政监督部门根据具体情况确定。

(2)没收违法所得

有违法所得的，没收违法所得。此处的“违法所得”，是指必须招标项目的投标人以他人名义投标或者以其他方式弄虚作假骗取中标所获得的金钱收入和其他财物。投标人的违法所得应当被强制无偿收归国有。

(3)取消投标资格

必须招标项目的投标人以他人名义投标或者以其他方式弄虚作假骗取中标，情节严重的，取消其1年至3年内参加必须招标项目的投标资格。

根据本条第2款的规定，情节严重的情形包括：

①伪造、变造资格、资质证书或者其他许可证件骗取中标；

②3年内2次以上使用他人名义投标；

③弄虚作假骗取中标给招标人造成直接经济损失30万元以上；

④其他弄虚作假骗取中标情节严重的行为。

【提示63】此处仅取消投标人参加必须招标项目的投标资格。

根据本条款的规定，投标人违法行为情节严重的，由有关行政监督部门取消其1年至3年内参加必须招标项目的投标资格，非必须招标项目不在禁止范围，被处罚后，投标人依然可以参加非必须招标项目的投标。

【技巧49】行政监督部门可以根据情节确定处罚的地域范围。

《招标投标法》和《招标投标法实施条例》规定了取消投标人投标资格的期限和项目范围，但是，对于所适用的地域范围，却没有明确的规定。行政监督部门可以将地域范围这一变量引入处罚措施中，根据投标人违法行为的严重程度，综合考虑期限、地域范围变量，作出具体的处罚决定。

(4)吊销营业执照

营业执照是行为人从事经营活动的凭证，吊销营业执照，将会剥夺行为人从事生产经营活动的权利，是比取消投标资格更加严厉的行政处罚，适用于情节特别严重的违法行为。根据本条第3款的规定，情节特别严重的情形为：投标人自处罚执行期限届满之日起3年内又有该款所列违法行为(伪造、变造资格、资质证书或者其他许可证件骗取中标,3年内2次以上使用他人名义投标,弄虚作假骗取中标给招标人造成直接经济损失30万元以上,其他弄虚作假骗取中标情节严重的行为)之一的或者弄虚作假骗取中标情节特别严重的行为。该项处罚措施,由作出处罚决定的行政监督部门确定,由营业执照的颁发和管理机关工商行政管理部门具体实施。

4. 罚款

必须招标项目的投标人存在上述两项违法行为的,即使没有中标,也应承担相应的法律责任。根据本条款规定,应对单位处以罚款,罚款金额按照招标项目合同金额并依照《招标投标法》规定的比例计算。此处的"比例",是指《招标投标法》第54条规定的比例,即对单位处招标项目合同金额5‰以上10‰以下的罚款。具体金额,由作出处罚决定的行政监督部门根据具体情况确定。

【提示64】上述法律责任的适用范围不尽相同。

上述法律责任的适用范围包括两种:一是适用于所有招标项目的投标人,包括必须招标项目和非必须招标项目的投标人,这类法律责任包括中标无效、刑事责任;二是仅适用于必须招标项目的投标人,这类法律责任主要是根据《招标投标法》第54条第2款应当承担的法律责任,包括罚款、没收违法所得、取消投标资格、吊销营业执照。

【提示65】招标文件可以规定投标人违法的不退还投标保证金。

《招标投标法》第54条第1款规定,投标人以他人名义投标或者以其他方式弄虚作假,骗取中标的,给招标人造成损失的,依法承担赔偿责任。为了便于及时挽回招标人的损失,招标文件可以明确规定,投标人出现上述违法行为的,不退还其投标保证金,造成的损失超过投标保证金数额的,还应当对超过部分予以赔偿。

第六十九条 【违法出让证书的法律责任】

出让或者出租资格、资质证书供他人投标的(一),依照法律、行政法规的规定给予行政处罚;构成犯罪的,依法追究刑事责任(二)。

(一)违法行为

《招标投标法》第18条第1款规定:"招标人可以根据招标项目本身的要求,在招标公告或者投标邀请书中,要求潜在投标人提供有关资质证明文件和业绩情况,并对潜在投标人进行资格审查;国家对投标人的资格条件有规定的,依照其规定。"

资格、资质证书等证明文件，是证明招标人承担招标项目能力的最重要的文件，投标人必须提供自己的真实、有效的证明文件。《招标投标法实施条例》第 42 条对于受让或者租借资格、资质证书投标的行为予以禁止，将其认定为《招标投标法》第 33 条规定的以他人名义投标的行为，按照《招标投标法实施条例》第 68 条追究法律责任。与此对应，本条款将出让或者出租资格、资质证书投标的行为列为禁止行为，明确规定了相应的法律责任。

1. 出让资格、资质证书

“出让资格、资质证书”是指将资格、资质证书非法转让给他人，用于投标，对于是否有偿转让以及出让方是否明知用于投标，在所不问。

2. 出租资格、资质证书

“出租资格、资质证书”是指以取得租金的方式将资格、资质证书让与他人投标。

需要说明的是，如果投标人通过非法手段，如欺骗、窃取、抢夺等方式获得他人的资格、资质证书用于投标，证书所有人对此没有过错，不应当承担相应的法律责任。

（二）法律责任

1. 依照法律、行政法规的规定给予行政处罚

我国招标投标领域涉及的资格、资质证书较多，每一种资格、资质适用的规范性文件不同，规定的法律责任也不相同，非法出让、出租资格、资质证书的，应当根据所出让、出租资格、资质适用的规范性文件予以处罚。因此，本条款制定了援引性的规定。

2. 刑事责任

出让或者出租资格、资质证书供他人投标，构成犯罪的，追究刑事责任。具体罪名为《刑法》第 225 条规定的非法经营罪。

《刑法》第 225 条规定：“违反国家规定，有下列非法经营行为之一，扰乱市场秩序，情节严重的，处五年以下有期徒刑或者拘役，并处或者单处违法所得一倍以上五倍以下罚金；情节特别严重的，处五年以上有期徒刑，并处违法所得一倍以上五倍以下罚金或者没收财产：（一）未经许可经营法律、行政法规规定的专营、专卖物品或者其他限制买卖的物品的；（二）买卖进出口许可证、进出口原产地证明以及其他法律、行政法规规定的经营许可证或者批准文件的；（三）其他严重扰乱市场秩序的非法经营行为。”

第七十条 【违法组建评标委员会法律责任】

依法必须进行招标的项目的招标人不按照规定组建评标委员会,或者确定、更换评标委员会成员违反招标投标法和本条例规定的(一),由有关行政监督部门责令改正,可以处10万元以下的罚款,对单位直接负责的主管人员和其他直接责任人员依法给予处分;违法确定或者更换的评标委员会成员作出的评审结论无效,依法重新进行评审(二)。

国家工作人员以任何方式非法干涉选取评标委员会成员的,依照本条例第八十一条的规定追究法律责任(一)。

(一)违法行为

1. 不按照规定组建评标委员会

《招标投标法》第37条以及《招标投标法实施条例》第46条,对必须招标项目评标委员会的组成人员(招标人的代表和有关技术、经济等方面的专家)、成员数量及比例(5人以上单数,其中技术、经济等方面的专家不少于总数的2/3)、专家条件(从事相关领域工作满8年并具有高级职称或者具有同等专业水平)、专家来源(从国务院有关部门或者省、自治区、直辖市人民政府有关部门提供的专家名册或者招标代理机构的专家库内的相关专业的专家名单中确定)等作出明确规定。招标人应当严格按照规定组建评标委员会,否则将承担相应法律责任。

2. 确定、更换评标委员会成员违反《招标投标法》和《招标投标法实施条例》规定

《招标投标法》第37条以及《招标投标法实施条例》第48条,还规定了评标委员会成员的确定方式(一般招标项目的专家可以采取随机抽取方式,特殊招标项目可以由招标人直接确定)和更换条件(与投标人有利害关系的人不得进入相关项目的评标委员会,已经进入的应当更换;评标委员会成员有回避事由、擅离职守或者因健康等原因不能继续评标的,应当及时更换),招标人应当予以遵守,否则,应当承担相应法律责任。

【问题77】上述行为发生在非必须招标项目中的,须承担法律责任吗?

笔者认为,非必须招标项目中,不按照规定组建评标委员会的,不必承担法律责任;确定、更换评标委员会成员违反《招标投标法》和《招标投标法实施条例》规定的,须承担相应法律责任。这是因为,前一种行为中,《招标投标法》以及《招标投标法实施条例》主要是针对必须招标项目的评标委员会的组建,包括其组成人员、成员数量及比例、专家条件、专家来源进行了严格规定,本条款同时规定“依法

必须进行招标的项目的招标人不按照规定组建评标委员会”的将承担法律责任，将违法行为的范围限定在必须招标项目，对非必须招标项目未作限制性的规定，招标人可以任意组建，不必承担相应法律责任。关于后一种行为，《招标投标法》第37条以及《招标投标法实施条例》第48条没有将其限定在必须招标项目中，本条款也没有将其限定在必须招标项目中，应当同样适用于非必须招标项目。

3. 国家工作人员非法干涉选取评标委员会成员

国家工作人员非法干涉选取评标委员会成员的主要表现形式有：为招标人直接指定评标委员会成员，应当采取随机方式抽取评标专家的，要求招标人直接确定；应当直接确定评标专家的，要求采取随机方式抽取等。此处的“国家工作人员”包括招标项目行政监督部门的国家工作人员，也包括其他国家工作人员，对国家工作人员的工作单位没有明确限制。

【提示66】国家工作人员同样不得非法干涉选取资格审查委员会成员。

《招标投标法实施条例》第18条第2款中规定，资格审查委员会及其成员应当遵守《招标投标法》和《招标投标法实施条例》有关评标委员会及其成员的规定。资格审查委员会成员的选取应当符合《招标投标法》第37条和《招标投标法实施条例》第46条关于选取评标委员会成员的规定，资格审查委员会及其成员同样享有《招标投标法》和《招标投标法实施条例》赋予评标委员会及其成员的权利。笔者认为，国家工作人员同样不得非法干涉选取资格审查委员会成员。

（二）法律责任

1. 责令改正

本条款中的责令改正，是指行政监督部门强制要求招标人予以纠正，即招标人不按照规定组建评标委员会的，原评标委员会无效，按照规定重新组建评标委员会；招标人确定、更换评标委员会成员违反《招标投标法》和《招标投标法实施条例》规定的，所确定、更换的评标委员会成员无效，按照规定重新确定、更换评标委员会成员。

2. 罚款

必须招标项目的招标人不按照规定组建评标委员会，或者确定、更换评标委员会成员违反《招标投标法》和《招标投标法实施条例》规定的，罚款金额为10万元以下。具体金额，由作出处罚决定的行政监督部门根据具体情况确定。

3. 给予处分

必须招标项目的招标人不按照规定组建评标委员会，或者确定、更换评标委员会成员违反《招标投标法》和《招标投标法实施条例》规定的，处分的对象为单位直接负责的主管人员和其他直接责任人员。

4. 重新评审

违法确定或者更换的评标委员会成员作出的评审结论无效,此处的"无效"为自始无效,由重新确定或者更换的评标委员会成员依法重新进行评审。

另外,国家工作人员以任何方式非法干涉选取评标委员会成员的,依照《招标投标法实施条例》第80条的规定追究法律责任。详见《招标投标法实施条例》第80条。

第七十一条 【评标人员违规行为法律责任】

评标委员会成员有下列行为之一的,由有关行政监督部门责令改正;情节严重的,禁止其在一定期限内参加依法必须进行招标的项目的评标;情节特别严重的,取消其担任评标委员会成员的资格(一):

(一)应当回避而不回避;

(二)擅离职守;

(三)不按照招标文件规定的评标标准和方法评标;

(四)私下接触投标人;

(五)向招标人征询确定中标人的意向或者接受任何单位或者个人明示或者暗示提出的倾向或者排斥特定投标人的要求;

(六)对依法应当否决的投标不提出否决意见;

(七)暗示或者诱导投标人作出澄清、说明或者接受投标人主动提出的澄清、说明;

(八)其他不客观、不公正履行职务的行为(二)。

(一)违法行为

《招标投标法》第37条第1款规定,评标由招标人依法组建的评标委员会负责。评标委员会成员应当客观、公正地履行职务,遵守职业道德,对所提出的评审意见承担个人责任。为保证评标委员会成员客观、公正的进行评标,《招标投标法实施条例》规定,评标委员会成员的下列行为属于违法行为:

1. 应当回避而不回避

为保证评标委员会成员评标的独立性,《招标投标法》第37条以及《招标投标法实施条例》第46条规定,与投标人有利害关系的人不得进入相关项目的评标委员会,已经进入的应当更换,评标委员会成员应当主动回避。评标委员会成员应当回避而不回避的,将承担相应法律责任。

2. 擅离职守

评标是组织严密的审查评比活动,需要每一位评标委员会成员协同完成,必须招标项目中对评标委员会成员人数和比例有着严格要求,评标委员会成员的缺失,将会严重影响评标活动的顺利开展。评标委员会成员一旦确定,不得擅离职守,否则应承担相应的法律责任。

3. 不按照招标文件规定的评标标准和方法评标

《招标投标法》第 40 条及《招标投标法实施条例》第 20 条中均规定,评标委员会应当按照招标文件确定的评标标准和方法,对投标文件进行评审和比较。评标委员会成员应当按照招标文件规定的评标标准和方法,客观、公正地对投标文件提出评审意见,招标文件没有规定的评标标准和方法不得作为评标的依据,否则将严重影响评标结果的公正性,侵害投标人的权益。

4. 私下接触投标人

为防止评标委员会成员与投标人相互串通,影响评标活动公正的公正性,《招标投标法》第 44 条第 2 款中规定,评标委员会成员不得私下接触投标人。此处的"私下",笔者认为,是指工作场合之外的不受监督和约束的接触,方式包括会见、通信联络、文件传递等。评标过程中的澄清,不属于私下接触。

5. 向招标人征询确定中标人的意向或者接受任何单位或者个人明示或者暗示提出的倾向或者排斥特定投标人的要求

评标委员会成员应当独立履行职责,不得受任何单位和个人的干扰。反之,评标委员会成员也不应当主动迎合任何单位和个人的倾向性意见,征询确定中标人的意向或者接受任何单位或者个人明示或者暗示选择或者排斥特定投标人的要求。

6. 对依法应当否决的投标不提出否决意见

如果符合否决条件的投标不被否决,那么投标就有可能中标,严重侵害招标人和其他投标人的利益。为提高评标委员会成员的责任心,防止该种情形发生,《招标投标法实施条例》新增了该项规定。

【提示 67】评标人员评标时务必仔细审查,避免遗漏否决投标。

实践中,否决投标的条件形形色色,既包括法定否决投标条件,又包括招标文件规定的否决投标条件,每位评标委员会成员对否决投标条件的熟悉程度不尽相同,对各项否决投标条件的把握也存在差异。有时,对具体否决投标条件的适用在评标委员会内部会存在争议。因此,要求评标委员会成员不遗漏否决投标,确实存在一定困难。但是,评标委员会成员既然参加评标,就应当严格遵守《招标投标法》规定的相关规则,避免遗漏否决投标。为了做到这一点,评标委员会人员平时应当加强对法定否决投标条件的学习,评标前事先梳理出招标文件中的否决投标条款,评标过程中仔细审查投标文件的内容,核对否决投标条件,避免遗漏否决投标的发生。

7. 暗示或者诱导投标人作出澄清、说明或者接受投标人主动提出的澄清、说明

评标委员会暗示或者诱导投标人作出澄清、说明的,其实质是让投标人作出评标委员会成员希望得到的回复内容,从而增加或者降低该投标人胜出的可能性,侵害了投标人的利益。评标委员会成员接受投标人主动提出的澄清、说明,实质是在投标截止时间(开标)后允许投标人改变其投标文件的内容,对其他投标人不公平。对于这两种情形,《招标投标法》没有明确的禁止性规定,根据实际需要,《招标投标法实施条例》第52条对此进行了补充,规定评标委员会不得暗示或者诱导投标人作出澄清、说明,不得接受投标人主动提出的澄清、说明。本条款新增了该项规定,明确了该行为的法律责任,与《招标投标法实施条例》第52条相对应。

(二)法律责任

1. 责令改正

本条款中的责令改正,是指对于上述7种违法行为予以纠正。其中,根据《招标投标法实施条例》第48条第3款的规定,对于评标委员会成员应当回避而不回避、擅离职守的,应当予以更换。对于评标委员会成员出现其他5种情形的,没有规定如何责令改正,由出具处罚决定的行政监督部门根据具体情况确定。

2. 禁止参加评标

评标委员会成员违法行为情节严重的,禁止其在一定期限内参加必须招标项目的评标。该项法律责任适用于情节严重的情况。被禁止参加评标的范围,限定在必须招标项目的评标,此处的"一定期限",由出具处罚决定的行政监督部门根据具体情况确定。

【问题78】被禁止参加评标的范围包括非必须招标项目的评标吗?

本条款对于情节严重的情形,仅禁止被处罚的评标委员会成员参加必须招标项目的评标,非必须招标项目的评标,不在此范围,可以参加。

3. 取消评标委员会成员资格

评标委员会成员违法行为情节特别严重的,取消其担任评标委员会成员的资格。该项处罚相对最为严厉,适用于情节特别严重的情况。评标委员会成员的资格被取消后,不得参加任何招标项目的评标。

第七十二条 【评标人员受贿法律责任】

评标委员会成员收受投标人的财物或者其他好处的(一),没收收受的财物,处3000元以上5万元以下的罚款,取消担任评标委员会成员的资格,不得再参加依法必须进行招标的项目的评标;构成犯罪的,依法追究刑事责任(二)。

(一)违法行为

《招标投标法》第44条第2款中规定,评标委员会成员不得收受投标人的财物或者其他好处。评标委员会成员收受投标人的财物或者其他好处的,极有可能为投标人出具倾向性的评审意见,为投标人谋取利益,这将严重影响评标委员会成员的独立性和公正性,破坏评标纪律。此处的"财物"和"其他好处"形式多样,包括现金、购物卡、有价证券、房产、车辆、物品、有偿服务等。评标委员会成员收受投标人的任何财物或者其他好处的,都属于法律禁止的行为,应当承担相应的法律责任。

(二)法律责任

1.没收收受的财物

评标委员会成员收受财物的,行政监督部门将所收受的财物部分或者全部没收,没收的财物,除应当予以销毁或者存档备查的以外,均应上缴国库或者由专门机关处理。

2.罚款

评标委员会成员收受投标人的财物或者其他好处的,所处罚款金额为3000元以上5万元以下。具体金额,由作出处罚决定的行政监督部门根据具体情况确定。

3.取消资格

评标委员会成员收受投标人的财物或者其他好处的,行政监督部门应当取消其担任任何招标项目的评标委员会成员的资格,并将其从专家库中除名。

【提示68】评标人员被取消资格后,不得参加任何招标项目的评标。

对于本条款中"取消担任评标委员会成员的资格,不得再参加依法必须进行招标的项目的评标"的规定,有人理解为只取消必须招标项目的评标委员会资格,该评标委员会成员还可以参加非必须招标项目的评标。其实,这种理解是片面的。本条款之所以规定"不得再参加依法必须进行招标的项目的评标",是为了与《招标投标法》第56条的表述风格一致,对必须招标项目予以着重强调,其本意应当理解为取消所有招标项目的评标委员会成员的资格。

4.刑事责任

评标委员会成员收受投标人的财物或者其他好处,构成犯罪的,要承担相应的刑事责任。此处的罪名,主要是受贿罪。

评标委员会成员是公司、企业人员的,构成非国家工作人员受贿罪。《刑法》第 163 条第 1 款规定,公司、企业或者其他单位的工作人员,利用职务上的便利,索取他人财物或者非法收受他人财物,为他人谋取利益,数额较大的,处 3 年以下有期徒刑或者拘役,并处罚金;数额巨大或者有其他严重情节的,处 3 年以上 10 以下有期徒刑,并处罚金;数额特别巨大或者有其他特别严重情节的,处 10 以上有期徒刑或者无期徒刑,并处罚金。

评标委员会成员是国家工作人员的,构成受贿罪。《刑法》第 385 条第 1 款规定,国家工作人员利用职务上的便利,索取他人财物的,或者非法收受他人财物,为他人谋取利益的,是受贿罪。该法第 386 条规定,对犯受贿罪的,根据受贿所得数额及情节,依照本法第 383 条的规定处罚。索贿的从重处罚。该法第 388 条第 1 款规定,国家工作人员利用本人职权或者地位形成的便利条件,通过其他国家工作人员职务上的行为,为请托人谋取不正当利益,索取请托人财物或者收受请托人财物的,以受贿论处。

第七十三条 【招标人违法行为法律责任】

依法必须进行招标的项目的招标人有下列情形之一的(一),由有关行政监督部门责令改正,可以处中标项目金额10‰以下的罚款;给他人造成损失的,依法承担赔偿责任;对单位直接负责的主管人员和其他直接责任人员依法给予处分(二):

(一)无正当理由不发出中标通知书;

(二)不按照规定确定中标人;

(三)中标通知书发出后无正当理由改变中标结果;

(四)无正当理由不与中标人订立合同;

(五)在订立合同时向中标人提出附加条件(一)。

(一)违法行为

《招标投标法》第 40 条、第 45 条、第 46 条规定了招标人确定中标人、发出中标通知书、与中标人签订合同等规则,明确规定中标通知书发出后,招标人不得改变中标结果,应当按照招标文件和中标人的投标文件与中标人签订合同。《招标投标法实施条例》在第 55 条和第 57 条也作出了相应规定。但是,对于这些行为,《招标投标法》除在第 57 条规定了部分确定中标人的法律责任外,还缺乏系统的法律责任的规定,本条款在制定时对此进行了补充,规定下列行为属于违法情形。

1. 无正当理由不发出中标通知书

《招标投标法》第 45 条第 1 款规定,中标人确定后,招标人应当向中标人发出中标通知书，并同时将中标结果通知所有未中标的投标人。此处的"正当理由"，是指法定的可以不定标或者不发出中标通知书的情形，如经评审后合格投标人数量不满足要求，招标人决定否决所有投标重新招标的。

2. 不按照规定确定中标人

《招标投标法》第40条及《招标投标法实施条例》第55条对确定中标人的主体、依据、范围和顺序作出明确规定，招标人不按照这些规则确定中标人的，将承担本条款规定的法律责任。

【提示69】未经公示确定中标人的，也属于本条款违法情形。

根据《招标投标法实施条例》第54条的规定，招标人收到评标报告后应当公示中标候选人，投标人对中标候选人有异议的，招标人应当予以答复，没有异议的中标候选人，才能够被确定为中标人。笔者认为，对于需要公示的招标项目，招标人不予公示，或者经公示后依然确定有异议的中标候选人为中标人的，属于本条款中不按规定确定中标人的情形，应当承担相应的法律责任。

3. 中标通知书发出后无正当理由改变中标结果

《招标投标法》第45条第2款规定，中标通知书对招标人和中标人具有法律效力。中标通知书发出后，招标人改变中标结果的，应当依法承担法律责任。

4. 无正当理由不与中标人订立合同

投标人中标后与招标人签订合同，是其参加投标的目的。根据《招标投标法》第46条第1款的规定，招标人和中标人应当自中标通知书发出之日起30日内订立书面合同。招标人无正当理由不与中标人订立合同的，将严重侵害投标人利益，应当承担相应法律责任。此处的"正当理由"，是指法定的可以不签订合同的情况，如中标无效、因不可抗力不能签订合同等。

5. 在订立合同时向中标人提出附加条件

《招标投标法》第46条同时规定，招标人和中标人应当按照招标文件和中标人的投标文件签订合同，招标人和中标人不得再行订立背离合同实质性内容的其他协议。《招标投标法实施条例》第57条对此也作出了明确规定。招标人在订立合同时向中标人提出附加条件，迫使中标人作出额外让步，侵害了中标人的合法权益，其实质也改变了订立合同所依据的招标文件，破坏评标公平性，侵害其他投标人的合法权益。

(二)法律责任

招标人存在上述违法行为之一的，应当承担以下法律责任。

1. 责令改正

本条款中的责令改正,是指由行政监督部门强制要求招标人予以纠正,即不发中标通知书的发出中标通知书,不按规定确定中标人的按照法定条件确定中标人,改变中标结果的确定原中标人为最终中标人,不与中标人订立合同的改为签订合同,提出附加条件的取消附加条件等。

2. 罚款

招标人存在上述违法行为之一的,可以在中标项目金额10‰范围内进行罚款。具体金额,由作出处罚决定的行政监督部门根据具体情况确定。

3. 承担赔偿责任

该项措施属于民事责任范畴,需要以给他人造成损失为前提条件。此处的"他人"是指招标人以外的投标人、中标人或者其他利害关系人等所有因招标人的过错遭受损失的人。

4. 给予处分

招标人存在上述违法行为之一的,行政监督部门有权对其进行处分,处分的对象为单位直接负责的主管人员和其他直接责任人员。

第七十四条 【中标人违法行为法律责任】

中标人无正当理由不与招标人订立合同,在签订合同时向招标人提出附加条件,或者不按照招标文件要求提交履约保证金的[一],取消其中标资格,投标保证金不予退还。对依法必须进行招标的项目的中标人,由有关行政监督部门责令改正,可以处中标项目金额10‰以下的罚款[二]。

(一)违法行为

《招标投标法实施条例》第73条规定了招标人无正当理由不与中标人订立合同、在订立合同时向中标人提出附加条件的法律责任。根据对等原则,本条款规定中标人的一些违法行为也要承担相应的法律责任,这些违法行为包括:

1. 中标人无正当理由不与招标人订立合同

评选出最优秀的中标人并与之签订合同是招标人组织招标活动的目的,也是招标制度得以开展的基础。中标人在中标通知书发出后拒绝与招标人订立合同的,将会严重破坏招标制度,损害招标人利益,甚至导致招标失败,应当被明确禁止。

2. 中标人在签订合同时向招标人提出附加条件

中标人因其投标文件更具竞争性才得以中标,中标人在签订合同时提出附加条件的,实质是在竞争胜出后要求修改其投标文件,对其他投标人不公平,而且损害了招标人利益，不应被允许。

3. 中标人不按照招标文件要求提交履约保证金

招标文件要求中标人提交履约保证金的，中标人必须提交，用以担保其合同的正常履行。招标文件要求提交而中标人不提交的，应承担相应的法律责任。

（二）法律责任

1. 取消其中标资格

中标人出现上述 3 种违法行为的，已经失去签订合同的意义，招标人有权取消其中标资格。中标资格被取消后，招标人可以按照《招标投标法实施条例》第 55 条的规定，确定其他中标候选人为中标人，也可以重新招标。

2. 投标保证金不予退还

招标文件要求投标人递交投标保证金的，中标人出现上述 3 种违法行为时，无论是否给招标人造成实质性的损失，招标人均有权不予退还其投标保证金。如果招标文件没有要求投标人递交投标保证金，则该条款不具备适用的前提条件。

3. 罚款

必须招标项目中，行政监督部门责令中标人及时改正，可以并处一定金额的罚款，具体金额以及是否同时适用两项处罚措施，由作出处罚决定的行政监督部门根据具体情况确定。另外，需要注意的是，该项惩罚措施主要适用于必须招标项目，非必须招标项目中，对中标人的要求比较宽松，无须责令改正和罚款。

【提示 70】“责令改正”与“取消中标资格”无法同时适用。

笔者认为，此处的“责令改正”与“取消中标资格”无法同时适用。这是因为，中标人“不订立合同”和“签订合同时提出附加条件”的，被“责令改正”后，变为“签订合同”和“按原合同条件签订合同”的行为，若要“取消其中标资格”的，则原中标人将不再具备签订合同的条件，两者相互矛盾。另外，中标人“不提交履约保证金”的，被“责令改正后”变为“提交履约保证金”，而“取消其中标资格”后，原中标人不具备签订合同的条件，所要担保的合同不存在，提交的履约保证金也将失去担保的意义。

【问题 79】中标人被“责令改正”后，还被不予退还投标保证金吗？

中标人被“责令改正”后，违法行为将予以纠正，有人认为，既然中标人不再侵害招标人的利益，可以退还投标保证金。笔者认为，中标人的违法行为已经发生，这些违法行为是在行政监督部门“责令改正”下才予以纠正的，即使纠正也不能改变既遂的事实。既然违法行为客观存在，为惩戒中标人，可以不予退还其投标保证金。当然,具体的惩罚措施,应由作出处罚决定的行政监督部门根据具体情况确定。

第七十五条 【违法签约法律责任】

招标人和中标人不按照招标文件和中标人的投标文件订立合同,合同的主要条款与招标文件、中标人的投标文件的内容不一致,或者招标人、中标人订立背离合同实质性内容的协议的(一)**,由有关行政监督部门责令改正,可以处中标项目金额5‰以上10‰以下的罚款**(二)**。**

(一)违法签约行为

《招标投标法》第46条以及《招标投标法实施条例》第57条规定,招标人和中标人应当依照招标文件和中标人的投标文件签订合同,合同的主要条款与招标文件和中标人的投标文件的内容一致,招标人和中标人不得再行订立背离合同实质性内容的其他协议。对应上述规定,本条款规定了3种违法签约的情形。

1. 不按照招标文件和中标人的投标文件订立合同

签订合同是招标投标活动的目的,招标人与中标人不按照招标文件和中标人的投标文件签订合同,将使招标投标活动失去意义。

2. 所签订合同的主要条款与招标文件、中标人的投标文件的内容不一致

合同条款是项目实施的依据,所签订合同的主要条款与招标文件、中标人的投标文件的内容不一致,实质是没有完全按照招标文件和中标人的投标文件订立合同,破坏了招标投标活动的公正性。

3. 招标人、中标人订立背离合同实质性内容的协议

招标人与中标人按照招标文件和中标人的投标文件订立合同后,又在所签订合同之外订立背离合同实质性内容的协议的,实质上改变了双方所要履行合同的实质性条款,类似于上述第2种情形,也应当被禁止。该种情形在实践中经常发生,被称为“阴阳合同”“黑白合同”。该种情形破坏了招标投标活动的公正性,逃避了行政监督部门的监管,使招标投标活动流于形式。

(二)法律责任

1. 责令改正

本条款中的责令改正,是指由行政监督部门强制要求招标人和中标人按照招标文件和中标人的投标文件签订合同,变更主要条款的,予以更正;订立背离合同实质性内容的其他协议的,解除协议。

2. 罚款

罚款金额为中标项目金额的5‰以上10‰以下,具体金额,由行政监督部门在处罚时根据具体情况确定。

【问题80】罚款应当向谁收取?

本条款中违法签约行为涉及合同双方,此处的罚款是向招标人收取、中标人收取,还是向双方同时收取。如果可以向双方同时收取,是向每一方分别收取规定比例的罚款,还是两方的罚款之和等于规定的罚款比例?对此,《招标投标法实施条例》并没有明确规定。笔者认为,罚款应当向过错方收取,如果一方有过错,仅向一方收取,如果双方均有过错,可以向双方收取,至于罚款的金额和双方之间的分配比例,由作出处罚决定的行政监督部门根据具体情况确定。

第七十六条 【违法转包分包法律责任】

中标人将中标项目转让给他人的,将中标项目肢解后分别转让给他人的,违反招标投标法和《招标投标法实施条例》规定将中标项目的部分主体、关键性工作分包给他人的,或者分包人再次分包的[一],转让、分包无效,处转让、分包项目金额5‰以上10‰以下的罚款;有违法所得的,并处没收违法所得;可以责令停业整顿;情节严重的,由工商行政管理机关吊销营业执照[二]。

(一)违法转包分包行为

中标人与招标人签订合同后,应当按照合同的约定执行。《招标投标法》第48条以及《招标投标法实施条例》第59条规定,中标人不得向他人转让中标项目,也不得将中标项目肢解后分别向他人转让。中标人可以将中标项目的部分非主体、非关键性工作分包给他人完成。接受分包的人应当具备相应的资格条件,并不得再次分包。为了严格执行该条款,惩戒违法行为,《招标投标法》第58条以及本条款将以下4种情形列为违法转包分包行为。

1. 中标人将中标项目转让给他人

由于招标采购的目的是通过法定规则选出最优中标人并与其签订合同,如果中标人中标后将中标项目整体转让他人,那么将失去招标意义,严重破坏招标投标制度。为了避免该种情况的发生,本条款将其列为禁止行为。

2. 中标人将中标项目肢解后分别转让给他人

中标人将中标项目肢解后分别转让他人,不但会造成中标项目整体转让的效果,而且将有可能在各受让人之间产生项目实施的接口,增加中标项目的实施和管理难度,与整体转让相比,更加应当予以禁止。

3. 中标人将中标项目的部分主体、关键性工作分包给他人

中标项目的主体工程和关键部分关系到整个工程项目的质量，对实施主体的履行能力要求最高，应当由中标人亲自完成。中标人不得将中标项目的部分主体、关键性工作分包给他人。

4. 分包人再次分包

分包人再次分包的，增加了中间环节，将有可能稀释项目资金，提高管理难度，影响工程质量。为本条款所禁止。

(二)法律责任

1. 转让分包无效

此处的"无效"为自始无效，转让、分包人取得的财产应当返还，无法返还的，赔偿损失，有过错的一方，承担过错责任。

2. 罚款

罚款对象为过错方，即转让人和分包人，罚款金额为转让、分包项目金额5‰以上10‰以下。具体金额，由作出处罚决定的行政监督部门确定。

3. 没收违法所得

没收违法所得的处罚措施适用于有违法所得的行为，主要是转让人和分包人通过违法转让、分包所获得的收益。处以该项法律责任时，还可以同时适用其他法律责任。

4. 责令停业整顿

责令停业整顿是一种选择适用的处罚方式，由作出处罚决定的行政监督部门根据具体的违法情节确定。责令停业整顿后，违法行为人改正的，可以恢复营业。

5. 吊销营业执照

营业执照是行为人从事经营活动的凭证，吊销营业执照，将剥夺行为人从事生产经营活动的权利，是比责令停产停业整顿更加严厉的行政处罚，适用于后果严重、屡教不改的违法行为和行为人。该项处罚措施，由作出处罚决定的行政监督部门确定，由营业执照的颁发和管理机关工商行政管理部门具体实施。

第七十七条 【违法投诉违规答复法律责任】

投标人或者其他利害关系人捏造事实、伪造材料或者以非法手段取得证明材料进行投诉，给他人造成损失的，依法承担赔偿责任(一)**。**

招标人不按照规定对异议作出答复，继续进行招标投标活动的，由有关行政监督部门责令改正，拒不改正或者不能改正并影响中标结果的，依照本条例第八十一条的规定处理(二)**。**

（一）违法投诉及法律责任

《招标投标法》第 65 条规定，投标人和其他利害关系人认为招标投标活动不符合本法有关规定的，有权向招标人提出异议或者依法向有关行政监督部门投诉。《招标投标法实施条例》第 60 条又进一步细化了投诉的具体问题，要求投诉人自知道或者应当知道之日起 10 日内向有关行政监督部门投诉，投诉应当有明确的请求和必要的证明材料。为了保护招标投标当事人的合法权益，本条款还列举了 3 种违法投诉情形并加以禁止。

1. 违法投诉行为

（1）捏造事实投诉。捏造事实投诉，是指投诉人编造虚假事实投诉当事人，以期引起行政监督部门对被投诉人作出不利的处理决定。

（2）伪造材料投诉。伪造材料投诉，是指投诉人伪造、变造文件材料，并以此作为证据投诉当事人。

（3）以非法手段取得证明材料投诉。以非法手段取得证明材料投诉，是指投诉所依据的证明材料客观真实，但是投诉人取得证明材料的渠道或者程序不合法。最高人民法院《关于适用〈中华人民共和国民事诉讼法〉的解释（2022 年修正）》第 106 条规定，对以严重侵害他人合法权益、违反法律禁止性规定或者严重违背公序良俗的方法形成或者获取的证据，不得作为认定案件事实的根据。结合本条款的规定，投诉人以非法手段取得证明材料投诉的，不但不应被采信，还有可能承担相应的法律责任。

2. 违法投诉法律责任

《招标投标法实施条例》第 63 条第 3 款以及本条款规定，投诉人捏造事实、伪造材料或者以非法手段取得证明材料进行投诉的，行政监督部门应当予以驳回。给他人造成损失的，依法承担赔偿责任。此处的“他人”，是指投诉人以外的招标人、招标代理机构、投标人以及评标委员会成员等“损失”，是指违法投诉给招标项目造成的损失以及因处理投诉所产生的必要费用。

（二）违规答复及法律责任

《招标投标法实施条例》第 22 条、第 44 条、第 54 条明确规定了招标人的异议答复义务。本条款又进一步规定了招标人违规答复的法律责任。

1. 违规答复情形

实践中，违规答复主要包括以下 3 种情形。

（1）不答复。不答复，是指投标人或者其他利害关系人按照招标投标法和《招标投标法实施条例》的规定提出异议，招标人接到异议后，不予理睬，不进行答复。

(2)不按规定时间答复。《招标投标法实施条例》第22条、第44条、第54条对资格预审文件和招标文件异议、开标异议、中标候选人公示异议分别规定了3日、当场、3日的答复时间。招标人收到异议后,虽然予以答复,但是答复的时间不符合规定的,属于该种情形。

(3)不暂停招标活动。《招标投标法实施条例》第22条、第54条规定,答复前,招标人暂停招标活动。招标人在符合暂停条件而不暂停的,属于该种情形。

2. 违规答复法律责任

(1)一般情况下,由有关行政监督部门责令改正。

(2)拒不改正或者不能改正并影响中标结果的,依照《招标投标法实施条例》第81条的规定处理。《招标投标法实施条例》第81条规定:"依法必须进行招标的项目的招标投标活动违反招标投标法和《招标投标法实施条例》的规定,对中标结果造成实质性影响,且不能采取补救措施予以纠正的,招标、投标、中标无效,应当依法重新招标或者评标。"

第七十八条 【信用制度】

国家建立招标投标信用制度[一]。有关行政监督部门应当依法公告对招标人、招标代理机构、投标人、评标委员会成员等当事人违法行为的行政处理决定[二]。

(一)建立信用制度

《招标投标法实施条例》实施前,我国工程建设领域依然存在许多突出问题,一些招标人和投标人规避招标、虚假招标,围标串标、转包和违法分包等现象较为普遍,一些招标代理机构违规操作,有的评标委员会成员不公正评标。这些行为严重违背了《招标投标法》确定的诚实信用原则,因此,有必要在全国范围内建立统一的招标投标信用平台,及时汇总曝光失信信息,惩戒失信行为。本条款的制定,就为建立全国统一的招标投标信用平台,颁布全国统一的招标投标信用评价标准和奖惩办法提供了法律依据。据了解,目前国家正在建立招标代理机构、投标人、评标专家有关工商登记、税收、业绩等方面的信用档案,健全信用信息采集、分析、评价、报告等服务体系,所涉及的招标投标市场信用信息主要包括经营范围、资质能力、资信状况、纳税记录、社会责任、招标投标和合同履行记录、违法违约行为记录等。

(二)违法行为记录公告

为促进招标投标信用体系建设,健全招标投标失信惩戒机制,规范招标投标当事人行为,2008年国家发改委等十部门联合颁发《招标投标违法行为记录公告暂行办法》,要求国务院有关行政主管部门和省级人民政府有关行政主管部门按照规定的职责分工,建立各自的招标投标违法行为记录公告平台,对于招标人、投标人、招标代理机构以及评标委员会成员的违法行为,自招标投标违法行为行政处理决定作出之日起20个工作日内对外进行记录公告。公告内容包括被处理招标投标当事人名称(或姓名)、违法行为、处理依据、处理决定、处理时间和处理机关等。该办法规定,公告的招标投标违法行为记录应当作为招标代理机构资格认定,必须招标项目资质审查、招标代理机构选择、中标人推荐和确定、评标委员会成员确定和评标专家考核等活动的重要参考。该办法还对公告部门的法律责任予以明确:有关行政主管部门及其工作人员在违法行为记录的提供、收集和公告等工作中有玩忽职守、弄虚作假或者徇私舞弊等行为的,由其所在单位或者上级主管机关予以通报批评,并依纪依法追究直接责任人和有关领导的责任;构成犯罪的,移送司法机关依法追究刑事责任。

《招标投标法实施条例》在制定时,对该项制度加以确认,使其上升到更高效力位阶。

第七十九条 【行政监督部门法律责任】

项目审批、核准部门不依法审批、核准项目招标范围、招标方式、招标组织形式的,对单位直接负责的主管人员和其他直接责任人员依法给予处分(一)。

有关行政监督部门不依法履行职责,对违反招标投标法和《招标投标法实施条例》规定的行为不依法查处,或者不按照规定处理投诉、不依法公告对招标投标当事人违法行为的行政处理决定的,对直接负责的主管人员和其他直接责任人员依法给予处分(二)。

项目审批、核准部门和有关行政监督部门的工作人员徇私舞弊、滥用职权、玩忽职守,构成犯罪的,依法追究刑事责任。

(一)项目审批部门法律责任

《招标投标法实施条例》第7条中规定,按照国家有关规定需要履行项目审批、核准手续的必须招标项目,其招标范围、招标方式、招标组织形式应当报项目审批、核准部门审批、核准。项目审批、核准部门应当按照《招标投标法》第11条、第12条、第66条以及《招标投标法实施条例》第8条、第9条、第10条的规定,审批、核准招标项目的相关内容。

1. 表现形式

项目审批、核准部门不依法审批、核准的行为主要表现在以下3个方面。

(1)应当审批、核准而不予或者延迟审批、核准。《招标投标法》第9条第1款规定,招标项目按照国家有关规定需要履行项目审批手续的,应当先履行审批手续,取得批准。对于需要审批、核准而没有获得审批、核准的项目,不得进行招标,在项目审批、核准前擅自开始招标的,因项目未获审批、核准而造成的损失,由项目投资人(招标人)承担相应的法律责任。因此,项目投资人必须在取得项目审批、核准后才能开展招标活动。项目审批、核准部门应当审批、核准而不予审批、核准或者延迟审批、核准的,有可能阻碍或者延迟工程建设项目的进度,使项目投资人的前期投资遭受巨大损失。

(2)不应当审批、核准而通过审批、核准。审批、核准的项目大都关系国计民生,涉及全社会固定资产的投资使用,事关重大。对于不应当审批、核准的项目给予审批、核准的,将严重破坏国家的宏观经济调控政策,应当坚决禁止。

(3)审批、核准的具体事项不符合法律规定。该种情形是指,审批、核准部门虽然按照规定通过了审批、核准,但是所审批、核准的具体事项却违反了法律的规定。例如,审批、核准部门允许招标项目采用邀请招标方式,但却超出审批、核准权限,擅自为招标人指定邀请对象。经过审批、核准的招标内容是招标人开展招标活动的依据,也是行政监督部门依法监督的依据,违法审批、核准的行为,将会使招标人和行政监督部门无所适从,严重的情况下,有可能构成非法干涉招标投标活动的行为。

2. 法律责任

单位违法的,对单位直接负责的主管人员和其他直接责任人员依法给予处分。工作人员徇私舞弊、滥用职权、玩忽职守,构成犯罪的,依法追究刑事责任。此处的罪名,是《刑法》第 397 条所规定的玩忽职守罪。该条款明确规定,国家机关工作人员滥用职权或者玩忽职守,致使公共财产、国家和人民利益遭受重大损失的,处 3 年以下有期徒刑或者拘役;情节特别严重的,处 3 年以上 7 年以下有期徒刑。本法另有规定的,依照规定。国家机关工作人员徇私舞弊,犯前款罪的,处 5 年以下有期徒刑或者拘役;情节特别严重的,处 5 年以上 10 年以下有期徒刑。本法另有规定的,依照规定。

(二)有关行政监督部门法律责任

1. 表现形式

行政监督部门法律责任的表现形式有:

(1)对违反《招标投标法》和《招标投标法实施条例》规定的行为不依法查处。《招标投标法》第 7 条第 2 款规定,有关行政监督部门依法对招标投标活动实施监督,依法查处招标投标活动中的违法行为。《招标投标法实施条例》第 4 条也对招标投标活动中的行政监督部门的职责划分进行了补充和完善。行政监督部门应当恪尽职守，依法查处招标投标活动中违反《招标投标法》《招标投标法实施条例》以及相关法律、行政法规的违法行为，对于违法行为坐视不管、不予查处的，属于行政不作为，有关部门应当给予行政处罚；构成犯罪的，追究其刑事责任。

（2）不按照规定处理投诉。根据《招标投标法》第65条的规定，投标人和其他利害关系人认为招标投标活动不符合本法有关规定的，有权向招标人提出异议或者依法向有关行政监督部门投诉。对此，《招标投标法实施条例》单独设立一章，通过第61～63条对投诉与处理问题进行了补充和细化。实践中，不按规定处理投诉的情形主要包括应当受理投诉而不予受理、受理投诉后应当采取必要措施而不采取、受理投诉后消极怠工不按规定时间及时处理3种情形。行政监督部门不按规定处理投诉，将损害招标投标当事人的合法权益，纵容违法和犯罪行为，为《招标投标法实施条例》所禁止。为了加强管理、明确责任，《招标投标法实施条例》明确规定了相应的法律责任。

（3）不依法公告对招标投标当事人违法行为的行政处理决定。根据《招标投标法实施条例》第78条的规定，国家建立招标投标信用制度，有关行政监督部门应当依法公告对招标人、招标代理机构、投标人、评标委员会成员等当事人违法行为的行政处理决定。招标投标信用制度的建立，培育了行业诚信文化，建立了信用激励和惩戒制度，是行业健康发展的基础。行政监督部门不依法公告对招标投标当事人违法行为的行政处理决定，将从根本上破坏招标投标信用制度的建设。

2. 法律责任

违反本条款的规定，属于单位违法的，对单位直接负责的主管人员和其他直接责任人员依法给予处分。工作人员徇私舞弊、滥用职权、玩忽职守，构成犯罪的，依法追究刑事责任。此处的罪名，是《刑法》第397条规定的玩忽职守罪。《刑法》第397条中明确规定，国家机关工作人员滥用职权或者玩忽职守，致使公共财产、国家和人民利益遭受重大损失的，处3年以下有期徒刑或者拘役；情节特别严重的，处3年以上7年以下有期徒刑。本法另有规定的，依照规定。国家机关工作人员徇私舞弊，犯前款罪的，处5年以下有期徒刑或者拘役；情节特别严重的，处5年以上10年以下有期徒刑。本法另有规定的，依照规定。

【问题81】行政监督部门的违法行为应当由哪个主管部门认定？

对于行政监督部门的违法行为应当由哪个主管部门认定，《招标投标法》和《招标投标法实施条例》均没有明确规定。笔者认为，行政监督部门属于国家机关，其工作人员也都属于国家机关工作人员，行政监督部门及其工作人员在招标投标中的监督行为，是其履行行政管理职责的行为，行政监督部门及其工作人员作为我国监察法规定的监察对象，其行政违法行为应当由监察部门认定，构成职务犯罪的,应当由检察机关立案侦查、起诉,由人民法院审判认定。

第八十条 【国家工作人员干涉招标投标法律责任】

国家工作人员利用职务便利,以直接或者间接、明示或者暗示等任何方式非法干涉招标投标活动,有下列情形之一的(一),依法给予记过或者记大过处分;情节严重的,依法给予降级或者撤职处分;情节特别严重的,依法给予开除处分;构成犯罪的,依法追究刑事责任(二):

(一)要求对依法必须进行招标的项目不招标,或者要求对依法应当公开招标的项目不公开招标;

(二)要求评标委员会成员或者招标人以其指定的投标人作为中标候选人或者中标人,或者以其他方式非法干涉评标活动,影响中标结果;

(三)以其他方式非法干涉招标投标活动。

(一)违法行为

《招标投标法》第6条中明确规定,任何单位和个人不得以任何方式非法干涉招标投标活动。《招标投标法实施条例》第6条也对国家工作人员非法干涉招标投标活动的行为,作出禁止性规定。为了与其对应,本条款也列出了3类典型的国家工作人员非法干涉招标投标的行为。

(1)要求对必须招标项目不招标,或者要求对依法应当公开招标的项目不公开招标。对于不满足《招标投标法》第66条、《招标投标法实施条例》第9条规定的可以不招标条件,以及对于不符合《招标投标法》第11条、《招标投标法实施条例》第8条规定的邀请招标条件的招标项目,国家工作人员非法干涉,要求不招标或者不公开招标的,构成本项违法情形。

(2)要求评标委员会成员或者招标人以其指定的投标人作为中标候选人或者中标人,或者以其他方式非法干涉评标活动,影响中标结果。上述规定,是指国家工作人员非法干涉招标结果的情形。非法干涉的对象,包括评标委员会成员和招标人。非法干涉的情形包括:通过向评标委员会和招标人施加压力,要求以其指定的投标人作为中标候选人或者中标人,或者擅自否决特定投标人或中标候选人、改变中标结果。上述行为严重侵犯评标委员会成员独立评标的权利,损害了招标人和中标候选人的合法权益。为此,本条款明确将其列为禁止行为。

(3)以其他方式非法干涉招标投标活动。国家工作人员非法干涉招标投标活动的行为可能还有很多,无法通过列举方式全部展示,出于立法技术的考虑,本条款作出了该项兜底性规定。

需要注意的是,非法干涉的形式多种多样,有可能是直接干涉,有可能以间接方式施加压力，有可能明确指示，也有可能旁敲侧引加以暗示，在认定时需予以留意，但不管通过何种形式，只要国家工作人员利用职务优势对评标委员会成员或者招标人施加非法影响，都有可能构成本条款中的违法行为。

（二）法律责任

1. 行政责任

国家工作人员存在本条款规定的违法行为的，由行政监督部门依法对其给予记过或者记大过处分；情节严重的，依法给予降级或者撤职处分；情节特别严重的，依法给予开除处分。

2. 刑事责任

国家工作人员非法干涉的违法行为情节严重，构成犯罪的，应当按照相关的刑法规定，追究其刑事责任。

第八十一条 【招标、评标、中标无效处理】

依法必须进行招标的项目的招标投标活动违反招标投标法和本条例的规定，对中标结果造成实质性影响，且不能采取补救措施予以纠正的，招标、投标、中标无效[一]，应当依法重新招标或者评标[二]。

（一）招标、评标、中标无效的认定

1. 认定无效的必要性

招标投标活动要按照法定程序开展，具有环环相扣、层层递进的特征。一旦某个环节产生纠纷，处理不当，极易传导给其他环节，造成“交叉感染”现象，影响整个招标投标活动的顺利进行。因此，有效纠正和合理解决违法违规行为，是保障招标投标活动顺利开展的基础和前提。《民法典》第 153 条第 1 款规定：“违反法律、行政法规的强制性规定的民事法律行为无效。但是，该强制性规定不导致该民事法律行为无效的除外。”该规定将无效性的认定权限，限定在行政法规的效力等级以上，即只有法律（如《招标投标法》）和行政法规（如《招标投标法实施条例》）才有权对招标投标活动中的无效行为作出规定，部门规章、地方性法规、地方政府规章无权作出无效性认定的规定。然而，《招标投标法》关于无效性认定的规定比较有限，主要集中在中标无效和转包分包无效方面，不能完全覆盖实践中的需要，因此，有必要在制定《招标投标法实施条例》时对《招标投标法》的无效性认定作出补充和完善。

2. 认定无效的条件

本条款规定，认定招标、投标、中标无效需要满足如下 3 个条件。

(1)违反招标投标法和《招标投标法实施条例》的规定。该条件是指招标投标活动存在违法行为,违反了《招标投标法》和《招标投标法实施条例》关于程序性和实体性的规定。这是认定无效行为的前提条件。

【问题82】违反部门规章的行为,能否认定为无效?

笔者认为,解答该问题,需要先界定所违反的部门规章的具体规定是部门规章完全按照《招标投标法》和《招标投标法实施条例》作出的规定,还是部门规章在《招标投标法》和《招标投标法实施条例》之外,对其进行的补充和完善性的规定。如果是前者,则实质是违反了《招标投标法》和《招标投标法实施条例》的规定,符合认定无效的前提条件,应当认定为无效;如果是后者,则不属于《招标投标法》和《招标投标法实施条例》的规定,而部门规章不具备制定无效性规定的权限,违反该规定,不能认定为无效。

(2)对中标结果造成实质性影响。对中标结果造成影响,是指如果放任违法行为的发生,已经确定的或者即将确定的中标人将不是严格按照《招标投标法》《招标投标法实施条例》和招标文件规则应当确定的中标人。此处的影响,包括已经发生的和必然造成的。所谓的实质性影响,是指由于该行为的发生,未能实现招标意图和目的。典型的行为如串通投标,如果不认定为无效,则招标人最终确定的"中标人"极有可能不是按照正常规则评审出的中标人,将侵害招标人和其他投标人的合法权益。

(3)不能采取补救措施予以纠正。鉴于招标投标活动程序性的特点,为了避免各环节间的"交叉感染"现象,《招标投标法实施条例》已经规定了暂停制度(第22条、第54条、第62条)、文件修改制度(第23条)、投标人告知义务(第38条)、履约能力审查制度(第56条)以及法律责任一章中规定的责令改正措施。这些制度和规定,在一定程度上起到纠正违法行为的作用,但是,并不能完全避免一些既成事实的发生。当上述补救措施失灵,违法行为不可逆转的,有必要对相关违法行为进行无效性认定,以便根本性的消除违法行为所造成的损失。

3. 无效的情形

笔者认为,根据是否需要认定进行划分,招标投标活动中的无效分为两种:第一种是招标失败而自然导致的无效,该种无效无须认定,自然失效;第二种是认定无效,需要通过有权部门认定后才能归于失效。在第二种情形中,根据认定依据和认定程序的不同,又可以划分为两种:一种是投标无效,其中,大部分是因为投标文件的实质性响应不符合招标文件的规定而被作否决投标处理,不涉及违法行为,投标人不受行政处罚,少部分是因为投标人存在违法行为(如串通投标、虚假投标、出让出租资格资质证书等)被认定无效,该种情况《招标投标法》和《招标投标法实施条例》授权招标人对其作否决投标处理，然后交由行政监督部门对投标人进行行政处罚，对此《招标投标法》第 53 条、第 54 条，《招标投标法实施条例》第 67 条、第 68 条、第 69 条已有明确规定，此处不再赘述。另一种是因违法行为被认定无效（以下简称违法行为无效），该种情形主要是因违法行为引起，符合一定的条件才能构成，需要通过严格的认定程序加以认定，本条款中主要讨论后一种情况，即违法行为无效情形。

《招标投标法》和《招标投标法实施条例》中违法行为无效情形，主要包括招标无效、评标无效、中标无效 3 种类型。其中，评标无效和中标无效的具体情况，详见表 14 及下文介绍。

表 14　无效情形汇总

类型	《招标投标法》	《招标投标法实施条例》
评标无效		第 48 条【被更换评标人评标无效】 评标过程中，评标委员会成员有回避事由、擅离职守或者因健康等原因不能继续评标的，应当及时更换。被更换的评标委员会成员作出的评审结论无效，由更换后的评标委员会成员重新进行评审
		第 70 条【评标人员评标无效】 依法必须进行招标的项目的招标人不按照规定组建评标委员会，或者确定、更换评标委员会成员违反招标投标法和本条例规定的，违法确定或者更换的评标委员会成员作出的评审结论无效，依法重新进行评审
	第 56 条【评标人员受贿无效】 评标委员会成员收受投标人的财物或者其他好处的，评标委员会成员或者参加评标的有关工作人员向他人透露对投标文件的评审和比较、中标候选人的推荐以及与评标有关的其他情况的，取消担任评标委员会成员的资格	第 72 条【评标人员受贿无效】 评标委员会成员收受投标人的财物或者其他好处的，没收收受的财物，处 3000 元以上 5 万元以下的罚款，取消担任评标委员会成员的资格

续表

类型	《招标投标法》	《招标投标法实施条例》
中标无效	第50条【违规代理无效】 招标代理机构违反本法规定,泄露应当保密的与招标投标活动有关的情况和资料的,或者与招标人、投标人串通损害国家利益、社会公共利益或者他人合法权益,影响中标结果的,中标无效	
	第52条【泄露信息无效】 依法必须进行招标的项目的招标人向他人透露已获取招标文件的潜在投标人的名称、数量或者可能影响公平竞争的有关招标投标的其他情况的,或者泄露标底,影响中标结果的,中标无效	
	第53条【串通投标无效】 投标人相互串通投标或者与招标人串通投标的,投标人以向招标人或者评标委员会成员行贿的手段谋取中标的,中标无效	第67条【串通投标无效】 投标人相互串通投标或者与招标人串通投标的,投标人向招标人或者评标委员会成员行贿谋取中标的,中标无效;构成犯罪的,依法追究刑事责任;尚不构成犯罪的,依照招标投标法第五十三条的规定处罚。投标人未中标的,对单位的罚款金额按照招标项目合同金额依照招标投标法规定的比例计算
	第54条【弄虚作假无效】 投标人以他人名义投标或者以其他方式弄虚作假,骗取中标的,中标无效	第68条【弄虚作假无效】 投标人以他人名义投标或者以其他方式弄虚作假骗取中标的,中标无效;构成犯罪的,依法追究刑事责任;尚不构成犯罪的,依照招标投标法第五十四条的规定处罚。依法必须进行招标的项目的投标人未中标的,对单位的罚款金额按照招标项目合同金额依照招标投标法规定的比例计算

续表

类型	《招标投标法》	《招标投标法实施条例》
中标无效		第55条【放弃中标无效】 国有资金占控股或者主导地位的依法必须进行招标的项目,招标人应当确定排名第一的中标候选人为中标人。排名第一的中标候选人放弃中标、因不可抗力不能履行合同、不按照招标文件要求提交履约保证金,或者被查实存在影响中标结果的违法行为等情形,不符合中标条件的,招标人可以按照评标委员会提出的中标候选人名单排序依次确定其他中标候选人为中标人,也可以重新招标
	第55条【违法谈判无效】 依法必须进行招标的项目,招标人违反本法规定,与投标人就投标价格、投标方案等实质性内容进行谈判……影响中标结果的,中标无效	
	第57条【违法确定中标人无效】 招标人在评标委员会依法推荐的中标候选人以外确定中标人的,依法必须进行招标的项目在所有投标被评标委员会否决后自行确定中标人的,中标无效……	
		第74条【拒签合同无效】 中标人无正当理由不与招标人订立合同,在签订合同时向招标人提出附加条件,或者不按照招标文件要求提交履约保证金的,取消其中标资格,投标保证金不予退还……

除了表14中列出的违法行为无效情形外,《招标投标法》和《招标投标法实施条例》还规定了一些应当被“责令改正”的违法行为。行政监督部门“责令改正”但是当事人拒不改正的,将有可能被认定为无效行为。该种无效行为是招标无效行为的主要来源。

(1)可能被认定为招标无效的行为:

①招标人以不合理的条件限制或者排斥潜在投标人的,对潜在投标人实行歧

视待遇的,强制要求投标人组成联合体共同投标的,或者限制投标人之间竞争的行为。《招标投标法》第51条对此作出了规定。

②不按照规定发布公告的行为,包括不按照规定在指定媒介发布资格预审公告或者招标公告;在不同媒介发布的同一招标项目的资格预审公告或者招标公告的内容不一致,影响潜在投标人申请资格预审或者投标的行为。《招标投标法实施条例》第63条对此作出明确规定。

③应当公开招标而邀请招标的;招标文件、资格预审文件的发售、澄清、修改的时限,或者确定的提交资格预审申请文件、投标文件的时限不符合招标投标法和《招标投标法实施条例》规定拒不改正或者不能改正的;接受未通过资格预审的单位或者个人参加投标;接受应当拒收的投标文件等行为。《招标投标法实施条例》第64条对此作出明确规定。

④招标人超过《招标投标法实施条例》规定的比例收取投标保证金、履约保证金或者不按照规定退还投标保证金及银行同期存款利息的行为。《招标投标法实施条例》第66条对此作出明确规定。

⑤必须招标项目的招标人不按照规定组建评标委员会,或者确定、更换评标委员会成员违反招标投标法和《招标投标法实施条例》规定的行为。《招标投标法实施条例》第70条对此作出明确规定。

⑥必须招标项目的招标人无正当理由不发出中标通知书、不按照规定确定中标人、中标通知书发出后无正当理由改变中标结果的行为。《招标投标法实施条例》第73条作出明确规定。

⑦招标人不按照规定对异议作出答复,继续进行招标投标活动的行为。《招标投标法实施条例》第73条对此予以明确规定。

(2)评标委员会成员的下列行为,行政监督部门责令改正而不改正的,有可能被认定为评标无效的行为:

①应当回避而不回避;

②擅离职守;

③不按照招标文件规定的评标标准和方法评标;

④私下接触投标人;

⑤向招标人征询确定中标人的意向或者接受任何单位或者个人明示或者暗示提出的倾向或者排斥特定投标人的要求;

⑥对依法应当否决的投标不提出否决意见;

⑦暗示或者诱导投标人作出澄清、说明或者接受投标人主动提出的澄清、说明;

⑧其他不客观、不公正履行职务的行为。

《招标投标法实施条例》第71条对上述情形作出明确规定。

(3)有可能被认定中标无效的行为。

合同签订无效属于广义的中标无效范畴。《招标投标法》第59条以及《招标投标法实施条例》第75条对此作出明确规定。招标人、中标人不按照招标文件和中标人的投标文件订立合同的,或者招标人、中标人订立背离合同实质性内容的协议的,由有关行政监督部门责令改正,拒不改正的,有可能被认定为中标无效。

此外,《招标投标法》第58条以及《招标投标法实施条例》第76条均规定了违法转包分包无效的规定,由于违法转包和分包行为属于合同履行的范畴,对其无效认定属于合同无效情形,不作为《招标投标法》的重点,本条款没有进行额外说明。

另外,招标投标活动中的违法行为,通过《招标投标法实施条例》规定的暂停制度(第22条、第54条、第62条)、文件修改制度(第23条)、投标人告知义务(第38条)、履约能力审查制度(第56条)依然无法纠正,对招标投标活动造成实质性影响的,同样有可能被确认无效。

(二)无效的处理及法律责任

招标投标中的违法行为被认定无效后,根据违法行为性质的不同,处理结果也不相同。

1. 招标无效的应当重新招标

需要说明的是,我国《民法典》第156条规定,民事法律行为部分无效,不影响其他部分效力的,其他部分仍然有效。笔者认为,此处的"招标无效"根据违法行为对整个招标流程所产生后果的不同,分为招标流程全部无效和招标流程部分无效(招标流程中的某个具体招标行为无效和其他招标流程依然有效)两种情况。前者是指招标人的违法行为已经严重影响整个招标流程的合法性,应当认定为全部无效。例如,招标人以不合理的条件限制或者排斥潜在投标人的投标、招标人应当公开招标而邀请招标的、招标人在不同媒介发布的同一招标项目的资格预审公告或者招标公告的内容不一致的行为等。后者是指整个招标流程中某个具体的招标行为违法,但是该违法行为并不影响其他招标流程的效力,应当使该具体招标行为无效,其他招标流程继续进行。例如,招标人超过《招标投标法实施条例》规定的比例收取投标保证金、履约保证金或者不按照规定退还投标保证金及银行同期存款利息的行为,该行为并不影响其他招标活动的开展,不必认定整个招标流程均为无效,只认定该具体行为无效即可。认定无效后,招标人按照规定退还费用,其他招标活动继续开展,如此处理,既处罚了违法行为,又保障了招标投标活动的顺利进行,同时还将对招标活动的影响降到最小限度。

招标无效是由于招标人或者招标代理机构的违法行为造成的,在整个招标投标流程中都可能发生。招标行为被认定无效的,应当重新招标。正如前文所述,招标无效包括全部无效和部分无效两种情形。笔者认为,与招标无效的两种情形相对应,重新招标也分为全部重新招标和部分重新招标两种情况。招标流程全部无效的,应当从头开始,重新进行招标活动,招标流程部分无效(招标流程中的某个具体招标行为无效,其他招标流程依然有效)的,对于被认定无效的具体招标行为,应当重新进行,其他招标活动无须重新开展。

2. 评标无效的应当重新评标

根据表14可以看出,评标无效分为两种:一种是评标委员会成员个人原因造成的评标委员会成员评标无效(《招标投标法》第56条,《招标投标法实施条例》第48条、第71条、第72条);另一种是评标委员会的组成所造成的整体评标无效(《招标投标法实施条例》第70条)。因此,对应的评标无效的处理结果也分为两种,对于评标委员会成员个人原因造成的评标无效,应当及时将出现问题的该名评标委员会成员更换,由更换后的评标委员会成员按照招标文件规定的评标标准和方法重新进行评审,评标委员会其他成员的评审结果是有效力的,无须进行重新评审;对于因评标委员会组成违法造成的评标无效,招标人应当按照《招标投标法》第37条以及《招标投标法实施条例》第46条、第47条、第48条的规定,重新组建新的评标委员会,由新的评标委员会按照招标文件规定的评标标准和方法重新评标,原评标委员会作出的评审结果无效。

3. 中标无效的应当被取消中标资格重新确定中标人或者重新招标

根据表14可以看出,中标无效分为五种情况:第一种是招标代理机构的违规代理造成的无效(《招标投标法》第50条);第二种是招标人因泄露信息造成的无效(《招标投标法》第52条);第三种是因投标人的违法行为造成的无效(《招标投标法》第53条、第54条,《招标投标法实施条例》第67条、第68条);第四种是招标人违法谈判和违法确定中标人导致的无效(《招标投标法》第55条、第57条);第五种是中标人放弃中标或者拒绝与招标人签订合同而导致的中标无效(《招标投标法实施条例》第55条、第74条)。

笔者认为,对于上述五种情况,可以采取以下三种处理方式:

(1)对于上述第一种、第二种、第四种情况,由于招标人或者招标代理机构的违法行为,已经严重影响了招标投标活动的公开、公平、公正和诚实信用原则,产生不公平的结果,被认定中标无效后,应当重新招标。

(2)对于上述第三种情况,是招标人或者投标人的具体违法行为造成的,该违法行为没有影响整个招标投标活动的合法性,应当取消原中标人的中标资格,按照招标文件的规定重新确定中标人,无须重新招标。

(3)对于上述第五种情况,根据条例的规定,违法行为被确定无效后,招标人既可以取消原中标人的中标资格并重新确定其他中标候选人为中标人，也可以重新招标，由招标人自行确定。

【问题83】违法行为的无效应由哪个部门认定？

对于该问题，《招标投标法》和《招标投标法实施条例》均没有明确规定。笔者认为，违法行为的认定，关系到民事行为的效力问题，需要保持一定的稳定性，一般情况下不能由招标人或者投标人擅自认定，应由行政监督部门认定，或者在诉讼仲裁时，由法院或者仲裁机构认定。

4. 法律责任

根据《招标投标法》以及《招标投标法实施条例》的规定，招标投标违法行为被认定无效后，相关主体将承担民事责任、行政责任和刑事责任。

(1)民事责任。根据《民法典》第157条的规定，民事法律行为无效、被撤销或者确定不发生效力后，行为人因该行为取得的财产，应当予以返还；不能返还或者没有必要返还的，应当折价补偿。有过错的一方应当赔偿对方由此所受到的损失；各方都有过错的，应当各自承担相应的责任。法律另有规定的，依照其规定。

(2)行政责任。违法行为被认定无效的，除承担相应的民事赔偿责任外，根据具体情况的不同，还应当承担相应的行政责任。行政责任的种类包括责令改正、罚款、行政处分(包括警告、记过、记大过、降级、撤职、开除六种形式)、暂停拨付资金以及由工商行政管理部门吊销营业执照等。

(3)刑事责任。在上文中被认定无效的违法行为中，招标代理机构违规代理所造成的中标无效行为(《招标投标法》第50条)、招标人泄露招标信息所造成的中标无效行为(《招标投标法》第52条)、招标人投标人串通投标虚假投标的行为(《招标投标法》第53条、第54条，《招标投标法实施条例》第67条、第68条)、评标委员会成员受贿评标的行为(《招标投标法》第56条、《招标投标法实施条例》第72条)，构成犯罪的，违法行为人除承担民事责任和行政责任外，还将承担相应的刑事责任。

第七章　附　　则

第八十二条　【行业自律组织及职责】

招标投标协会按照依法制定的章程开展活动,加强行业自律和服务。

本条是关于招标投标协会法律地位的规定。

招标投标协会是由我国从事招标投标活动的企业事业单位、社会中介组织,进行招标投标理论研究的机构、团体、专家学者,以及招标投标从业人员自愿组成的非营利性的招标投标行业组织,是经国家批准、注册、登记,具有法人资格的社会团体。招标投标协会受政府部门委托,协调招标投标工作,规范招标投标行为,培育统一开放、竞争有序的市场体系,促进我国招标投标事业的健康发展。招标投标协会的业务主管部门为各级国家发展改革部门,业务工作接受国家发展改革部门的指导和民政部的监督管理。

招标投标协会应当按照依法制定的章程开展活动,加强行业自律和服务,其主要业务范围包括:(1)宣传贯彻《中华人民共和国招标投标法》、《中华人民共和国招标投标法实施条例》和国家相关法律、法规及方针政策,及时向政府主管部门反映会员单位实践工作中遇到的重大问题、愿望和意见,并提出解决问题的措施建议。(2)组织开展调查研究,为政府制定有关招标投标的法律法规、政策措施、行业发展规划、改革方案等重大决策提供建议。(3)建立行业自律机制。经政府有关部门批准,研究制定招标投标行规行约、技术标准规范、职业道德准则、业务统计规则和职业标准规范等,并组织实施。(4)加强招标投标领域信用体系建设,配合政府有关部门建立统一、规范的招标投标活动当事人信用记录制度。进一步发挥行业自律管理的基础性作用,配合政府有关部门建立激励诚实守法和惩戒违法违规等行业自律机制。(5)建立招标采购从业人员专业技术自律评价制度,促进从业人员专业素质和业务技能的提高;(6)纵深推进招标采购行业专业化集约化数智化转型发展。协助政府部门,依托国家招标投标公共服务平台,为建立完善公共招标采购全流程数字化交易体系,提供信息共享、技术标准和咨询服务。(7)为会员、政府及有关单位提供招标投标政策法律、技术经济等方面的咨询;(8)收集、提供国内外招标投标信息,根据有关规定,出版《招标采购管理》杂志及其他招标投标方面的出版物,运营"中国招标投标协会门户网站"及相关信息网络系统,为会员提供信息服务;(9)开展职业继续教育、高等院校招标投标专业人才培养,组织开展多种形式的与招标投标活动相关的业务、管理培训活动,提高从业人员素质和业务水平。(10)组织举办论坛和展览等招标投标业务及行业管理的经验交流活动。(11)维护会员合法权益,协助政府调查处理有关招标投标的投诉举报,调解招标投标活动中出现的矛盾和纠纷。(12)加强与各地方招标投标协会工作协作,开展业务交流与合作,构建招标投标行业协会紧密型工作关系和一体化组织网络。(13)加强与国内外相关组织的联系,组织开展招标投标国际交流与合作。(14)政府有关部门委托的其他事项。业务范围中属于法律、法规等规定须经批准的事项,依法经批准后开展。

第八十三条 【与政府采购法的衔接】

政府采购的法律、行政法规对政府采购货物、服务的招标投标另有规定的,从其规定。

本条是关于《政府采购法》与《招标投标法》适用衔接的规定。

《政府采购法》和《招标投标法》均由第九届全国人大常委会审议通过,法律效力相同。《政府采购法》适用于在我国境内进行的政府采购活动,即各级国家机关、事业单位和团体组织,使用财政性资金采购依法制定的集中采购目录以内的或者采购限额标准以上的货物、工程和服务的活动。该法规定的采购方式,包括公开招标和邀请招标。《招标投标法》的调整范围是我国境内进行的招标投标活动,即不论招标项目的主体性质和资金来源如何,所有的招标投标活动都应当遵循《招标投标法》的规定。

两部法律关于招标投标的规定存在交叉,在适用过程中很容易发生冲突,给实务操作带来诸多困惑。因此,有必要对这两部法律的适用与衔接问题进行系统的梳理和分析。③

1. 政府采购中,建设工程进行招标投标的,适用《招标投标法》

《政府采购法》第 4 条规定,政府采购工程进行招标投标的,适用《招标投标法》。此处的“工程”,是指建设工程,包括建筑物和构筑物的新建、改建、扩建、装修、拆除、修缮等,不包括网络工程、信息工程等与土建无关的工程项目。其内涵不仅仅指建设工程的施工,还包括与建设工程相关的勘察、设计、监理以及与重要设备、材料等的采购。其外延和内涵,与《招标投标法实施条例》第 2 条中的“工程”相同。

需要说明的是,在政府采购中,建设工程的招标投标并不是所有的事项都适用

---

③ 更为详细的分析,参见刘营:《议〈政府采购法〉与〈招标投标法〉的冲突与法律适用》,载朱建元主编:《招标采购理论与实践》,安徽人民出版社 2012 年版,第 207 页。

《招标投标法》。首先,从流程来看,招标投标只是政府采购流程中的一个环节,招标投标始于招标文件的制作,止于中标人的确定,政府采购始于采购预算的编制,止于采购资金的支付,比招标投标环节长得多,《招标投标法》只能规范部分政府采购流程,招标投标环节以外的政府采购流程中所发生的采购行为,如政府采购预算编制、采购资金财政拨付、采购过程中的监督管理、采购活动中应当坚持的政策取向、采购资金的拨付等,均应适用《政府采购法》。其次,《招标投标法》属于程序法,主要规范招标投标程序性的问题,招标投标程序之外的实体性内容,也应当适用《政府采购法》。

另外,政府采购建设工程时,对于属于《招标投标法》第 3 条规定的必须招标范围的项目,应当严格按照《招标投标法》执行,除此之外,属于非必须招标的项目,可以按照《政府采购法》的规定确定是否需要招标,招标的,按照《招标投标法》执行,不招标的,不适用《招标投标法》,执行《政府采购法》的规定。

2. 政府采购中,货物和服务进行招标投标的,适用《政府采购法》

政府采购包括工程、货物和服务 3 种类型,《政府采购法》第 4 条强调政府采购工程进行招标投标的,适用《招标投标法》。则其派生含义指出,政府采购货物和服务进行招标投标的,不强制适用《招标投标法》,应当优先适用《政府采购法》。《招标投标法实施条例》通过本条款“政府采购的法律、行政法规对政府采购货物、服务的招标投标另有规定的,从其规定”与政府采购法所确定的适用原则相衔接,再次强调了《政府采购法》与《招标投标法》的适用边界和规则。

【问题 84】政府采购方面的部门规章与《招标投标法实施条例》冲突的,如何适用?

《招标投标法实施条例》属于行政法规,效力比部门规章高,当《招标投标法实施条例》与部门规章的规定冲突时,无论该部门规章属于招标投标领域还是政府采购领域,均应归于无效。但是,需要注意的是,《政府采购法》、《政府采购法实施条例》和《招标投标法实施条例》对于政府采购的招标投标项目的法律适用衔接问题予以了合理安排。政府采购的货物和服务招标投标的,适用《政府采购法》及其配套部门规章的规定,不适用《招标投标法》和《招标投标法实施条例》的规定。政府采购领域有关货物和服务的部门规章,如《政府采购货物和服务招标投标管理办法》,适用于政府采购货物和服务的招标投标,与《招标投标法实施条例》的适用范围不同,两者不会出现适用冲突的问题,因此,《招标投标法实施条例》施行后,《政府采购货物和服务招标投标管理办法》等政府采购领域货物和服务的部门规章依然有效,继续执行。除此以外的部门规章,包括招标投标领域的部门规章和政府采购领域的有关工程的部门规章,其适用范围为非政府采购的招标项目和政府采购中的工程招标项目，与《招标投标法》和《招标投标法实施条例》的适用范围相同，有可能产生适用冲突的问题，这些部门规章与《招标投标法实施条例》冲突时，冲突部分无效，适用《招标投标法实施条例》的规定。

3. 政府采购中不进行招标的项目，适用《政府采购法》；招标投标中不属于政府采购的项目，适用《招标投标法》。

《政府采购法》和配套规范性文件规定了八种采购方式：公开招标、邀请招标、竞争性谈判、单一来源采购、询价、竞争性磋商、框架协议采购和合作创新采购。其中，竞争性谈判、单一来源采购、询价、竞争性磋商、框架协议采购和合作创新采购不属于招标方式，采用这六种方式采购时，不属于招标投标法的调整范围，不适用招标投标法，仅适用政府采购法的规定。同样，在招标项目中，不属于政府采购的项目的，不是政府采购法的调整范围，仅适用招标投标法，无须按照政府采购法执行。

第八十四条 【生效时间】

本条例自 2012 年 2 月 1 日起施行。

本条是关于《招标投标法实施条例》有效时间的规定。

法律规范的有效时间，包括何时开始生效、何时终止生效以及有无溯及力的问题。

1. 生效

法律规范开始生效的时间通常包括两种情况：(1) 自法律规范颁布之日起生效；(2) 法律规范颁布后经过一段时间再开始生效，该种情况能够保证公众对其有一个熟悉过程。规定法律规范开始生效时间的具体形式包括以下几种：一是在法律规范的条款中自行规定生效时间；二是由法律规范的制定机关另行发布专门文件规定开始生效时间；三是在没有明文规定生效时间时，按照惯例自法律规范公布之日起生效。

《招标投标法实施条例》于 2011 年 11 月 30 日国务院第 183 次常务会议通过，2011 年 12 月 20 日以中华人民共和国国务院令第 613 号的形式颁布，自 2012 年 2 月 1 日起施行。属于上述第二种情况的第二种形式。

2. 终止生效

引起法律规范终止生效的实质原因主要有：(1) 法律规范规定的有效期届满；(2) 原有法律规范的规定与新的规定之间发生冲突；(3) 法律规范已经完成其历史使命，被调整的社会关系已经不复存在。发生上述情况时，原有法律规范应当终止生效。

在我国,法律规范终止生效的形式分为明示废止和默示废止两种。明示废止的具体形式包括:(1)法律规范中自行规定了有效期限,当有效期届满,立法机关又没有作出延长其法律效力的决定时,该法律规范自动失效。(2)规范性文件中规定某法律规范仅适用于特定情况,当这种情况不复存在时,该法律规范自动失效。(3)新的法律规范明确规定当本法律规范开始生效时,旧有的同类法律规范即行失效。(4)有关立法机关发布专门文件宣布某一规范性文件终止生效。默示废止的形式主要指已生效的新的法律规范与原有法律规范的规定在某些方面有冲突时,尽管新法律规范或者立法机关并未明确废止旧法律规范,但是按照"新法优于旧法"的原则,原有法律规范中与新法律规范冲突的部分自然废止。

《招标投标法实施条例》没有规定法律规范的有效期限,也没有规定仅适用于特定情况,不存在有效期限届满和特殊条件消失的问题。在明示废止的情况下,当被新的同一效力等级的法律规范替代时,或者被立法机关发文宣布失效时终止生效,在默示废止的情况下,在与上位法(《招标投标法》)或者已生效的新的同一效力等级的法律规范冲突时,自然废止。

3. 溯及力

法的溯及力又称法律规范溯及既往的效力,是指新的法律规范可否适用于其生效以前发生的事件和行为的问题。如果可以适用,该法律规范就有溯及力;如果不能适用,则没有溯及力。

关于法的溯及力问题,现代国家一般通行的原则有两个:首先,"法律不溯及既往"原则,即国家不能用现在制定的法律规范指导人们过去的行为,更不能由于人们过去从事了某种当时是合法而现在看来是违法的行为而依照现在的法律规范处罚他们。其次,作为"法律不溯及既往"原则的补充,许多国家同时还认为法律规范的效力可以有条件地适用于既往行为,即所谓"有利追溯"的原则。在我国民法中,有利追溯原则表现为,如果先前的某种行为或关系在行为时并不符合当时法律规范的规定,但依现行法律规范则是合法的,并且对相关各方都有利,就应当依新的法律规范承认其合法性并予以保护。

一般说来,法律规范以不具有溯及力为原则,以具有溯及力为例外。具体到《招标投标法实施条例》而言,笔者认为不具有溯及力。对于《招标投标法实施条例》生效前发生的行为,适用原有法律规范(主要是《招标投标法》以及相关部门规章和地方性法规、地方政府规章等)的规定,原有法律规范没有规定的,才可以参照《招标投标法实施条例》执行。《招标投标法实施条例》生效前已经判决的案件,在《招标投标法实施条例》生效后当事人提出上诉的,法院应当按照原有的法律规范进行二审。

【问题85】跨越《招标投标法实施条例》生效时间的招标项目，适用《招标投标法实施条例》的规定吗？

笔者认为，《招标投标法实施条例》生效前已经开始(以招标公告、投标邀请书或者资格预审公告是否已经发出为准)的招标项目，应当按照原有的法律规范执行，行政监督部门也应当按照原有的法律规范进行监督。对于已经开始的招标项目中，在《招标投标法实施条例》生效时尚未结束的部分，即使与《招标投标法实施条例》的规定不一致，也应当按照原有的法律规范执行，直至招标项目结束时止。这是因为，《招标投标法实施条例》不具有溯及力，在《招标投标法实施条例》生效前已经开始的招标项目，项目的方案策划、具体实施流程等主要内容是按照原有法律规范执行的，而且已经执行了一部分，不能因为项目流程跨越了《招标投标法实施条例》的生效日期而受到影响。《招标投标法实施条例》与原有的法律规范相比，变动较大，如果不按照原有的法律规范执行，将极有可能导致同一个招标项目中前后适用不同法律规定的情况，造成法律适用的紊乱，不利于招标项目的实施和监督管理，破坏了法律规范的严肃性。当然，对于《招标投标法实施条例》生效后才开始的招标项目，应当严格按照《招标投标法实施条例》的规定执行，行政监督部门也应当按照《招标投标法实施条例》的内容进行监督。

附录1 《招标投标法》与《招标投标法实施条例》条款对照表

《招标投标法》	《招标投标法实施条例》
1999年8月30日第九届全国人民代表大会常务委员会第十一次会议通过　根据2017年12月27日第十二届全国人民代表大会常务委员会第三十一次会议《关于修改〈中华人民共和国招标投标法〉、〈中华人民共和国计量法〉的决定》修正	2011年12月20日中华人民共和国国务院令第613号公布　根据2017年3月1日《国务院关于修改和废止部分行政法规的决定》第一次修订　根据2018年3月19日《国务院关于修改和废止部分行政法规的决定》第二次修订　根据2019年3月2日《国务院关于修改部分行政法规的决定》第三次修订
第一章　总　　则	第一章　总　　则
第一条　为了规范招标投标活动，保护国家利益、社会公共利益和招标投标活动当事人的合法权益，提高经济效益，保证项目质量，制定本法。	第一条　为了规范招标投标活动，根据《中华人民共和国招标投标法》（以下简称招标投标法），制定本条例。
第二条　在中华人民共和国境内进行招标投标活动，适用本法。	
第三条　在中华人民共和国境内进行下列工程建设项目包括项目的勘察、设计、施工、监理以及与工程建设有关的重要设备、材料等的采购，必须进行招标： （一）大型基础设施、公用事业等关系社会公共利益、公众安全的项目； （二）全部或者部分使用国有资金投资或者国家融资的项目； （三）使用国际组织或者外国政府贷款、援助资金的项目。 前款所列项目的具体范围和规模标准，由国务院发展计划部门会同国务院有关部门制订，报国务院批准。 法律或者国务院对必须进行招标的其他项目的范围有规定的，依照其规定。	第二条　招标投标法第三条所称工程建设项目，是指工程以及与工程建设有关的货物、服务。 前款所称工程，是指建设工程，包括建筑物和构筑物的新建、改建、扩建及其相关的装修、拆除、修缮等；所称与工程建设有关的货物，是指构成工程不可分割的组成部分，且为实现工程基本功能所必需的设备、材料等；所称与工程建设有关的服务，是指为完成工程所需的勘察、设计、监理等服务。 第三条　依法必须进行招标的工程建设项目的具体范围和规模标准，由国务院发展改革部门会同国务院有关部门制订，报国务院批准后公布施行。

续表

《招标投标法》	《招标投标法实施条例》
第四条　任何单位和个人不得将依法必须进行招标的项目化整为零或者以其他任何方式规避招标。	
第五条　招标投标活动应当遵循公开、公平、公正和诚实信用的原则。	
第六条　依法必须进行招标的项目，其招标投标活动不受地区或者部门的限制。任何单位和个人不得违法限制或者排斥本地区、本系统以外的法人或者其他组织参加投标，不得以任何方式非法干涉招标投标活动。	第六条　禁止国家工作人员以任何方式非法干涉招标投标活动。 （第三章　投标）第三十三条　投标人参加依法必须进行招标的项目的投标，不受地区或者部门的限制，任何单位和个人不得非法干涉。
第七条　招标投标活动及其当事人应当接受依法实施的监督。 有关行政监督部门依法对招标投标活动实施监督，依法查处招标投标活动中的违法行为。 对招标投标活动的行政监督及有关部门的具体职权划分，由国务院规定。	第四条　国务院发展改革部门指导和协调全国招标投标工作，对国家重大建设项目的工程招标投标活动实施监督检查。国务院工业和信息化、住房城乡建设、交通运输、铁道、水利、商务等部门，按照规定的职责分工对有关招标投标活动实施监督。 县级以上地方人民政府发展改革部门指导和协调本行政区域的招标投标工作。县级以上地方人民政府有关部门按照规定的职责分工，对招标投标活动实施监督，依法查处招标投标活动中的违法行为。县级以上地方人民政府对其所属部门有关招标投标活动的监督职责分工另有规定的，从其规定。 财政部门依法对实行招标投标的政府采购工程建设项目的政府采购政策执行情况实施监督。 监察机关依法对与招标投标活动有关的监察对象实施监察。
	第五条　设区的市级以上地方人民政府可以根据实际需要，建立统一规范的招标投标交易场所，为招标投标活动提供服务。招标投标交易场所不得与行政监督部门存在隶属关系，不得以营利为目的。 国家鼓励利用信息网络进行电子招标投标。

续表

《招标投标法》	《招标投标法实施条例》
第二章　招　　标	第二章　招　　标
第八条　招标人是依照本法规定提出招标项目、进行招标的法人或者其他组织。	
第九条　招标项目按照国家有关规定需要履行项目审批手续的,应当先履行审批手续,取得批准。 招标人应当有进行招标项目的相应资金或者资金来源已经落实,并应当在招标文件中如实载明。	第七条　按照国家有关规定需要履行项目审批、核准手续的依法必须进行招标的项目,其招标范围、招标方式、招标组织形式应当报项目审批、核准部门审批、核准。项目审批、核准部门应当及时将审批、核准确定的招标范围、招标方式、招标组织形式通报有关行政监督部门。
第十条　招标分为公开招标和邀请招标。 公开招标,是指招标人以招标公告的方式邀请不特定的法人或者其他组织投标。 邀请招标,是指招标人以投标邀请书的方式邀请特定的法人或者其他组织投标。	
第十一条　国务院发展计划部门确定的国家重点项目和省、自治区、直辖市人民政府确定的地方重点项目不适宜公开招标的,经国务院发展计划部门或者省、自治区、直辖市人民政府批准,可以进行邀请招标。	第八条　国有资金占控股或者主导地位的依法必须进行招标的项目,应当公开招标;但有下列情形之一的,可以邀请招标: (一)技术复杂、有特殊要求或者受自然环境限制,只有少量潜在投标人可供选择; (二)采用公开招标方式的费用占项目合同金额的比例过大。 有前款第二项所列情形,属于本条例第七条规定的项目,由项目审批、核准部门在审批、核准项目时作出认定;其他项目由招标人申请有关行政监督部门作出认定。
第十二条　招标人有权自行选择招标代理机构,委托其办理招标事宜。任何单位和个人不得以任何方式为招标人指定招标代理机构。 招标人具有编制招标文件和组织评标能力的,可以自行办理招标事宜。任何单位和个人不得强制其委托招标代理机构办理招标事宜。 依法必须进行招标的项目,招标人自行办理招标事宜的,应当向有关行政监督部门备案。	第十条　招标投标法第十二条第二款规定的招标人具有编制招标文件和组织评标能力,是指招标人具有与招标项目规模和复杂程度相适应的技术、经济等方面的专业人员。

续表

《招标投标法》	《招标投标法实施条例》
第十三条　招标代理机构是依法设立、从事招标代理业务并提供相关服务的社会中介组织。 招标代理机构应当具备下列条件： （一）有从事招标代理业务的营业场所和相应资金； （二）有能够编制招标文件和组织评标的相应专业力量。	第十二条　招标代理机构应当拥有一定数量的具备编制招标文件、组织评标等相应能力的专业人员。
第十四条　招标代理机构与行政机关和其他国家机关不得存在隶属关系或者其他利益关系。	第十一条　国务院住房城乡建设、商务、发展改革、工业和信息化等部门，按照规定的职责分工对招标代理机构依法实施监督管理。
第十五条　招标代理机构应当在招标人委托的范围内办理招标事宜，并遵守本法关于招标人的规定。	第十三条　招标代理机构在招标人委托的范围内开展招标代理业务，任何单位和个人不得非法干涉。 招标代理机构代理招标业务，应当遵守招标投标法和本条例关于招标人的规定。招标代理机构不得在所代理的招标项目中投标或者代理投标，也不得为所代理的招标项目的投标人提供咨询。 第十四条　招标人应当与被委托的招标代理机构签订书面委托合同，合同约定的收费标准应当符合国家有关规定。
第十六条　招标人采用公开招标方式的，应当发布招标公告。依法必须进行招标的项目的招标公告，应当通过国家指定的报刊、信息网络或者其他媒介发布。 招标公告应当载明招标人的名称和地址、招标项目的性质、数量、实施地点和时间以及获取招标文件的办法等事项。	第十五条　公开招标的项目，应当依照招标投标法和本条例的规定发布招标公告、编制招标文件。 招标人采用资格预审办法对潜在投标人进行资格审查的，应当发布资格预审公告、编制资格预审文件。 依法必须进行招标的项目的资格预审公告和招标公告，应当在国务院发展改革部门依法指定的媒介发布。在不同媒介发布的同一招标项目的资格预审公告或者招标公告的内容应当一致。指定媒介发布依法必须进行招标的项目的境内资格预审公告、招标公告，不得收取费用。 编制依法必须进行招标的项目的资格预审文件和招标文件，应当使用国务院发展改革部门会同有关行政监督部门制定的标准文本。

续表

《招标投标法》	《招标投标法实施条例》
第十七条　招标人采用邀请招标方式的,应当向三个以上具备承担招标项目的能力、资信良好的特定的法人或者其他组织发出投标邀请书。 投标邀请书应当载明本法第十六条第二款规定的事项。	
	第十六条　招标人应当按照资格预审公告、招标公告或者投标邀请书规定的时间、地点发售资格预审文件或者招标文件。资格预审文件或者招标文件的发售期不得少于5日。 招标人发售资格预审文件、招标文件收取的费用应当限于补偿印刷、邮寄的成本支出,不得以营利为目的。
	第十七条　招标人应当合理确定提交资格预审申请文件的时间。依法必须进行招标的项目提交资格预审申请文件的时间,自资格预审文件停止发售之日起不得少于5日。
	第十八条　资格预审应当按照资格预审文件载明的标准和方法进行。 国有资金占控股或者主导地位的依法必须进行招标的项目,招标人应当组建资格审查委员会审查资格预审申请文件。资格审查委员会及其成员应当遵守招标投标法和本条例有关评标委员会及其成员的规定。
	第十九条　资格预审结束后,招标人应当及时向资格预审申请人发出资格预审结果通知书。未通过资格预审的申请人不具有投标资格。 通过资格预审的申请人少于3个的,应当重新招标。
	第二十条　招标人采用资格后审办法对投标人进行资格审查的,应当在开标后由评标委员会按照招标文件规定的标准和方法对投标人的资格进行审查。

续表

《招标投标法》	《招标投标法实施条例》
	第二十三条　招标人编制的资格预审文件、招标文件的内容违反法律、行政法规的强制性规定,违反公开、公平、公正和诚实信用原则,影响资格预审结果或者潜在投标人投标的,依法必须进行招标的项目的招标人应当在修改资格预审文件或者招标文件后重新招标。
第十八条　招标人可以根据招标项目本身的要求,在招标公告或者投标邀请书中,要求潜在投标人提供有关资质证明文件和业绩情况,并对潜在投标人进行资格审查;国家对投标人的资格条件有规定的,依照其规定。 招标人不得以不合理的条件限制或者排斥潜在投标人,不得对潜在投标人实行歧视待遇。	第三十二条　招标人不得以不合理的条件限制、排斥潜在投标人或者投标人。 招标人有下列行为之一的,属于以不合理条件限制、排斥潜在投标人或者投标人: (一)就同一招标项目向潜在投标人或者投标人提供有差别的项目信息; (二)设定的资格、技术、商务条件与招标项目的具体特点和实际需要不相适应或者与合同履行无关; (三)依法必须进行招标的项目以特定行政区域或者特定行业的业绩、奖项作为加分条件或者中标条件; (四)对潜在投标人或者投标人采取不同的资格审查或者评标标准; (五)限定或者指定特定的专利、商标、品牌、原产地或者供应商; (六)依法必须进行招标的项目非法限定潜在投标人或者投标人的所有制形式或者组织形式; (七)以其他不合理条件限制、排斥潜在投标人或者投标人。

续表

《招标投标法》	《招标投标法实施条例》
第十九条　招标人应当根据招标项目的特点和需要编制招标文件。招标文件应当包括招标项目的技术要求、对投标人资格审查的标准、投标报价要求和评标标准等所有实质性要求和条件以及拟签订合同的主要条款。 国家对招标项目的技术、标准有规定的,招标人应当按照其规定在招标文件中提出相应要求。 招标项目需要划分标段、确定工期的,招标人应当合理划分标段、确定工期,并在招标文件中载明。	第二十四条　招标人对招标项目划分标段的,应当遵守招标投标法的有关规定,不得利用划分标段限制或者排斥潜在投标人。依法必须进行招标的项目的招标人不得利用划分标段规避招标。 第二十五条　招标人应当在招标文件中载明投标有效期。投标有效期从提交投标文件的截止之日起算。 第二十六条　招标人在招标文件中要求投标人提交投标保证金的,投标保证金不得超过招标项目估算价的2%。投标保证金有效期应当与投标有效期一致。 依法必须进行招标的项目的境内投标单位,以现金或者支票形式提交的投标保证金应当从其基本账户转出。 招标人不得挪用投标保证金。
第二十条　招标文件不得要求或者标明特定的生产供应者以及含有倾向或者排斥潜在投标人的其他内容。	
第二十一条　招标人根据招标项目的具体情况,可以组织潜在投标人踏勘项目现场。	第二十八条　招标人不得组织单个或者部分潜在投标人踏勘项目现场。
第二十二条　招标人不得向他人透露已获取招标文件的潜在投标人的名称、数量以及可能影响公平竞争的有关招标投标的其他情况。 招标人设有标底的,标底必须保密。	第二十七条　招标人可以自行决定是否编制标底。一个招标项目只能有一个标底。标底必须保密。 接受委托编制标底的中介机构不得参加受托编制标底项目的投标,也不得为该项目的投标人编制投标文件或者提供咨询。 招标人设有最高投标限价的,应当在招标文件中明确最高投标限价或者最高投标限价的计算方法。招标人不得规定最低投标限价。

续表

《招标投标法》	《招标投标法实施条例》
第二十三条　招标人对已发出的招标文件进行必要的澄清或者修改的,应当在招标文件要求提交投标文件截止时间至少十五日前,以书面形式通知所有招标文件收受人。该澄清或者修改的内容为招标文件的组成部分。	第二十一条　招标人可以对已发出的资格预审文件或者招标文件进行必要的澄清或者修改。澄清或者修改的内容可能影响资格预审申请文件或者投标文件编制的,招标人应当在提交资格预审申请文件截止时间至少3日前,或者投标截止时间至少15日前,以书面形式通知所有获取资格预审文件或者招标文件的潜在投标人;不足3日或者15日的,招标人应当顺延提交资格预审申请文件或者投标文件的截止时间。 第二十二条　潜在投标人或者其他利害关系人对资格预审文件有异议的,应当在提交资格预审申请文件截止时间2日前提出;对招标文件有异议的,应当在投标截止时间10日前提出。招标人应当自收到异议之日起3日内作出答复;作出答复前,应当暂停招标投标活动。
第二十四条　招标人应当确定投标人编制投标文件所需要的合理时间;但是,依法必须进行招标的项目,自招标文件开始发出之日起至投标人提交投标文件截止之日止,最短不得少于二十日。	
	第二十九条　招标人可以依法对工程以及与工程建设有关的货物、服务全部或者部分实行总承包招标。以暂估价形式包括在总承包范围内的工程、货物、服务属于依法必须进行招标的项目范围且达到国家规定规模标准的,应当依法进行招标。 前款所称暂估价,是指总承包招标时不能确定价格而由招标人在招标文件中暂时估定的工程、货物、服务的金额。

续表

《招标投标法》	《招标投标法实施条例》
	第三十条　对技术复杂或者无法精确拟定技术规格的项目,招标人可以分两阶段进行招标。 第一阶段,投标人按照招标公告或者投标邀请书的要求提交不带报价的技术建议,招标人根据投标人提交的技术建议确定技术标准和要求,编制招标文件。 第二阶段,招标人向在第一阶段提交技术建议的投标人提供招标文件,投标人按照招标文件的要求提交包括最终技术方案和投标报价的投标文件。 招标人要求投标人提交投标保证金的,应当在第二阶段提出。
	第三十一条　招标人终止招标的,应当及时发布公告,或者以书面形式通知被邀请的或者已经获取资格预审文件、招标文件的潜在投标人。已经发售资格预审文件、招标文件或者已经收取投标保证金的,招标人应当及时退还所收取的资格预审文件、招标文件的费用,以及所收取的投标保证金及银行同期存款利息。
第三章　投　　标	第三章　投　　标
第二十五条　投标人是响应招标、参加投标竞争的法人或者其他组织。 依法招标的科研项目允许个人参加投标的,投标的个人适用本法有关投标人的规定。	
第二十六条　投标人应当具备承担招标项目的能力;国家有关规定对投标人资格条件或者招标文件对投标人资格条件有规定的,投标人应当具备规定的资格条件。	第三十四条　与招标人存在利害关系可能影响招标公正性的法人、其他组织或者个人,不得参加投标。 单位负责人为同一人或者存在控股、管理关系的不同单位,不得参加同一标段投标或者未划分标段的同一招标项目投标。 违反前两款规定的,相关投标均无效。

续表

《招标投标法》	《招标投标法实施条例》
第二十七条　投标人应当按照招标文件的要求编制投标文件。投标文件应当对招标文件提出的实质性要求和条件作出响应。 招标项目属于建设施工的,投标文件的内容应当包括拟派出的项目负责人与主要技术人员的简历、业绩和拟用于完成招标项目的机械设备等。	
第二十八条　投标人应当在招标文件要求提交投标文件的截止时间前,将投标文件送达投标地点。招标人收到投标文件后,应当签收保存,不得开启。投标人少于三个的,招标人应当依照本法重新招标。 在招标文件要求提交投标文件的截止时间后送达的投标文件,招标人应当拒收。	第三十六条　未通过资格预审的申请人提交的投标文件,以及逾期送达或者不按照招标文件要求密封的投标文件,招标人应当拒收。 招标人应当如实记载投标文件的送达时间和密封情况,并存档备查。
第二十九条　投标人在招标文件要求提交投标文件的截止时间前,可以补充、修改或者撤回已提交的投标文件,并书面通知招标人。补充、修改的内容为投标文件的组成部分。	第三十五条　投标人撤回已提交的投标文件,应当在投标截止时间前书面通知招标人。招标人已收取投标保证金的,应当自收到投标人书面撤回通知之日起5日内退还。 投标截止后投标人撤销投标文件的,招标人可以不退还投标保证金。
第三十条　投标人根据招标文件载明的项目实际情况,拟在中标后将中标项目的部分非主体、非关键性工作进行分包的,应当在投标文件中载明。	
第三十一条　两个以上法人或者其他组织可以组成一个联合体,以一个投标人的身份共同投标。 联合体各方均应当具备承担招标项目的相应能力;国家有关规定或者招标文件对投标人资格条件有规定的,联合体各方均应当具备规定的相应资格条件。由同一专业的单位组成的联合体,按照资质等级较低的单位确定资质等级。 联合体各方应当签订共同投标协议,明确约定各方拟承担的工作和责任,并将共同投标协议连同投标文件一并提交招标人。联合体中标的,联合体各方应当共同与招标人签订合同,就中标项目向招标人承担连带责任。 招标人不得强制投标人组成联合体共同投标,不得限制投标人之间的竞争。	第三十七条　招标人应当在资格预审公告、招标公告或者投标邀请书中载明是否接受联合体投标。 招标人接受联合体投标并进行资格预审的,联合体应当在提交资格预审申请文件前组成。资格预审后联合体增减、更换成员的,其投标无效。 联合体各方在同一招标项目中以自己名义单独投标或者参加其他联合体投标的,相关投标均无效。

续表

《招标投标法》	《招标投标法实施条例》
	第三十八条　投标人发生合并、分立、破产等重大变化的,应当及时书面告知招标人。投标人不再具备资格预审文件、招标文件规定的资格条件或者其投标影响招标公正性的,其投标无效。
第三十二条　投标人不得相互串通投标报价,不得排挤其他投标人的公平竞争,损害招标人或者其他投标人的合法权益。 投标人不得与招标人串通投标,损害国家利益、社会公共利益或者他人的合法权益。 禁止投标人以向招标人或者评标委员会成员行贿的手段谋取中标。	第三十九条　禁止投标人相互串通投标。 有下列情形之一的,属于投标人相互串通投标: (一)投标人之间协商投标报价等投标文件的实质性内容; (二)投标人之间约定中标人; (三)投标人之间约定部分投标人放弃投标或者中标; (四)属于同一集团、协会、商会等组织成员的投标人按照该组织要求协同投标; (五)投标人之间为谋取中标或者排斥特定投标人而采取的其他联合行动。 第四十条　有下列情形之一的,视为投标人相互串通投标: (一)不同投标人的投标文件由同一单位或者个人编制; (二)不同投标人委托同一单位或者个人办理投标事宜; (三)不同投标人的投标文件载明的项目管理成员为同一人; (四)不同投标人的投标文件异常一致或者投标报价呈规律性差异; (五)不同投标人的投标文件相互混装; (六)不同投标人的投标保证金从同一单位或者个人的账户转出。

续表

《招标投标法》	《招标投标法实施条例》
	第四十一条　禁止招标人与投标人串通投标。 有下列情形之一的,属于招标人与投标人串通投标: (一)招标人在开标前开启投标文件并将有关信息泄露给其他投标人; (二)招标人直接或者间接向投标人泄露标底、评标委员会成员等信息; (三)招标人明示或者暗示投标人压低或者抬高投标报价; (四)招标人授意投标人撤换、修改投标文件; (五)招标人明示或者暗示投标人为特定投标人中标提供方便; (六)招标人与投标人为谋求特定投标人中标而采取的其他串通行为。
第三十三条　投标人不得以低于成本的报价竞标,也不得以他人名义投标或者以其他方式弄虚作假,骗取中标。	第四十二条　使用通过受让或者租借等方式获取的资格、资质证书投标的,属于招标投标法第三十三条规定的以他人名义投标。 投标人有下列情形之一的,属于招标投标法第三十三条规定的以其他方式弄虚作假的行为: (一)使用伪造、变造的许可证件; (二)提供虚假的财务状况或者业绩; (三)提供虚假的项目负责人或者主要技术人员简历、劳动关系证明; (四)提供虚假的信用状况; (五)其他弄虚作假的行为。
	第四十三条　提交资格预审申请文件的申请人应当遵守招标投标法和本条例有关投标人的规定。

续表

《招标投标法》	《招标投标法实施条例》
第四章　开标、评标和中标	第四章　开标、评标和中标
第三十四条　开标应当在招标文件确定的提交投标文件截止时间的同一时间公开进行;开标地点应当为招标文件中预先确定的地点。 第三十五条　开标由招标人主持,邀请所有投标人参加。 第三十六条　开标时,由投标人或者其推选的代表检查投标文件的密封情况,也可以由招标人委托的公证机构检查并公证;经确认无误后,由工作人员当众拆封,宣读投标人名称、投标价格和投标文件的其他主要内容。 招标人在招标文件要求提交投标文件的截止时间前收到的所有投标文件,开标时都应当当众予以拆封、宣读。 开标过程应当记录,并存档备查。	第四十四条　招标人应当按照招标文件规定的时间、地点开标。 投标人少于3个的,不得开标;招标人应当重新招标。 投标人对开标有异议的,应当在开标现场提出,招标人应当当场作出答复,并制作记录。
	第四十五条　国家实行统一的评标专家专业分类标准和管理办法。具体标准和办法由国务院发展改革部门会同国务院有关部门制定。 省级人民政府和国务院有关部门应当组建综合评标专家库。

续表

《招标投标法》	《招标投标法实施条例》
第三十七条　评标由招标人依法组建的评标委员会负责。 依法必须进行招标的项目,其评标委员会由招标人的代表和有关技术、经济等方面的专家组成,成员人数为五人以上单数,其中技术、经济等方面的专家不得少于成员总数的三分之二。 前款专家应当从事相关领域工作满八年并具有高级职称或者具有同等专业水平,由招标人从国务院有关部门或者省、自治区、直辖市人民政府有关部门提供的专家名册或者招标代理机构的专家库内的相关专业的专家名单中确定;一般招标项目可以采取随机抽取方式,特殊招标项目可以由招标人直接确定。 与投标人有利害关系的人不得进入相关项目的评标委员会;已经进入的应当更换。 评标委员会成员的名单在中标结果确定前应当保密。	第四十六条　除招标投标法第三十七条第三款规定的特殊招标项目外,依法必须进行招标的项目,其评标委员会的专家成员应当从评标专家库内相关专业的专家名单中以随机抽取方式确定。任何单位和个人不得以明示、暗示等任何方式指定或者变相指定参加评标委员会的专家成员。 依法必须进行招标的项目的招标人非因招标投标法和本条例规定的事由,不得更换依法确定的评标委员会成员。更换评标委员会的专家成员应当依照前款规定进行。 评标委员会成员与投标人有利害关系的,应当主动回避。 有关行政监督部门应当按照规定的职责分工,对评标委员会成员的确定方式、评标专家的抽取和评标活动进行监督。行政监督部门的工作人员不得担任本部门负责监督项目的评标委员会成员。 第四十七条　招标投标法第三十七条第三款所称特殊招标项目,是指技术复杂、专业性强或者国家有特殊要求,采取随机抽取方式确定的专家难以保证胜任评标工作的项目。 第四十八条　招标人应当向评标委员会提供评标所必需的信息,但不得明示或者暗示其倾向或者排斥特定投标人。 招标人应当根据项目规模和技术复杂程度等因素合理确定评标时间。超过三分之一的评标委员会成员认为评标时间不够的,招标人应当适当延长。 评标过程中,评标委员会成员有回避事由、擅离职守或者因健康等原因不能继续评标的,应当及时更换。被更换的评标委员会成员作出的评审结论无效,由更换后的评标委员会成员重新进行评审。

续表

《招标投标法》	《招标投标法实施条例》
第三十八条　招标人应当采取必要的措施,保证评标在严格保密的情况下进行。 任何单位和个人不得非法干预、影响评标的过程和结果。	
第三十九条　评标委员会可以要求投标人对投标文件中含义不明确的内容作必要的澄清或者说明,但是澄清或者说明不得超出投标文件的范围或者改变投标文件的实质性内容。	第五十二条　投标文件中有含义不明确的内容、明显文字或者计算错误,评标委员会认为需要投标人作出必要澄清、说明的,应当书面通知该投标人。投标人的澄清、说明应当采用书面形式,并不得超出投标文件的范围或者改变投标文件的实质性内容。 评标委员会不得暗示或者诱导投标人作出澄清、说明,不得接受投标人主动提出的澄清、说明。
第四十条　评标委员会应当按照招标文件确定的评标标准和方法,对投标文件进行评审和比较;设有标底的,应当参考标底。评标委员会完成评标后,应当向招标人提出书面评标报告,并推荐合格的中标候选人。 招标人根据评标委员会提出的书面评标报告和推荐的中标候选人确定中标人。招标人也可以授权评标委员会直接确定中标人。 国务院对特定招标项目的评标有特别规定的,从其规定。	第五十条　招标项目设有标底的,招标人应当在开标时公布。标底只能作为评标的参考,不得以投标报价是否接近标底作为中标条件,也不得以投标报价超过标底上下浮动范围作为否决投标的条件。 第五十三条　评标完成后,评标委员会应当向招标人提交书面评标报告和中标候选人名单。中标候选人应当不超过3个,并标明排序。 评标报告应当由评标委员会全体成员签字。对评标结果有不同意见的评标委员会成员应当以书面形式说明其不同意见和理由,评标报告应当注明该不同意见。评标委员会成员拒绝在评标报告上签字又不书面说明其不同意见和理由的,视为同意评标结果。 第五十五条　国有资金占控股或者主导地位的依法必须进行招标的项目,招标人应当确定排名第一的中标候选人为中标人。排名第一的中标候选人放弃中标、因不可抗力不能履行合同、不按照招标文件要求提交履约保证金,或者被查实存在影响中标结果的违法行为等情形,不符合中标条件的,招标人可以按照评标委员会提出的中标候选人名单排序依次确定其他中标候选人为中标人,也可以重新招标。

续表

《招标投标法》	《招标投标法实施条例》
第四十一条　中标人的投标应当符合下列条件之一： （一）能够最大限度地满足招标文件中规定的各项综合评价标准； （二）能够满足招标文件的实质性要求，并且经评审的投标价格最低；但是投标价格低于成本的除外。	
	第五十一条　有下列情形之一的，评标委员会应当否决其投标： （一）投标文件未经投标单位盖章和单位负责人签字； （二）投标联合体没有提交共同投标协议； （三）投标人不符合国家或者招标文件规定的资格条件； （四）同一投标人提交两个以上不同的投标文件或者投标报价，但招标文件要求提交备选投标的除外； （五）投标报价低于成本或者高于招标文件设定的最高投标限价； （六）投标文件没有对招标文件的实质性要求和条件作出响应； （七）投标人有串通投标、弄虚作假、行贿等违法行为。
	第五十四条　依法必须进行招标的项目，招标人应当自收到评标报告之日起3日内公示中标候选人，公示期不得少于3日。 投标人或者其他利害关系人对依法必须进行招标的项目的评标结果有异议的，应当在中标候选人公示期间提出。招标人应当自收到异议之日起3日内作出答复；作出答复前，应当暂停招标投标活动。
	第五十六条　中标候选人的经营、财务状况发生较大变化或者存在违法行为，招标人认为可能影响其履约能力的，应当在发出中标通知书前由原评标委员会按照招标文件规定的标准和方法审查确认。

续表

《招标投标法》	《招标投标法实施条例》
第四十二条　评标委员会经评审,认为所有投标都不符合招标文件要求的,可以否决所有投标。 依法必须进行招标的项目的所有投标被否决的,招标人应当依照本法重新招标。	
第四十三条　在确定中标人前,招标人不得与投标人就投标价格、投标方案等实质性内容进行谈判。	
第四十四条　评标委员会成员应当客观、公正地履行职务,遵守职业道德,对所提出的评审意见承担个人责任。 评标委员会成员不得私下接触投标人,不得收受投标人的财物或者其他好处。 评标委员会成员和参与评标的有关工作人员不得透露对投标文件的评审和比较、中标候选人的推荐情况以及与评标有关的其他情况。	第四十九条　评标委员会成员应当依照招标投标法和本条例的规定,按照招标文件规定的评标标准和方法,客观、公正地对投标文件提出评审意见。招标文件没有规定的评标标准和方法不得作为评标的依据。 评标委员会成员不得私下接触投标人,不得收受投标人给予的财物或者其他好处,不得向招标人征询确定中标人的意向,不得接受任何单位或者个人明示或者暗示提出的倾向或者排斥特定投标人的要求,不得有其他不客观、不公正履行职务的行为。
第四十五条　中标人确定后,招标人应当向中标人发出中标通知书,并同时将中标结果通知所有未中标的投标人。 中标通知书对招标人和中标人具有法律效力。中标通知书发出后,招标人改变中标结果的,或者中标人放弃中标项目的,应当依法承担法律责任。	

续表

《招标投标法》	《招标投标法实施条例》
第四十六条　招标人和中标人应当自中标通知书发出之日起三十日内,按照招标文件和中标人的投标文件订立书面合同。招标人和中标人不得再行订立背离合同实质性内容的其他协议。 招标文件要求中标人提交履约保证金的,中标人应当提交。	第五十七条　招标人和中标人应当依照招标投标法和本条例的规定签订书面合同,合同的标的、价款、质量、履行期限等主要条款应当与招标文件和中标人的投标文件的内容一致。招标人和中标人不得再行订立背离合同实质性内容的其他协议。 招标人最迟应当在书面合同签订后5日内向中标人和未中标的投标人退还投标保证金及银行同期存款利息。 第五十八条　招标文件要求中标人提交履约保证金的,中标人应当按照招标文件的要求提交。履约保证金不得超过中标合同金额的10%。
第四十七条　依法必须进行招标的项目,招标人应当自确定中标人之日起十五日内,向有关行政监督部门提交招标投标情况的书面报告。	
第四十八条　中标人应当按照合同约定履行义务,完成中标项目。中标人不得向他人转让中标项目,也不得将中标项目肢解后分别向他人转让。 中标人按照合同约定或者经招标人同意,可以将中标项目的部分非主体、非关键性工作分包给他人完成。接受分包的人应当具备相应的资格条件,并不得再次分包。 中标人应当就分包项目向招标人负责,接受分包的人就分包项目承担连带责任。	第五十九条　中标人应当按照合同约定履行义务,完成中标项目。中标人不得向他人转让中标项目,也不得将中标项目肢解后分别向他人转让。 中标人按照合同约定或者经招标人同意,可以将中标项目的部分非主体、非关键性工作分包给他人完成。接受分包的人应当具备相应的资格条件,并不得再次分包。 中标人应当就分包项目向招标人负责,接受分包的人就分包项目承担连带责任。

续表

《招标投标法》	《招标投标法实施条例》
第五章　法律责任	第六章　法律责任
第四十九条　违反本法规定,必须进行招标的项目而不招标的,将必须进行招标的项目化整为零或者以其他任何方式规避招标的,责令限期改正,可以处项目合同金额千分之五以上千分之十以下的罚款;对全部或者部分使用国有资金的项目,可以暂停项目执行或者暂停资金拨付;对单位直接负责的主管人员和其他直接责任人员依法给予处分。	第六十三条　招标人有下列限制或者排斥潜在投标人行为之一的,由有关行政监督部门依照招标投标法第五十一条的规定处罚: (一)依法应当公开招标的项目不按照规定在指定媒介发布资格预审公告或者招标公告; (二)在不同媒介发布的同一招标项目的资格预审公告或者招标公告的内容不一致,影响潜在投标人申请资格预审或者投标。 依法必须进行招标的项目的招标人不按照规定发布资格预审公告或者招标公告,构成规避招标的,依照招标投标法第四十九条的规定处罚。
第五十条　招标代理机构违反本法规定,泄露应当保密的与招标投标活动有关的情况和资料的,或者与招标人、投标人串通损害国家利益、社会公共利益或者他人合法权益的,处五万元以上二十五万元以下的罚款;对单位直接负责的主管人员和其他直接责任人员处单位罚款数额百分之五以上百分之十以下的罚款;有违法所得的,并处没收违法所得;情节严重的,禁止其一年至二年内代理依法必须进行招标的项目并予以公告,直至由工商行政管理机关吊销营业执照;构成犯罪的,依法追究刑事责任。给他人造成损失的,依法承担赔偿责任。 前款所列行为影响中标结果的,中标无效。	第六十五条　招标代理机构在所代理的招标项目中投标、代理投标或者向该项目投标人提供咨询的,接受委托编制标底的中介机构参加受托编制标底项目的投标或者为该项目的投标人编制投标文件、提供咨询的,依照招标投标法第五十条的规定追究法律责任。

续表

《招标投标法》	《招标投标法实施条例》
第五十一条　招标人以不合理的条件限制或者排斥潜在投标人的，对潜在投标人实行歧视待遇的，强制要求投标人组成联合体共同投标的，或者限制投标人之间竞争的，责令改正，可以处一万元以上五万元以下的罚款。	第六十三条　招标人有下列限制或者排斥潜在投标人行为之一的，由有关行政监督部门依照招标投标法第五十一条的规定处罚： （一）依法应当公开招标的项目不按照规定在指定媒介发布资格预审公告或者招标公告； （二）在不同媒介发布的同一招标项目的资格预审公告或者招标公告的内容不一致，影响潜在投标人申请资格预审或者投标。 依法必须进行招标的项目的招标人不按照规定发布资格预审公告或者招标公告，构成规避招标的，依照招标投标法第四十九条的规定处罚。
	第六十四条　招标人有下列情形之一的，由有关行政监督部门责令改正，可以处10万元以下的罚款： （一）依法应当公开招标而采用邀请招标； （二）招标文件、资格预审文件的发售、澄清、修改的时限，或者确定的提交资格预审申请文件、投标文件的时限不符合招标投标法和本条例规定； （三）接受未通过资格预审的单位或者个人参加投标； （四）接受应当拒收的投标文件。 招标人有前款第一项、第三项、第四项所列行为之一的，对单位直接负责的主管人员和其他直接责任人员依法给予处分。
	第六十六条　招标人超过本条例规定的比例收取投标保证金、履约保证金或者不按照规定退还投标保证金及银行同期存款利息的，由有关行政监督部门责令改正，可以处5万元以下的罚款；给他人造成损失的，依法承担赔偿责任。

续表

《招标投标法》	《招标投标法实施条例》
第五十二条　依法必须进行招标的项目的招标人向他人透露已获取招标文件的潜在投标人的名称、数量或者可能影响公平竞争的有关招标投标的其他情况的,或者泄露标底的,给予警告,可以并处一万元以上十万元以下的罚款;对单位直接负责的主管人员和其他直接责任人员依法给予处分;构成犯罪的,依法追究刑事责任。 前款所列行为影响中标结果的,中标无效。	
第五十三条　投标人相互串通投标或者与招标人串通投标的,投标人以向招标人或者评标委员会成员行贿的手段谋取中标的,中标无效,处中标项目金额千分之五以上千分之十以下的罚款,对单位直接负责的主管人员和其他直接责任人员处单位罚款数额百分之五以上百分之十以下的罚款;有违法所得的,并处没收违法所得;情节严重的,取消其一年至二年内参加依法必须进行招标的项目的投标资格并予以公告,直至由工商行政管理机关吊销营业执照;构成犯罪的,依法追究刑事责任。给他人造成损失的,依法承担赔偿责任。	第六十七条　投标人相互串通投标或者与招标人串通投标的,投标人向招标人或者评标委员会成员行贿谋取中标的,中标无效;构成犯罪的,依法追究刑事责任;尚不构成犯罪的,依照招标投标法第五十三条的规定处罚。投标人未中标的,对单位的罚款金额按照招标项目合同金额依照招标投标法规定的比例计算。 投标人有下列行为之一的,属于招标投标法第五十三条规定的情节严重行为,由有关行政监督部门取消其1年至2年内参加依法必须进行招标的项目的投标资格: (一)以行贿谋取中标; (二)3年内2次以上串通投标; (三)串通投标行为损害招标人、其他投标人或者国家、集体、公民的合法利益,造成直接经济损失30万元以上; (四)其他串通投标情节严重的行为。 投标人自本条第二款规定的处罚执行期限届满之日起3年内又有该款所列违法行为之一的,或者串通投标、以行贿谋取中标情节特别严重的,由工商行政管理机关吊销营业执照。 法律、行政法规对串通投标报价行为的处罚另有规定的,从其规定。

续表

《招标投标法》	《招标投标法实施条例》
第五十四条　投标人以他人名义投标或者以其他方式弄虚作假，骗取中标的，中标无效，给招标人造成损失的，依法承担赔偿责任；构成犯罪的，依法追究刑事责任。 依法必须进行招标的项目的投标人有前款所列行为尚未构成犯罪的，处中标项目金额千分之五以上千分之十以下的罚款，对单位直接负责的主管人员和其他直接责任人员处单位罚款数额百分之五以上百分之十以下的罚款；有违法所得的，并处没收违法所得；情节严重的，取消其一年至三年内参加依法必须进行招标的项目的投标资格并予以公告，直至由工商行政管理机关吊销营业执照。	第六十八条　投标人以他人名义投标或者以其他方式弄虚作假骗取中标的，中标无效；构成犯罪的，依法追究刑事责任；尚不构成犯罪的，依照招标投标法第五十四条的规定处罚。依法必须进行招标的项目的投标人未中标的，对单位的罚款金额按照招标项目合同金额依照招标投标法规定的比例计算。 投标人有下列行为之一的，属于招标投标法第五十四条规定的情节严重行为，由有关行政监督部门取消其1年至3年内参加依法必须进行招标的项目的投标资格： （一）伪造、变造资格、资质证书或者其他许可证件骗取中标； （二）3年内2次以上使用他人名义投标； （三）弄虚作假骗取中标给招标人造成直接经济损失30万元以上； （四）其他弄虚作假骗取中标情节严重的行为。 投标人自本条第二款规定的处罚执行期限届满之日起3年内又有该款所列违法行为之一的，或者弄虚作假骗取中标情节特别严重的，由工商行政管理机关吊销营业执照。
第五十五条　依法必须进行招标的项目，招标人违反本法规定，与投标人就投标价格、投标方案等实质性内容进行谈判的，给予警告，对单位直接负责的主管人员和其他直接责任人员依法给予处分。 前款所列行为影响中标结果的，中标无效。	
	第六十九条　出让或者出租资格、资质证书供他人投标的，依照法律、行政法规的规定给予行政处罚；构成犯罪的，依法追究刑事责任。

续表

《招标投标法》	《招标投标法实施条例》
	第七十条　依法必须进行招标的项目的招标人不按照规定组建评标委员会,或者确定、更换评标委员会成员违反招标投标法和本条例规定的,由有关行政监督部门责令改正,可以处10万元以下的罚款,对单位直接负责的主管人员和其他直接责任人员依法给予处分;违法确定或者更换的评标委员会成员作出的评审结论无效,依法重新进行评审。 国家工作人员以任何方式非法干涉选取评标委员会成员的,依照本条例第八十条的规定追究法律责任。
	第七十一条　评标委员会成员有下列行为之一的,由有关行政监督部门责令改正;情节严重的,禁止其在一定期限内参加依法必须进行招标的项目的评标;情节特别严重的,取消其担任评标委员会成员的资格: (一)应当回避而不回避; (二)擅离职守; (三)不按照招标文件规定的评标标准和方法评标; (四)私下接触投标人; (五)向招标人征询确定中标人的意向或者接受任何单位或者个人明示或者暗示提出的倾向或者排斥特定投标人的要求; (六)对依法应当否决的投标不提出否决意见; (七)暗示或者诱导投标人作出澄清、说明或者接受投标人主动提出的澄清、说明; (八)其他不客观、不公正履行职务的行为。
第五十六条　评标委员会成员收受投标人的财物或者其他好处的,评标委员会成员或者参加评标的有关工作人员向他人透露对投标文件的评审和比较、中标候选人的推荐以及与评标有关的其他情况的,给予警告,没收收受的财物,可以并处三千元以上五万元以下的罚款,对有所列违法行为的评标委员会成员取消担任评标委员会成员的资格,不得再参加任何依法必须进行招标的项目的评标;构成犯罪的,依法追究刑事责任。	第七十二条　评标委员会成员收受投标人的财物或者其他好处的,没收收受的财物,处3000元以上5万元以下的罚款,取消担任评标委员会成员的资格,不得再参加依法必须进行招标的项目的评标;构成犯罪的,依法追究刑事责任。

续表

《招标投标法》	《招标投标法实施条例》
	第七十三条　依法必须进行招标的项目的招标人有下列情形之一的，由有关行政监督部门责令改正，可以处中标项目金额10‰以下的罚款；给他人造成损失的，依法承担赔偿责任；对单位直接负责的主管人员和其他直接责任人员依法给予处分： （一）无正当理由不发出中标通知书； （二）不按照规定确定中标人； （三）中标通知书发出后无正当理由改变中标结果； （四）无正当理由不与中标人订立合同； （五）在订立合同时向中标人提出附加条件。
	第七十四条　中标人无正当理由不与招标人订立合同，在签订合同时向招标人提出附加条件，或者不按照招标文件要求提交履约保证金的，取消其中标资格，投标保证金不予退还。对依法必须进行招标的项目的中标人，由有关行政监督部门责令改正，可以处中标项目金额10‰以下的罚款。
第五十七条　招标人在评标委员会依法推荐的中标候选人以外确定中标人的，依法必须进行招标的项目在所有投标被评标委员会否决后自行确定中标人的，中标无效，责令改正，可以处中标项目金额千分之五以上千分之十以下的罚款；对单位直接负责的主管人员和其他直接责任人员依法给予处分。	
第五十八条　中标人将中标项目转让给他人的，将中标项目肢解后分别转让给他人的，违反本法规定将中标项目的部分主体、关键性工作分包给他人的，或者分包人再次分包的，转让、分包无效，处转让、分包项目金额千分之五以上千分之十以下的罚款；有违法所得的，并处没收违法所得；可以责令停业整顿；情节严重的，由工商行政管理机关吊销营业执照。	第七十六条　中标人将中标项目转让给他人的，将中标项目肢解后分别转让给他人的，违反招标投标法和本条例规定将中标项目的部分主体、关键性工作分包给他人的，或者分包人再次分包的，转让、分包无效，处转让、分包项目金额5‰以上10‰以下的罚款；有违法所得的，并处没收违法所得；可以责令停业整顿；情节严重的，由工商行政管理机关吊销营业执照。

续表

《招标投标法》	《招标投标法实施条例》
第五十九条　招标人与中标人不按照招标文件和中标人的投标文件订立合同的,或者招标人、中标人订立背离合同实质性内容的协议的,责令改正;可以处中标项目金额千分之五以上千分之十以下的罚款。	第七十五条　招标人和中标人不按照招标文件和中标人的投标文件订立合同,合同的主要条款与招标文件、中标人的投标文件的内容不一致,或者招标人、中标人订立背离合同实质性内容的协议的,由有关行政监督部门责令改正,可以处中标项目金额5‰以上10‰以下的罚款。
	第七十七条　投标人或者其他利害关系人捏造事实、伪造材料或者以非法手段取得证明材料进行投诉,给他人造成损失的,依法承担赔偿责任。 招标人不按照规定对异议作出答复,继续进行招标投标活动的,由有关行政监督部门责令改正,拒不改正或者不能改正并影响中标结果的,依照本条例第八十一条的规定处理。
	第七十八条　国家建立招标投标信用制度。有关行政监督部门应当依法公告对招标人、招标代理机构、投标人、评标委员会成员等当事人违法行为的行政处理决定。
第六十条　中标人不履行与招标人订立的合同的,履约保证金不予退还,给招标人造成的损失超过履约保证金数额的,还应当对超过部分予以赔偿;没有提交履约保证金的,应当对招标人的损失承担赔偿责任。 中标人不按照与招标人订立的合同履行义务,情节严重的,取消其二年至五年内参加依法必须进行招标的项目的投标资格并予以公告,直至由工商行政管理机关吊销营业执照。 因不可抗力不能履行合同的,不适用前两款规定。	
第六十一条　本章规定的行政处罚,由国务院规定的有关行政监督部门决定。本法已对实施行政处罚的机关作出规定的除外。	

续表

《招标投标法》	《招标投标法实施条例》
第六十二条　任何单位违反本法规定，限制或者排斥本地区、本系统以外的法人或者其他组织参加投标的，为招标人指定招标代理机构的，强制招标人委托招标代理机构办理招标事宜的，或者以其他方式干涉招标投标活动的，责令改正；对单位直接负责的主管人员和其他直接责任人员依法给予警告、记过、记大过的处分，情节较重的，依法给予降级、撤职、开除的处分。 个人利用职权进行前款违法行为的，依照前款规定追究责任。	第八十条　国家工作人员利用职务便利，以直接或者间接、明示或者暗示等任何方式非法干涉招标投标活动，有下列情形之一的，依法给予记过或者记大过处分；情节严重的，依法给予降级或者撤职处分；情节特别严重的，依法给予开除处分；构成犯罪的，依法追究刑事责任： （一）要求对依法必须进行招标的项目不招标，或者要求对依法应当公开招标的项目不公开招标； （二）要求评标委员会成员或者招标人以其指定的投标人作为中标候选人或者中标人，或者以其他方式非法干涉评标活动，影响中标结果； （三）以其他方式非法干涉招标投标活动。
第六十三条　对招标投标活动依法负有行政监督职责的国家机关工作人员徇私舞弊、滥用职权或者玩忽职守，构成犯罪的，依法追究刑事责任；不构成犯罪的，依法给予行政处分。	第七十九条　项目审批、核准部门不依法审批、核准项目招标范围、招标方式、招标组织形式的，对单位直接负责的主管人员和其他直接责任人员依法给予处分。 有关行政监督部门不依法履行职责，对违反招标投标法和本条例规定的行为不依法查处，或者不按照规定处理投诉、不依法公告对招标投标当事人违法行为的行政处理决定的，对直接负责的主管人员和其他直接责任人员依法给予处分。 项目审批、核准部门和有关行政监督部门的工作人员徇私舞弊、滥用职权、玩忽职守，构成犯罪的，依法追究刑事责任。
第六十四条　依法必须进行招标的项目违反本法规定，中标无效的，应当依照本法规定的中标条件从其余投标人中重新确定中标人或者依照本法重新进行招标。	第八十一条　依法必须进行招标的项目的招标投标活动违反招标投标法和本条例的规定，对中标结果造成实质性影响，且不能采取补救措施予以纠正的，招标、投标、中标无效，应当依法重新招标或者评标。

续表

《招标投标法》	《招标投标法实施条例》
第六章　附　　则	第五章　投诉与处理
第六十五条　投标人和其他利害关系人认为招标投标活动不符合本法有关规定的，有权向招标人提出异议或者依法向有关行政监督部门投诉。	第六十条　投标人或者其他利害关系人认为招标投标活动不符合法律、行政法规规定的，可以自知道或者应当知道之日起10日内向有关行政监督部门投诉。投诉应当有明确的请求和必要的证明材料。 就本条例第二十二条、第四十四条、第五十四条规定事项投诉的，应当先向招标人提出异议，异议答复期间不计算在前款规定的期限内。 第六十一条　投诉人就同一事项向两个以上有权受理的行政监督部门投诉的，由最先收到投诉的行政监督部门负责处理。 行政监督部门应当自收到投诉之日起3个工作日内决定是否受理投诉，并自受理投诉之日起30个工作日内作出书面处理决定；需要检验、检测、鉴定、专家评审的，所需时间不计算在内。 投诉人捏造事实、伪造材料或者以非法手段取得证明材料进行投诉的，行政监督部门应当予以驳回。 第六十二条　行政监督部门处理投诉，有权查阅、复制有关文件、资料，调查有关情况，相关单位和人员应当予以配合。必要时，行政监督部门可以责令暂停招标投标活动。 行政监督部门的工作人员对监督检查过程中知悉的国家秘密、商业秘密，应当依法予以保密。

续表

《招标投标法》	《招标投标法实施条例》
第六十六条　涉及国家安全、国家秘密、抢险救灾或者属于利用扶贫资金实行以工代赈、需要使用农民工等特殊情况，不适宜进行招标的项目，按照国家有关规定可以不进行招标。	（第二章　招标）第九条　除招标投标法第六十六条规定的可以不进行招标的特殊情况外，有下列情形之一的，可以不进行招标： （一）需要采用不可替代的专利或者专有技术； （二）采购人依法能够自行建设、生产或者提供； （三）已通过招标方式选定的特许经营项目投资人依法能够自行建设、生产或者提供； （四）需要向原中标人采购工程、货物或者服务，否则将影响施工或者功能配套要求； （五）国家规定的其他特殊情形。 招标人为适用前款规定弄虚作假的，属于招标投标法第四条规定的规避招标。
第六十七条　使用国际组织或者外国政府贷款、援助资金的项目进行招标，贷款方、资金提供方对招标投标的具体条件和程序有不同规定的，可以适用其规定，但违背中华人民共和国的社会公共利益的除外。	
	第八十二条　招标投标协会按照依法制定的章程开展活动，加强行业自律和服务。
	第八十三条　政府采购的法律、行政法规对政府采购货物、服务的招标投标另有规定的，从其规定。
第六十八条　本法自2000年1月1日起施行。	第八十四条　本条例自2012年2月1日起施行。

附录2 否决投标的法定情形汇总表

《招标投标法实施条例》	《评标委员会和评标方法暂行规定》	《工程建设项目施工招标投标办法》	《工程建设项目货物招标投标办法》	《工程建设项目勘察设计招标投标办法》	《机电产品国际招标投标实施办法(试行)》	《政府采购法》	《政府采购货物和服务招标投标管理办法》
第五十一条 有下列情形之一的,评标委员会应当否决其投标: (一)投标文件未经投标单位盖章和单位负责人签字; (二)投标联合体没有提交共同投标协议; (三)投标人不符合国家或者招标文件规定的资格条件;	第二十五条 下列情况属于重大偏差: (一)没有按照招标文件要求提供投标担保或者所提供的投标担保有瑕疵; (二)投标文件没有投标人授权代表签字和加盖公章; (三)投标文件载明的招标项目完成期限超过招标文件规定的期限; (四)明显不符合技术规格、技术标准的要求;	第五十条第二款 有下列情形之一的,评标委员会应当否决其投标: (一)投标文件未经投标单位盖章和单位负责人签字; (二)投标联合体没有提交共同投标协议; (三)投标人不符合国家或者招标文件规定的资格条件;	第四十一条第二款 有下列情形之一的,评标委员会应当否决其投标: (一)投标文件未经投标单位盖章和单位负责人签字; (二)投标联合体没有提交共同投标协议; (三)投标人不符合国家或者招标文件规定的资格条件;	第三十六条 投标文件有下列情况之一的,评标委员会应当否决其投标: (一)未经投标单位盖章和单位负责人签字; (二)投标报价不符合国家颁布的勘察设计取费标准,或者低于成本,或者高于招标文件设定的最高投标限价; (三)未响应招标文件的实质性要求和条件。	第五十七条 在商务评议过程中,有下列情形之一者,应予否决投标: (一)投标人或其制造商与招标人有利害关系可能影响招标公正性的; (二)投标人参与项目前期咨询或招标文件编制的; (三)不同投标人单位负责人为同一人或者存在控股、管理关系的; (四)投标文件未按招标文件的要求签署的; (五)投标联合体没有提交共同投标协议的; (六)投标人的投标书、资格证明材料未提供,或不符合国家规定或者招标文件要求的;	第三十六条 在招标采购中,出现下列情形之一的,应予废标: (一)符合专业条件的供应商或者对招标文件作实质响应的供应商不足三家的; (二)出现影响采购公正的违法、违规行为的;	第六十三条 投标人存在下列情况之一的,投标无效: (一)未按照招标文件的规定提交投标保证金的; (二)投标文件未按招标文件要求签署、盖章的; (三)不具备招标文件中规定的资格要求的;

续表

《招标投标法实施条例》	《评标委员会和评标方法暂行规定》	《工程建设项目施工招标投标办法》	《工程建设项目货物招标投标办法》	《工程建设项目勘察设计招标投标办法》	《机电产品国际招标投标实施办法(试行)》	《政府采购法》	《政府采购货物和服务招标投标管理办法》
(四)同一投标人提交两个以上不同的投标文件或者投标报价,但招标文件要求提交备选投标的除外; (五)投标报价低于成本或者高于招标文件设定的最高投标限价; (六)投标文件没有对招标文件的实质性要求和条件作出响应; (七)投标人有串通投标、弄虚作假、行贿等违法行为	(五)投标文件载明的货物包装方式、检验标准和方法等不符合招标文件的要求; (六)投标文件附有招标人不能接受的条件; (七)不符合招标文件中规定的其他实质性要求。 投标文件有上述情形之一的,为未能对招标文件作出实质性响应,并按本规定第二十三条规定作否决投标处理。招标文件对重大偏差另有规定的,从其规定	(四)同一投标人提交两个以上不同的投标文件或者投标报价,但招标文件要求提交备选投标的除外; (五)投标报价低于成本或者高于招标文件设定的最高投标限价; (六)投标文件没有对招标文件的实质性要求和条件作出响应; (七)投标人有串通投标、弄虚作假、行贿等违法行为	(四)同一投标人提交两个以上不同的投标文件或者投标报价,但招标文件要求提交备选投标的除外; (五)投标标价低于成本或者高于招标文件设定的最高投标限价; (六)投标文件没有对招标文件的实质性要求和条件作出响应; (七)投标人有串通投标、弄虚作假、行贿等违法行为	第三十七条 投标人有下列情况之一的,评标委员会应当否决其投标: (一)不符合国家或者招标文件规定的资格条件; (二)与其他投标人或者与招标人串通投标; (三)以他人名义投标,或者以其他方式弄虚作假; (四)以向招标人或者评标委员会成员行贿的手段谋取中标; (五)以联合体形式投标,未提交共同投标协议; (六)提交两个以上不同的投标文件或者投标报价,但招标文件要求提交备选投标的除外	(七)同一投标人提交两个以上不同的投标方案或者投标报价的,但招标文件要求提交备选方案的除外; (八)投标人未按招标文件要求提交投标保证金或保证金金额不足、保函有效期不足、投标保证金形式或出具投标保函的银行不符合招标文件要求的; (九)投标文件不满足招标文件加注星号(“*”)的重要商务条款要求的; (十)投标报价高于招标文件设定的最高投标限价的; (十一)投标有效期不足的; (十二)投标人有串通投标、弄虚作假、行贿等违法行为的; (十三)存在招标文件中规定的否决投标的其他商务条款的。 前款所列材料在开标后不得澄清、后补;招标文件要求提供原件的,应当提供原件,否则将否决其投标	(三)投标人的报价均超过了采购预算,采购人不能支付的; (四)因重大变故,采购任务取消的。 废标后,采购人应当将废标理由通知所有投标人	(四)报价超过招标文件中规定的预算金额或者最高限价的; (五)投标文件含有采购人不能接受的附加条件的; (六)法律、法规和招标文件规定的其他无效情形

附录3　常用规范性文件重新招标情形汇总表

《招标投标法》	《招标投标法实施条例》	《工程建设项目施工招标投标办法》	《工程建设项目货物招标投标办法》	《工程建设项目勘察设计招标投标办法》	《评标委员会和评标方法暂行规定》	《政府采购货物和服务招标投标管理办法》
第二十八条　投标人应当在招标文件要求提交投标文件的截止时间前，将投标文件送达投标地点。招标人收到投标文件后，应当签收保存，不得开启。投标人少于三个的，招标人应当依照本法重新招标。 第四十二条第二款　依法必须进行招标的项目的所有投标	第十九条第二款　通过资格预审的申请人少于3个的，应当重新招标。 第二十三条　招标人编制的资格预审文件、招标文件的内容违反法律、行政法规的强制性规定，违反公开、公平、公正和诚实信用原则，影响资格预审结果或者潜在投标人投标的，依法必须进行招标的项目的招标人应当在修改资格预审文件或者招标文件后重新招标。 第四十四条第二款　投标人少于3个的，不得开标；招标人应当重新招标。 第五十五条　国有资金占控股或者主导地位的依法必须进行招标的项目，招标人应当确定排名第一的中标候选人为中标人。排名第一的中标候选人放弃	第三十八条第三款　依法必须进行施工招标的项目提交投标文件的投标人少于三个的，招标人在分析招标失败的原因并采取相应措施后，应当依法重新招标。重新招标后投标人仍少于三个的，属于必须审批、核准审批的工程建设项目，报经原审批、核准部门批准后可以不再进行招标；其他工程建设项目，招标人可	第二十条　经资格预审后，招标人应当向资格预审合格的潜在投标人发出资格预审合格通知书，告知获取招标文件的时间、地点和方法，并同时向资格预审不合格的潜在投标人告知资格预审结果。依法必须招标的项目通过资格预审的申请人不足三个的，招标人在分析招标失败的原因并采取相应措施后，应当重新招标。 第二十八条第三款　依法必须进行招标的项目同意延长投标有效期的投标人少于三个的，招标人在分析招标失败的原因并采取相应措施后，应当重新招标。 第三十四条第四款　依法必须进行招标的项目，提交投标文件的投标人少于	第四十八条　在下列情况下，依法必须招标项目的招标人在分析招标失败的原因并采取相应措施后，应当依照本办法重新招标： （一）资格预审合格的潜在投标人不足三个的； （二）在投标截止时间前提交投标文件的投标人少于三个的； （三）所有投标均被否决的； （四）评标委员会否决不合格投标后，因有效投标不足三个使得投标明显缺乏竞争，评标委员会决定否决	第二十七条　评标委员会根据本规定第二十条、第二十一条、第二十二条、第二十三条、第二十五条的规定否决不合格投标后，因有效投标不足三个使得投标明显缺乏竞争的，评标委员会可以否决全部投标。投标人少于三个或	第四十三条　公开招标数额标准以上的采购项目，投标截止后投标人不足3家或者通过资格审查或符合性审查的投标人不足3家的，除采购任务取消情形外，按照以下方式处理： （一）招标文件存在不合理条款或者招标程序不符合规定的，采购人、采购代理机构改正后依法重

续表

《招标投标法》	《招标投标法实施条例》	《工程建设项目施工招标投标办法》	《工程建设项目货物招标投标办法》	《工程建设项目勘察设计招标投标办法》	《评标委员会和评标方法暂行规定》	《政府采购货物和服务招标投标管理办法》
被否决的，招标人应当依照本法重新招标。 第六十四条 依法必须进行招标的项目违反本法规定，中标无效的，应当依照本法规定的中标条件从其余投标人中重新确定中标人或者依照本法重新进行招标	中标、因不可抗力不能履行合同、不按照招标文件要求提交履约保证金，或者被查实存在影响中标结果的违法行为等情形，不符合中标条件的，招标人可以按照评标委员会提出的中标候选人名单排序依次确定其他中标候选人为中标人，也可以重新招标。 第八十二条　依法必须进行招标的项目的招标投标活动违反招标投标法和本条例的规定，对中标结果造成实质性影响，且不能采取补救措施予以纠正的，招标、投标、中标无效，应当依法重新招标或者评标	自行决定不再进行招标。 第八十六条 依法必须进行施工招标的项目违反法律规定，中标无效的，应当依照法律规定的中标条件从其余投标人中重新确定中标人或者依法重新进行招标	三个的，招标人在分析招标失败的原因并采取相应措施后，应当依法重新招标。重新招标后投标人仍少于三个的，按国家有关规定需要履行审批、核准手续的依法必须进行招标的项目，报项目审批、核准部门审批、核准后可以不再进行招标。 第四十一条第三款　依法必须招标的项目评标委员会否决所有投标的，或者评标委员会否决一部分投标后其他有效投标不足三个使得投标明显缺乏竞争，决定否决全部投标的，招标人在分析招标失败的原因并采取相应措施后，应当重新招标	全部投标的； （五）根据第四十六条规定，同意延长投标有效期的投标人少于三个的。 第四十九条　招标人重新招标后，发生本办法第四十八条情形之一的。属于按照国家规定需要政府审批、核准的项目，报经原项目审批、核准部门审批、核准后可以不再进行招标；其他工程建设项目，招标人可自行决定不再进行招标	者所有投标被否决的，招标人在分析招标失败的原因并采取相应措施后，应当依法重新招标	新招标； （二）招标文件没有不合理条款、招标程序符合规定，需要采用其他采购方式采购的，采购人应当依法报财政部门批准

参考文献

1. 卞耀武主编:《中华人民共和国招标投标法实用问答》,中国建材工业出版社2003年版。

2. 欧阳光、肖琦编著:《招标投标法律实务》,法律出版社2007年版。

3. 林善谋编著:《招标投标法适用与案例评析》,机械工业出版社2007年版。

4. 唐广庆编著:《工程建设项目招标投标与合同管理实践1000问》,机械工业出版社2011年版。

5. 唐广庆:《建设工程实践阶段的项目管理》,知识产权出版社2005年版。

6. 朱建元主编:《工程招标投标案例评析及法律实务》,知识产权出版社2004年版。

7. 朱建元主编:《招标采购理论与实践》,安徽人民出版社2012年版。

8. 陈川生、沈力编著:《招标投标法律法规解读评析招标人暨行政监督疏议》,电子工业出版社2010年版。

9. 陈川生、沈力编著:《招标投标法律法规解读评析评标专家指南》(修订本),电子工业出版社2010年版。

10. 国家发展计划委员会《中华人民共和国招标投标法》起草小组编著:《招标投标法操作实务》,法律出版社2000年版。

11. 国家发展和改革委员会法规司等编著:《中华人民共和国招标投标法实施条例释义》,中国计划出版社2012年版。

12. 全国招标师职业水平考试辅导教材指导委员会编著:《招标采购法律法规与政策》(第2版),中国计划出版社2012年版。

13. 王利明:《民法总则研究》,中国人民大学出版社2003年版。

14. 魏振瀛主编:《民法》,北京大学出版社、高等教育出版社2000年版。

第一版后记

本书的写作可谓时间紧、任务重、要求高，虽然有前期讲座课件作为基础，但是，关于一些细节和知识点的深入解析和论证，还需要开展大量的法律调研，查找浩如繁星的资料。这几乎耗尽了我全部精力，尤其是在写作后期，凭借对本书出版的期待和完成一项艰苦工作的决心才得以坚持，这种痛苦的煎熬，只有经历过才能够体会。我相信，一切的付出，总会有回报。前期的艰辛，不光是对我本人的考验，更是对本书质量和内容的检验。相信读者阅读本书将会受益良多。

当然，本书写作过程中并不是我一个人在战斗，我获得了很多亲属和朋友的支持和帮助：

首先要感谢我的妻子鲍敏女士，她在生活上无微不至的照顾，使我能够潜心研究和写作。

其次要感谢多家招标投标专业培训机构，他们提供的交流平台，使我获得很多素材和启发，在此向他们致以真挚的谢意。

最后要感谢支持和理解我的客户朋友和律师同人，由于写作需要我推掉了很多律师工作，无法为他们提供法律服务和帮助，对此我深表歉意。

刘　营

于北京寓所

2012 年 9 月 26 日

第四版后记

当我校对完本书第四版稿件时，长舒了一口气，书稿第四版总算修订完毕，可以付梓出版了。回想整个修订过程，比起前几版，辛苦数倍。一方面，因为间隔时间较长，在此期间国家修订和颁布了一些新的规定，需要以此对本书逐一补充完善；另一方面，我在第四版书稿增加了对一些问题的新近研究成果，需要在对应条款下予以简明扼要的表述，这花费了一些时间；此外，还要“怪罪”于责任编辑陈妮女士和李晶晶女士更严格的修订标准，更严谨的工作态度，在她们的影响下，我也不敢马虎，只得放慢节奏，全神贯注地、反复地逐页核对。

不管怎样，这些付出都是值得的，连同前几次的修订工作，能够让成书于 2013 年的《中华人民共和国招标投标法实施条例实务指南与操作技巧》，跟随国家逐步完善招标投标法律法规的脚步，像年轮一样，不断地沉淀、成长、更新，变得更成熟，重新焕发新生。

同时，我也奢望整装上阵的第四版，能够一如既往地得到各位读者的厚爱，畅销不衰。读者长久以来的支持，是我继续研究和写作的动力，我也将再接再厉，选取更新颖的题材，采用更全面的论述和分析，为读者奉献新的著作。

刘　营

2024 年 11 月 18 日